디지털 방콕 인사이트

디지털 방콕 인사이트

DIGITAL BANGKOK INSIGHT

강정구 지음

pazit

한류는 태국에서 강력한 문화적 영향력을 발휘하며, K-POP, 드라마, 웹툰, 게임 등 다양한 콘텐츠가 디지털 환경 속에서 빠르게 확산되고 있습니다. 태국의 이커머스, 핀테크, AI, 헬스케어 산업과 결합한 디지털 혁신은 새로운 가능성을 열고 있으며, 한국 콘텐츠 기업에도 중요한 기회를 제공합니다. 〈디지털 방콕 인사이트〉는 태국이 어떻게 디지털 경제의 중심지로 성장하고 있으며, 한류와의 시너지가 어떤 방향으로 전개될지 깊이 있는 통찰을 제공합니다. 태국의 변화 속에서 미래를 읽고자 하는 이들에게 이 책을 추천합니다.

이진수, 前 카카오엔터테인먼트 대표이사

현대 뷰티 산업의 성장은 기존의 문화적 경계를 넘어 디지털 기술, 바이오 혁신, 그리고 개인화 트렌드와 밀접하게 연결되어 있습니다. K-뷰티가 글로벌 시장에서 지속적으로 성장하기 위해서는 이러한 변화를 정확히 이해하고 전략적으로 대응해야 합니다. 〈디지털 방콕 인사이트〉는 K-뷰티뿐만 아니라 K-컬처의 아세안 시장 진출에 태국이 차지하는 핵심적인 역할을 조명하고 있습니다. 아세안 디지털 경제의 핵심 허브인 태국은 K-뷰티에 무한한 기회와 도전을 동시에 안겨주는 시장이며, 이를 제대로 공략하는 것이 글로벌 성공의 열쇠가 될 것입니다. K-뷰티를 사랑하고 이를 글로벌 무대에서 더욱 확산시키고자 하는 이들에게 이 책은 태국 시장을 체계적으로 이해하고 효과적으로 활용하는 데 반드시 필요한 지침서가 될 것입니다.

이병주, 코스맥스 대표이사

아세안 시장은 디지털 경제의 급성장과 함께 글로벌 혁신의 테스트베드로 자리 잡고 있으며, 그 중심에는 태국이 있습니다. 전기차 산업은 정부 지원과 글로벌 기업의 투자로 빠르게 성장하고 있으며, AI 기술은 핀테크, 헬스케어, 스마트시티 등 다양한 산업에서 활용이 확대되며 투자 흐름을 가속화하고 있습니다. 특히, 태국의 디지털 인프라와 모바일 중심 소비 시장의 성숙도는 아세안 내에서도 독보적이며, 글로벌 기업들이 반드시 고려해야 할 전략적 요충지입니다. 〈디지털 방콕 인사이트〉는 태국이 수행하는 역할과 보유한 가능성을 분석하며, 기업들이 이 시장에서 기회를 포착하고 전략을 수립하는 데 필요한 통찰을 제공합니다. 태국을 단순한 진출지가 아닌, 혁신과 확장의 전략적 거점으로 바라보는 기업과 투자자들에게 추천합니다.

장경준, 베인앤드컴퍼니 파트너

씨엔티테크는 지난 10년간 500개 가까운 한국 스타트업에 투자하며, 많은 포트폴리오 기업들이 아세안 시장으로 진출해 왔습니다. 그중 태국은 디지털 혁신이 빠르게 진행되는 아세안의 중심지이자, 스타트업과 투자자들에게 무

한한 가능성이 열린 격전지입니다. 글로벌 빅테크 기업들이 앞다투어 진출하고 있으며, 이커머스, 핀테크, AI, 헬스케어 등 디지털 경제의 주요 산업들이 성장하고 있습니다. 이러한 변화 속에서 태국의 디지털 플랫폼을 장악한 라인은 수요 기반 액셀러레이팅을 실현하며, 한국 스타트업이 현지 시장과 협업하도록 돕는 핵심 역할을 합니다. 〈디지털 방콕 인사이트〉는 변화하는 태국의 디지털 경제를 분석하며, 스타트업, 투자자, 액셀러레이터들에게 필수적인 인사이트를 제공합니다. 아세안 진출을 원하는 한국 자본과 스타트업들에게 필독서로 추천합니다.

전화성, 씨엔티테크 대표이사 / 초기투자액셀러레이터협회 회장

아세안 디지털 허브, 방콕

태국은 여행자의 천국으로 알려져 있습니다. 눈부신 해변과 뜨거운 밤의 열기, 따뜻한 미소가 자연스레 떠오릅니다. 하지만 이 나라는 단순한 휴양지를 넘어 더 큰 의미를 품고 있습니다. 해가 저물면 도시를 가득 채우는 에너지는 혁신과 창의력이 맞부딪치며 생겨나는 특별한 활기입니다. 방콕의 고층 빌딩 사이로 모여드는 사람들의 열정은 이 도시를 하나의 거대한 혁신 실험실로 바꾸고 있습니다. 방콕의 이러한 에너지는 우리가 알지 못했던 또 다른 이야기를 만들어내고 있습니다.

태국은 아세안에서 두 번째로 큰 경제 강국이자 디지털 경제의 중심으로 빠르게 부상하고 있습니다. 방콕은 단순히 현대적인 도시에 그치지 않고, 혁신과 스타트업의 심장이 뛰는 공간입니다. 안정적인 중산층과 단일 언어, 잘 정비된 인프라는 방콕을 강력한 디지털 허브로 자리 잡게 했습니다. 이러한 환경에서 방콕은 핀테크, 이커머스, 음식 배달, 그리고 AI 기반 기술 혁신의 중심지로 떠오르고 있습니다. 기존의 문제를 창의적으로 해결하며 방콕의 스타트업들은 가능성을 논하는 단계를 넘어 실제 성과를 만들어내고 있습니다. 그 결과, 방콕은 아세안 내에서도 독보적인 위치를 차지하고 있습니다.

글로벌 빅테크의 시선도 자연스레 방콕을 향하고 있습니다. 구글, 마이크로소프트, 아마존, 엔비디아, 화웨이와 같은 글로벌 기업들은 데이터센터 구축과 클라우드 인프라 확장, AI 기술 교육 프로그램 등을 통해 방콕을 기술 혁신의 중심지로 발전시키고 있습니다. 이들의 투자는 태국 정부의 '이그나이트 태국(Ignite Thailand)' 비전과 맞물려 디지털 경쟁력을 급격히 끌어올리고 있습니다. 이제 방콕은 아세안 AI 혁명의 전초기지로 주목받고 있으며, 글로벌 기술 생태계에서 중요한 역할을 하고 있습니다.

태국은 자신만의 강점을 꾸준히 키워 왔습니다. 베트남의 젊은 인구와 인도네시아의 거대한 시장 규모가 주목받는 동안, 태국은 안정적이고 예측 가능한 경제 환경을 바탕으로 새로운 기회의 땅으로 떠올랐습니다. **월드뱅크와 아이엠디(IMD) 등 국제 기관들은 태국이 기업 환경에서 베트남과 인도네시아를 능가하는 경쟁력을 갖추고 있다고 평가합니다.** 소수 주주 보호와 같은 투자자 친화적 정책은 태국을 외국인 투자자들에게 매력적인 시장으로 만들었으며, 세계적 수준의 인프라와 풍부한 문화 유산은 방콕을 디지털 노마드와 외국인 전문가들에게 이상적인 도시로 자리 잡게 했습니다.

저는 방콕의 디지털 혁신과 스타트업 생태계 변화의 중심에서 직접 경험할 기회를 가졌습니다. 라인 태국 오피스에서 최고 전략 책임자(Chief Strategy Officer)로 일하며, 태국의 디지털 전환 과정을 가장 가까운 자리에서 목격했습니다. 라인이 태국에서 국민 메신저로 자리 잡은 여정은 단순히 기술적 성공을 넘어 태국 디지털 경제의 가능성을 현실로 바꾼 대표적인 사례입니다. 방콕의 스타트업 생태계에서는 창의적이고 열정적인 창업가들과 협력하며 새로운 아이디어를 실현했고, 방콕이 아세안 디지털 허브로 도약하는 데 작지만 중요한 기여를 할 수 있었습니다.

이 과정에서 라인이 태국의 국민 메신저로 자리 잡았다는 사실이 한국에서도 점차 주목받기 시작했습니다. 2024년 5월, 일본 총무성이 네이버에 라인 지분 매각을 요구한 사건이 방아쇠 역할을 했습니다. 그러나 라인은 이미 방콕의 활기 넘치는 번화가부터 치앙마이의 고즈넉한 사원에 이르기까지 태국인의 일상 깊숙이 자리 잡고 있습니다. 스마트폰 속 귀여운 캐릭터들은 단순한 디지털 장식이 아니라, 태국인들의 대화와 웃음을 이어주고 소소한 꿈을 엮는 중요한 매개체로 기능하고 있습니다.

라인이 한국의 테크 기업이 탄생시킨 서비스라는 점은 우리에게 커다란 자부심을 안겨줍니다. 이는 단순한 기술적 성과를 넘어, 글로벌 무대에서 한국의 존재감을 보여주는 상징이기도 합니다. 이는 기술과 문화가 만나는 경계에서 태어난 결과물로, 단순한 성공을 넘어 태국인의 일상 깊숙이 한국의 이야기를 새겨넣은 위대한 모험입니다. 라인의 여정은 단순히 편리한 도구로서의 역할을 넘어, 서로 다른 문화가 공존하고 융합할 수 있음을 보여주는 중요한 사례로 자리 잡았습니다. 이 과정에서 라인의 성공은 기술적 진보뿐만 아니라, 문화적 다리 역할을 하며 두 나라의 새로운 연결 고리를 만들어냈습니다.

방콕은 단순한 업무 공간을 넘어 창의적 가능성이 활발히 흐르는 도시입니다. 이곳에서는 혁신적인 아이디어와 열정이 끊임없이 쏟아져 나오며, 매일이 새로운 도전과 성취로 가득합니다. 도시 전역에 퍼진 변화의 에너지는 단순한 기술 발전을 넘어서 사람들의 삶의 방식과 소통의 방식을 근본적으로 변화시키고 있습니다. 이러한 에너지는 방콕을 단순히 꿈을 실현하는 무대가 아니라, **무한한 가능성을 품은 창의적이고 혁신적인 도시로 만들어가는 원동력이 되고 있습니다.**

왜 지금 방콕에 주목해야 할까요? 이 책은 그 해답을 제시합니다. **태국 디지털 이코노미의 성장 가능성을 분석하고, 유망한 투자 분야를 구체적으로 소개하며, 방콕 스타트업 생태계에서 유니콘 기업이 탄생하는 과정을 상세히 다룹니다.** 또한, 태국의 문화와 삶의 철학이 디지털 혁신과 어떻게 융합되는지 탐구하며, 디지털 시대를 준비하는 독자들에게 실질적인 방향을 제시합니다. 방콕의 디지털 이코노미 발전은 단순한 기술 진보를 넘어 삶의 방식과 소통을 새롭게 정의하는 데까지 나아가고 있습니다. 이 책은 방콕 디지털 이코노미의 매력을 조명하며, 독자들이 새로운 가능성을 발견하고 창의적 영감을 얻을 수 있도록 돕고자 합니다.

이 책은 총 5부로 구성되어 있으며, 각 부는 독립적인 주제를 다룹니다. 방콕의 디지털 혁신을 이해하고 싶은 독자, 투자 기회를 찾는 독자, 태국 문화에 관심이 있는 독자 모두 흥미로운 주제를 선택해 자유롭게 읽을 수 있습니다.

1부: 디지털 혁명의 시작: 스마트폰이 이끈 변화에서는 태국의 모바일 혁명이 어떻게 시작되었고, 스마트폰이 일상과 비즈니스에 어떤 변화를 가져왔는지 살펴봅니다. 국민 메신저로 자리 잡은 라인의 성공 스토리를 통해 태국 디지털 경제의 초기 단계를 생생하게 조명합니다. 스마트폰에 담긴 태국인들의 일상을 통해 이 도시가 변화의 물결 속에서 어떻게 새로운 길을 개척해 나가는지 생생하게 느낄 수 있습니다.

2부: 태국 디지털 이코노미의 부상에서는 디지털 경제가 부상하는 과정을 다룹니다. 치열한 음식 배달 시장의 경쟁, 소셜 셀러가 이끄는 이커머스의 활기, 대형 은행들이 주도하는 핀테크 혁신, 그리고 디지털로 새롭게 변화하는 헬스케어까지, 이 모든 요소들이 태국을 디지털 경제의 중심으로 만들고 있습니다. 방콕의 거리는 경쟁과 혁신의 무대이며, 그 속에서 끊임없이 변화하는 도시의 역동성을 경험하게 될 것입니다.

3부: 디지털 태국: 아세안 비즈니스 허브로의 도약에서는 태국이 아세안의 디지털 중심지로 성장하는 과정을 살펴봅니다. 아세안 시장에서 방콕이 중심이 되는 이유와 타일랜드 4.0을 선도하는 주요 투자 테마들을 조명하며, 방콕이 혁신과 기술을 통해 꿈을 실현하고 있는 모습을 다룹니다. 방콕의 아세안 AI 허브로의 도약은 그 자체로 장대한 혁신의 여정입니다.

4부: 태국 스타트업 생태계: 유니콘으로 가는 길에서는 방콕 스타트업 생태계의 발전 과정을 살펴봅니다. 다양한 전문가들의 관점으로 바라본 방콕 스타트업의 모습, 스타트업에서 스케일업으로의 도약, 그리고 태국 첫 유니콘의 탄생까지, 방콕은 지금 스타트업의 부흥기를 맞이하고 있습니다. 이 여정은 수많은 창업자들이 도전과 실패를 넘어 성공을 이루기까지의 모험을 생생하게 전하며, 혁신이 현실이 되는 순간을 포착합니다.

5부: 태국인의 디지털 문화 코드에서는 태국인의 삶과 감성, 그리고 그 속에서 발견되는 문화적 코드를 다룹니다. 반려 동물에 대한 애정, 영화 〈배드 지니어스〉에 나타난 교육열, 광고에서 엿볼 수 있는 유머 감각 등 태국인이 혁신과 문화를 조화롭게 이어가는 모습을 보여줍니다. 또한, 한국과의 문화적 연결성을 통해 태국인의 독특한 문화와 디지털 시대의 융합을 조명합니다. 일상 속 작은 순간들이 디지털 시대와 만나며 만들어내는 변화의 이야기를 통해 태국의 진정한 매력을 느낄 수 있을 것입니다.

　이 책이 태국의 디지털 이코노미가 가진 매력을 깊이 이해하는 데 든 든한 안내자가 되길 바랍니다. 태국 시장에 도전하는 스타트업, 자유로운 삶을 꿈꾸는 디지털 노마드, 그리고 아세안 시장에 비전을 품은 사업가와 투자자들에게 실질적이고도 영감을 주는 길잡이가 되기를 소망합니다. 방콕으로 향하는 여정 속에서 이 책이 새로운 길을 발견하게 하는 나침반이자, 가능성을 비치는 한 줄기 빛으로 다가가길 바랍니다.

1부

디찌털
혁명의 시작

스마트폰이 이끈 변화

01

태국,
아세안의 숨겨진 디지털 강자

아세안 시장을 이야기할 때 사람들은 흔히 베트남과 인도네시아를 떠올린다. 삼성전자, LG전자, 현대자동차 같은 대기업들이 활발히 진출해 있고, 많은 한국 주재원들이 활동하며 익숙한 느낌을 주기 때문이다. 베트남은 젊은 인구와 빠른 경제 성장으로, 인도네시아는 막대한 시장 규모로 주목받는다. 하지만 그 뒤편에서 태국은 조용히 자신만의 강점을 키우며 독창적인 길을 걸어왔다.

많은 사람들이 태국을 베트남이나 인도네시아처럼 빠르게 성장하는 개발도상국으로 오해한다. 하지만 이는 태국의 진정한 경쟁력을 보지 못한 평가일 뿐이다. 태국은 경제적 안정성을 기반으로 아세안에서 독보적인 가치를 제공하는 나라다. **태국은 높은 소득 수준을 바탕으로 탄탄한 소비 시장을 구축하고 있으며, 중산층의 성장은 디지털 서비스와 제품 수요를 폭발적으로 늘리고 있다. 그 안정성은 외국인 투자자들에게 매력적인 기회를 제공한다.**

태국의 경쟁력은 객관적 지표로도 입증된다. IMD 세계 경쟁력 센터의 2024년 평가[1]에서 태국은 25위를 기록하며 아세안 국가 중 싱가포르에 이어 2위를 차지했다. 특히 경제 성과 부문에서는 전년 대비 11계단 상승한 5위를 기록하며 그 역동성과 회복력을 증명했다. 기업 친화적인 환경에서도 두각을 나타내며 비즈니스 효율성 부문에서 20위로 올라섰다. 태국은 안정성과 성장 가능성을 동시에 품은, 흔치 않은 나라로 부상하고 있다.

그 중심에는 방콕이 있다. **한때 세계적인 관광지로만 알려졌던 방콕은 이제 글로벌 비즈니스와 디지털 혁신의 중심지로 떠오르고 있다.** 자동차 제조와 전자 부품 생산의 허브였던 태국은 이제 디지털 기술로 경제의 판을 바꾸고 있다. 핀테크, 이커머스, AI 기반 기술은 방콕에서 이미 가시적인 성과를 내며, 가능성을 이야기하는 단계를 넘어 실제 결과를 만들어내고 있다.

태국은 베트남이나 인도네시아와는 전혀 다른, 자신만의 고유한 경쟁력을 가지고 있다. **높은 경제 안정성, 성장하는 중산층, 디지털 경제의 눈부신 발전은 태국을 글로벌 비즈니스와 투자의 중심지로 만들어가고 있다. 단순한 관광지로만 여겨졌던 이 나라는 이제 디지털 혁신을 통해 자신만의 독특한 입지를 다지고 있다.** 태국의 가능성을 이해하는 사람이라면, 그곳에서 새로운 기회의 문이 열리는 순간을 마주하게 될 것이다. 태국은 단순히 꿈꾸는 곳이 아니라, 꿈을 실현시키는 무대가 되고 있다.

---

1   "World Competitiveness Ranking 2024", IMD, https://www.imd.org/centers/wcc/world-competitiveness-center/rankings/world-competitiveness-ranking/rankings/wcr-rankings/.

아세안에서 두 번째로 큰 경제 강국

태국은 아세안에서 경제적 안정성과 두터운 중산층을 기반으로 한 탄탄한 소비 시장을 자랑하며, 오늘도 글로벌 무대에서 존재감을 키우고 있다. GDP 기준으로 태국은 인도네시아에 이어 아세안에서 두 번째로 높은 경제력을 보유하고 있으며, 1인당 소득 역시 싱가포르와 말레이시아 다음으로 상위권에 자리한다. **이러한 안정성은 글로벌 기업들이 태국을 주목하게 만드는 이유다. 토요타, 네슬레, 화웨이, 엑손모빌, 미쉐린 등 세계적인 기업들이 이곳에서 기회를 발견하고 과감히 투자하며, 태국은 단순한 생산 기지를 넘어 열정과 가능성이 융합된 역동적인 허브로 자리 잡고 있다.**

태국은 제조업 강국으로서의 위상을 공고히 다져왔다. **2023년 기준 태국의 자동차 생산량은 약 185만 대로 세계 10위, 아세안 1위[2]를 기록**하며, 도요타, 혼다, 이스즈 같은 일본 완성차 업체들은 태국을 아세안 생산 네트워크의 중심으로 삼고 있다. 도요타의 글로벌 생산량 중 무려 12%가 태국에서 이루어지고 있다. 여기에 2,200여 개의 자동차 부품 제조업체와 2,700여 개의 글로벌 전자 제조업체[3]가 모여 있는 태국은 잘 연결된 도로와 철도망, 38개의 공항 등 뛰어난 인프라로 산업 허브로서의 입지를 더욱 굳히고 있다.

하지만 태국은 여기서 멈추지 않았다. 내연기관차의 강자로서 만족

---

2   International Organization of Motor Vehicle Manufacturers, https://www.oica.net/category/production-statistics/2023-statistics.

3   "2023년 태국 자동차산업 정보", KOTRA, 2023/05/24.

하기보다는 새로운 시대를 맞이하기 위해 전기차 산업에 발을 내딛고 있다. 비야디(BYD)와 그레이트월모터스 같은 중국의 전기차 제조사들은 이미 태국에서 차량을 생산하며 아세안 전역으로 수출[4]하고 있다. 태국 정부는 2030년까지 내연기관차의 30%를 전기차로 전환하겠다는 목표[5]를 세우고, 전기차 제조와 인프라 구축을 위해 대규모 투자를 유치하며 산업 변화를 가속화하고 있다.

일본의 도요타, 혼다, 이스즈, 미쓰비시 등 주요 완성차 업체들도 발 빠르게 태국 전기차 산업에 뛰어들었다. 이들은 2024년부터 5년간 1,500억 바트(약 5조 6천억 원)를 태국에 투자[6]해 전기차 설비를 확장하고 기술 인프라를 강화할 계획이다. 현대자동차 역시 태국에서 전기차와 배터리 조립 공장을 설립하기 위해 약 2,800만 달러(약 390억 원)를 투자[7]하며, 2026년부터 양산을 시작할 예정이다. 이를 통해 현대차는 태국 내 생산 역량을 확대하고, 글로벌 경쟁력을 강화하며 시장의 중심에 설 준비를 하고 있다.

태국은 이제 자동차 생산 강국을 넘어 아세안 전기차 허브로 도약하고 있다. 일본, 중국, 한국 기업들의 지속적인 투자는 태국의 경제적 가

4　Li Xirui, "How China's EVs are Taking Thailand by Storm: Chinese Automakers Have Succeeded in the Thai Market by Adopting Comprehensive Localization Strategies", The Diplomat, February 7, 2024.

5　Thailand Board of Investment, "Thailand EV Board Approves Tax Incentives for Electric Trucks and Buses Adoption, Cash Grants for Battery Cells Manufacturers, to Reinforce EV Hub Status", February 21, 2024.

6　Mongkol Bangprapa, "Carmaker Giants Eye Thailand: B150bn Splash Out to Move EV Production", Bangkok Post, December 26, 2023.

7　"Hyundai to Invest $28m in Thailand for EV Assembly, Batteries: Production to Commence in 2026", Bangkok Post, August 7, 2024.

아세안 6개국

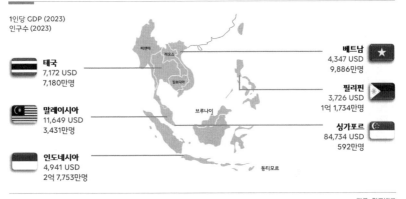

1인당 GDP (2023)
인구수 (2023)

태국
7,172 USD
7,180만명

말레이시아
11,649 USD
3,431만명

인도네시아
4,941 USD
2억 7,753만명

베트남
4,347 USD
9,886만명

필리핀
3,726 USD
1억 1,734만명

싱가포르
84,734 USD
592만명

자료: 월드뱅크

태국의 경제적 위상

인구 (만명)

순위	국가	인구
1	인도	142,863
2	중국	141,071
3	미국	33,491
4	인도네시아	27,753
5	파키스탄	24,049
6	나이지리아	22,380
7	브라질	21,642
8	방글라데시	17,295
9	러시아	14,383
10	멕시코	12,846
11	에티오피아	12,653
12	일본	12,452
13	필리핀	11,734
14	이집트	11,272
15	콩고	10,226
16	베트남	9,886
17	이란	8,917
18	터키	8,533
19	독일	8,448
20	태국	7,180

GDP (억달러)

순위	국가	GDP
1	미국	273,609
2	중국	177,948
3	독일	44,561
4	일본	42,129
5	인도	35,499
6	영국	33,400
7	프랑스	30,309
8	이탈리아	22,549
9	브라질	21,737
10	캐나다	21,401
11	멕시코	17,889
12	호주	17,238
13	한국	17,128
14	스페인	15,807
15	인도네시아	13,712
......		
24	스웨덴	5,933
25	아일랜드	5,456
26	오스트리아	5,160
27	태국	5,149

아시아 GDP (억달러)

순위	국가	GDP
1	중국	177,948
2	일본	42,129
3	인도	35,499
4	한국	17,128
5	인도네시아	13,712
6	대만	7,566
7	태국	5,149
8	싱가포르	5,014
9	방글라데시	4,374
10	필리핀	4,371
11	베트남	4,297
12	말레이시아	3,996
13	홍콩	3,821
14	미얀마	648
15	캄보디아	318
16	라오스	158

※ 명목 GDP 기준, 2023년 기준

자료: 월드뱅크

능성을 더욱 강화하며, 이 나라를 제조업과 전기차 산업의 융합을 이루는 혁신의 중심지로 이끌고 있다. **태국은 변화를 두려워하지 않는다. 과거의 성과에 안주하지 않고, 새로운 미래를 향해 나아가며 아세안 경제**

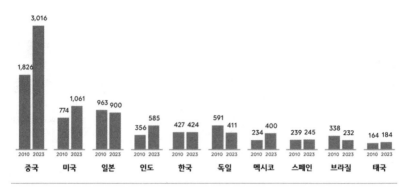

※ 명목 GDP 기준, 2023년 기준   자료: International Organization of Motor Vehicle Manufacturers

의 핵심 허브로 거듭나고 있다. 태국의 여정은 끝나지 않았고, 새로운 기회와 도전이 그 앞에 기다리고 있다.

태국 디지털 이코노미의 성장

태국은 이제 디지털 이코노미의 거대한 물결을 타고 아세안의 핵심 시장으로 떠오르고 있다. 구글, 테마섹, 베인&컴퍼니의 조사[8]에 따르면, 2023년 태국 디지털 이코노미의 규모는 약 360억 달러(약 47조 원)에 달하며, 인도네시아에 이어 아세안에서 두 번째로 크다. 이커머스, 음식 배달, 라이드 쉐어링 등 다양한 분야에서 디지털 이코노미가 급속히 확산

---

8   "e-Conomy SEA 2023", Google, Temasek, Bain & Company, https://economysea.withgoogle.com/home.

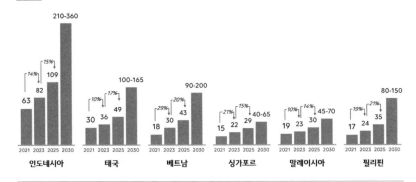

아세안 디지털 이코노미 규모 ┌→ 연평균 성장률 (CAGR) (단위: 십억 달러)

인도네시아: 63 (2021), 82 (2023) ↗14%, 109 (2025) ↗15%, 210-360 (2030)
태국: 30 (2021), 36 (2023) ↗10%, 49 (2025) ↗17%, 100-165 (2030)
베트남: 18 (2021), 30 (2023) ↗29%, 43 (2025) ↗20%, 90-200 (2030)
싱가포르: 15 (2021), 22 (2023) ↗21%, 29 (2025) ↗15%, 40-65 (2030)
말레이시아: 19 (2021), 23 (2023) ↗10%, 30 (2025) ↗14%, 45-70 (2030)
필리핀: 17 (2021), 24 (2023) ↗19%, 35 (2025) ↗21%, 80-150 (2030)

※2023년 자료 기준, 2025년 및 2030년은 예상치   자료: Google, Temasek, Bain & Company

되며 태국 경제의 새로운 축을 형성하고 있다.

이 변화의 중심에는 태국 정부의 '태국 4.0' 정책이 있다. 디지털 전환과 첨단 산업으로의 전환을 목표로 한 이 정책은 중소기업 디지털화 지원, 세금 혜택, 기술 교육 프로그램 등으로 디지털 이코노미의 성장을 견인하고 있다. 모바일 및 인터넷 인프라 확충, 전자상거래 활성화는 태국의 디지털 생태계를 더욱 견고히 다지는 기초가 되고 있다. 태국은 이제 단순히 과거의 모습에 머무는 나라가 아니다. 스마트 제조, 바이오 테크놀로지, 로봇 공학 등 첨단 산업으로의 전환을 가속화하며 비즈니스와 혁신의 새로운 중심지로 변모하고 있다.

디지털 결제 시스템의 확산도 태국의 디지털 이코노미 성장에 불을 붙이고 있다. 주요 은행과 핀테크 기업들은 협력하여 디지털 결제를 손쉽게 이용할 수 있는 다양한 서비스를 제공하고 있다. 태국 중앙은행은 QR 결제 네트워크를 전국으로 확장하며 혁신을 주도했다. '트루머니(TrueMoney)'와 같은 디지털 월렛 서비스는 편의점과 소규모 상점에서도 빠르게 자리 잡아, 농촌 지역까지 확산되며 금융 접근성을 높이고 지역 경제 활성화에 기여하고 있다.

태국의 스타트업 생태계는 더욱 활기를 띠고 있다. 팬데믹 이후 온라인 음식 배달과 라이드 쉐어링 서비스의 급성장은 디지털 이코노미를 일상화시켰다. '플래시 익스프레스(Flash Express)', '어센드 머니(Ascend Money)', '라인맨 웡나이(LINE MAN Wongnai)' 같은 유니콘 기업들이 태국에서 탄생하며, 태국은 창업과 혁신의 중심지로 자리매김했다. 정부는 기술 인큐베이터와 벤처 캐피털 지원을 확대하며, 스타트업들이 마음껏 성장할 수 있는 환경을 조성하고 있다.

태국은 더 이상 과거의 관광지 이미지에 머물지 않는다. **디지털 이코노미와 첨단 기술이 결합된 새로운 도약의 중심에 서 있으며, 아세안 디지털 허브로 향하는 항해를 이어가고 있다.** 태국의 잠재력은 우리가 상상했던 것 이상으로 크고 깊다. 디지털 이코노미를 통해 태국은 아세안의 미래를 이끄는 거대한 축으로 자리 잡고 있다. 그리고 이 모험은 이제 막 본격적으로 시작되었다.

태국 모바일 혁명의 시작

모바일 혁명의 여정, 한국과 태국이 걸어온 다른 길

한국의 모바일 혁명은 2010년경, 거대한 변화의 물결로 시작되었다. 2007년, 아이폰이 세상에 처음 등장했지만, 한국은 초기 출시국에서 제외되었다. 당시 한국은 2005년부터 위피(WIPI, Wireless Internet Platform for Interoperability)라는 표준 무선 인터넷 플랫폼을 의무화하며 외산 단말기의 진입을 막고 있었기 때문이다. 그러나 소비자들의 불만이 높아지자, 2009년 4월 이 규제가 폐지[9]되었다. 그해 말, 아이폰 3GS가 드디어 한국 땅을 밟았고, 이듬해 삼성전자가 갤럭시S를 출시하며 스마트폰 시대의 서막이 열렸다.

스마트폰의 확산은 새로운 전장, 4G 네트워크로 옮겨갔다. 2011년,

---

9   이진, "위피 의무화 해제, 아이폰 4월 1일 출시될 듯", IT 조선, 2008/12/10.

SK텔레콤과 LG유플러스가 4G 서비스를 상용화하며 속도와 데이터의 한계를 깨뜨리기 시작했다. 이 혁명은 2012년 전국적으로 퍼져나갔고, 통신사와 제조사 간의 치열한 경쟁이 시작되었다. 소비자들은 더 나은 서비스와 혜택을 요구했고, 가격 경쟁은 뜨겁게 달아올랐다. 데이터는 새로운 금광이 되었고, 다양한 요금제는 이를 캘 수 있는 도구로 변했다.

한편, **태국의 모바일 혁명은 2016년 AIS**(Advanced Info Service)**가 4G 서비스를 도입하며 본격적으로 시작되었다.** 태국의 4G 도입 시기는 싱가포르(2012년), 말레이시아(2013년), 그리고 필리핀(2011년)보다 늦었다. 2010년대 초반, 태국은 대홍수와 정치적 혼란이라는 이중고로 인해 디지털 전환 속도가 크게 뒤처질 수밖에 없었다.

첫 번째 장애물은 2011년 7월부터 10월까지 이어진 대홍수였다. 방콕을 비롯한 태국 전역이 물에 잠겼고, 주요 공장들이 멈춰 섰다. 주요 자동차 공장과 HDD 생산 기지가 가동을 멈추며 글로벌 공급망에 차질이 생겼고, 경제는 심각한 타격을 입었다. 태국 경제 성장률은 2010년 7.5%에서 2011년 0.8%로 급락했다. 정부는 경제 복구에 전념해야 했고, 4G 도입은 뒷전으로 밀렸다.

두 번째 장애물은 정치적 불안정이었다. 태국은 1932년 이후 19차례의 군사 쿠데타를 겪은 나라이다. 특히 2014년의 쿠데타는 4G 도입 지연의 가장 큰 원인 중 하나였다. 당시 잉락 친나왓 총리의 정치범 사면 발표로 촉발된 대규모 시위와 정권 교체의 혼란 속에서 4G 주파수 경매는 연기[10]되었고, 결국 2016년에야 첫 서비스를 시작할 수 있었다.

---

10 "Thailand to Start 4G Auction on Nov 11, Raises Base Price", Bangkok Post, August 21, 2015.

한국은 4G 도입 이후 통신사와 제조사 간의 경쟁을 무기로 모바일 시장의 혁신을 이끌었다. 반면, 태국은 4G 도입이 늦었지만, 시작이 늦은 만큼 빠르게 달렸다. **디지털 경제로의 전환은 태국을 새로운 모험으로 이끌었다. 이커머스, 라이드쉐어링, 음식 배달 같은 모바일 기반 서비스는 폭발적으로 성장했고, 태국은 이제 혁명의 새로운 중심으로 떠오르고 있었다.**

한국과 태국, 두 나라의 모바일 혁명은 서로 다른 길을 걸어왔지만, 결국 같은 목표에 도달했다. 그것은 단순한 기술의 진보가 아니라, 사람들의 삶을 완전히 바꾸어 놓는 변화였다. 그리고 그 여정은 여전히 계속되고 있다.

비록 4G 도입은 늦었지만, 2010년대 초반부터 글로벌 기업과 정부가 협력하며, 디지털 이코노미의 초석을 다지기 시작했다. 2011년, 구글이 방콕에 아세안 세 번째 오피스를 설립하며 태국의 디지털 잠재력을 가장 먼저 알아챘다. 당시 태국의 온라인 광고 침투율은 2%대에 불과[11]했지만, 구글의 선도적인 진출은 디지털 혁명의 서막을 여는 중요한 신호탄이 되었다.

이후 혁신은 빠르게 이어졌다. 2012년, 태국 통신사 DTAC이 처음으로 엑셀러레이터 프로그램을 런칭하며 스타트업 생태계에 활기를 불어넣었다. 라인은 2014년, 페이스북은 2015년에 현지 오피스를 설립하며 태국 디지털 산업에 합류했다. 이 시기, 태국은 더 이상 뒤처진 후발 주자

---

11 "DAAT Announces Its Direction and Reveals Digital Ad Spending Report", Bangkok Post, June 6, 2013.

가 아니었다. 거대한 파도처럼 밀려오는 글로벌 기업들의 관심 속에서 태국은 새로운 디지털 시대를 향한 항해를 시작했다.

2016년, 태국 정부는 '타일랜드 4.0' 정책을 발표하며 디지털 산업을 제4차 산업으로 규정했다. 스마트 시티, 디지털 허브, 전자 정부 구축이라는 대담한 목표 아래, 태국은 국가적 변화를 이끌어가기 시작했다. 이러한 정책은 알리바바와 넷플릭스 같은 글로벌 기업들을 태국 시장으로 끌어들였다. 알리바바는

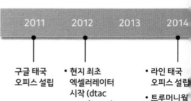

라자다(Lazada)를 통해 중소기업의 디지털 전환을 지원하며 전자상거래 시장의 급성장을 이끌었다.

2017년부터 시작된 '테크소스 글로벌 서밋'은 태국 디지털 생태계의 새로운 상징이 되었다. 이 행사는 태국과 아세안 전역의 스타트업과 투자자들을 연결하며, 태국을 디지털 혁신의 중심지로 떠오르게 했다. 정부의 스타트업 지원 정책과 외국인 투자 유치 전략은 창업 생태계를 더욱 강화했고, 태국은 점차 아세안의 주요 디지털 허브로 자리 잡았다.

스마트폰 보급률도 가파르게 증가하고 있다. 2015년 28%였던 보급률은 2025년까지 83%로 치솟을 것으로 예상된다. 인프라 투자와 디지털 기술을 수용하는 소비자들의 태도 변화는 모바일 서비스와 앱 비즈니스의 성장을 가속화했다. 태국은 이제 뒤늦게 출발한 주자가 아니라, 디지털 시대의 중심으로 향하는 선두 주자로 변모하고 있었다.

태국 디지털 혁명의 여정은 그 자체로 하나의 모험이었다. 장애물과

태국 디지털 이코노미 주요 마일스톤

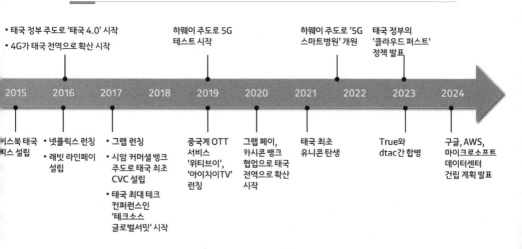

• 태국 정부 주도로 '태국 4.0' 시작
• 4G가 태국 전역으로 확산 시작

하웨이 주도로 5G
테스트 시작

하웨이 주도로 '5G
스마트병원' 개원

태국 정부의
'클라우드 퍼스트'
정책 발표

2015 2016 2017 2018 2019 2020 2021 2022 2023 2024

이스북 태국
피스 설립

• 넷플릭스 런칭
• 래빗 라인페이
  설립

• 그랩 런칭
• 시암 커머셜 뱅크
  주도로 태국 최초
  CVC 설립
• 태국 최대 테크
  컨퍼런스인
  '테크소스
  글로벌서밋' 시작

중국계 OTT
서비스
'위티브이',
'아이치이TV'
런칭

그랩 페이,
카시콘 뱅크
협업으로 태국
전역으로 확산
시작

태국 최초
유니콘 탄생

True와
dtac간 합병

구글, AWS,
마이크로소프트
데이터센터
건립 계획 발표

태국 스마트폰 침투율

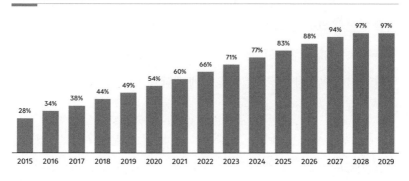

28% (2015) 34% (2016) 38% (2017) 44% (2018) 49% (2019) 54% (2020) 60% (2021) 66% (2022) 71% (2023) 77% (2024) 83% (2025) 88% (2026) 94% (2027) 97% (2028) 97% (2029)

※ 2024년 이후는 예상치

자료: Statista

지연에도 불구하고, 태국은 그 모든 도전을 기회로 바꾸며 새로운 시대
를 향해 항해를 이어가고 있다.

5G로의 도약

코로나19 팬데믹은 태국 경제를 멈춰 세웠다. 관광업이 중단되고 봉쇄 조치가 이어지면서 수많은 사람들이 일자리를 잃었다. 2020년, 태국의 경제 성장률은 −6.1%로 급락하며 깊은 침체에 빠졌다. 그러나 이 암흑 속에서도 변화의 기회는 움트고 있었다. 팬데믹은 디지털 전환의 촉매제가 되었다. 사람들이 집에 머무는 시간이 늘어나고 비대면 활동이 증가하면서 데이터 소비가 급증했고, 통신사들은 이를 새로운 방향으로 나아갈 기회로 삼았다.

태국은 4G 도입이 늦었지만, 5G에서는 전혀 다른 길을 걸었다. **2020년, 태국은 필리핀과 함께 아세안에서 가장 먼저 5G 상용화를 시작하며 기술 혁신의 선두에 섰다.** 이후 2021년에는 싱가포르, 인도네시아, 말레이시아가 5G를 도입했고, 베트남은 2024년에 5G를 도입했다. 5G는 모바일 인터넷 연결성을 강화함과 동시에 태국 디지털 경제의 도약을 이끄는 강력한 원동력이 될 것이다.

태국 통신사들은 새로운 시대를 대비해 몸집을 키우기 시작했다. 2021년, CAT텔레콤과 TOT주식회사가 힘을 합쳐 National Telecom(NT)을 설립했고, 2023년에는 트루무브와 DTAC이 손을 맞잡아 트루 코퍼레이션(True Corp)을 탄생시켰다. 트루 코퍼레이션은 무려 5,500만 명의 가입자를 확보하며 태국 최대의 통신 사업자로 자리 잡았다. 같은 해, AIS는 3BB와 자스민 광대역 인터넷 인프라 펀드의 지분을 인수하며 인터넷 서비스와 고객 기반을 대폭 확장했다.

5G 인프라 확충은 그 자체로 하나의 대규모 프로젝트이다. AIS는

태국 5G 점유율 전망

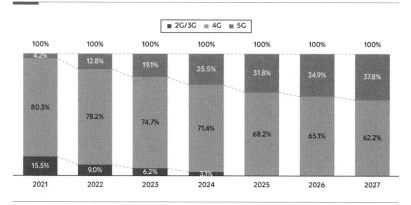

※2023년 이후는 예상치   자료: Twimbit

태국 통신사 점유율

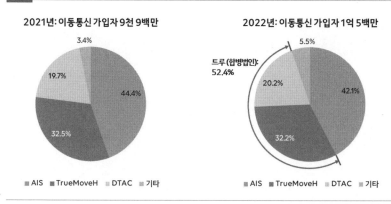

자료: Twimbit

2020년부터 2021년까지 약 2.4조 원을 투자[12]해 전국적으로 5G 네트워크를 구축하고 개선했다. 트루 코퍼레이션은 1만 개의 셀 타워를 세우며 5G 서비스를 빠르게 확장했다. 정부도 5G 프로젝트에 적극적으로 투자

---

12   윤장옥, "2021년 태국 이동통신산업 정보", KOTRA, 2022/01/07.

하며 태국 디지털 경제의 경쟁력을 높이기 위한 노력을 아끼지 않았다.

　그 결과, 5G 도입률은 눈에 띄게 증가하고 있다. 2021년 4%에 불과했던 5G 가입률은 2027년까지 38%에 이를 것으로 전망된다. 5G는 단순한 속도의 혁신이 아니다. 클라우드 컴퓨팅, 사물인터넷(IoT), 비대면 서비스 같은 다양한 기술의 발전을 이끌며 태국의 디지털 경제를 가속화하는 핵심 동력이 되고 있다.

　태국은 이제 새로운 모험의 문턱에 서 있다. **5G는 더 빠른 연결과 무한한 가능성을 약속하고 있으며, 이 변화는 태국을 아세안 디지털 경제의 중심으로 이끌고 있다.** 한때 팬데믹이라는 거대한 파도가 덮쳤던 태국은 이제 그 파도를 넘어 새로운 지평을 향해 항해를 시작했다.

라인, 태국의 국민 메신저가 되다

〈라인 메신저의 성공

라인 메신저가 태국에 자리 잡은 과정은 마치 한 편의 흥미진진한 드라마 같다. 현재 라인의 태국 월평균 활성 사용자 수는 약 5,500만 명[13] 수준이다. 인구 약 7,000만 명인 나라에서 아이들과 노년층을 제외하면, 거의 모든 태국인이 한 달에 최소 한 번은 라인 메신저를 사용하고 있다는 뜻이다. **라인은 단순한 메신저를 넘어 태국을 대표하는 테크 브랜드로 자리 잡았으며, 그 존재감은 마치 한국의 네이버와 카카오가 합친 듯 강렬하다.**

2011년, 라인은 일본에서 첫발을 내디뎠다. 처음엔 해외에 거주하는 일본인들 사이에서 퍼져나갔고, 곧 아세안, 미국, 유럽, 남미로 항해를

---

13   김민기, "대만·태국서도 '국민 메신저'… 라인 포기 땐 동남아 이용자 1억 명 잃어", 조선일보, 2024/5/11.

시작했다. 거대한 페이스북이라는 파도에 도전하며 전 세계로 확장을 꿈꿨다. 하지만 글로벌 무대는 쉽지 않았다. 결국, 라인은 발길을 되돌려 일본, 태국, 대만 시장에 닻을 내렸다. 그리고 이 세 나라에서 라인은 단순한 메신저가 아니라 사람들의 일상과 문화 속으로 깊이 뿌리내렸다.

왜 라인은 유독 태국과 대만에서 국민 메신저가 되었을까? 이는 태국에서 사람들이 자주 묻는 질문이기도 했다. 답은 의외로 간단했다. **태국과 대만은 일본에 대한 호감도가 높았고, 귀여운 캐릭터를 사랑하는 문화적 공통점이 있었다.** 특히 태국에서는 '귀여움'이 단순한 취향을 넘어 하나의 문화로 자리 잡았다. 라인의 대표 캐릭터 브라운과 코니는 태국인들의 대화 속으로 자연스럽게 스며들었고, 금세 사람들의 마음을 사로잡았다.

라인의 성공은 단순한 메신저의 기능에 그치지 않았다. 스티커와 이모티콘으로 감정을 생생하게 표현할 수 있도록 하며 사용자들에게 새로운 소통의 재미를 선사했다. 라인은 메신저를 넘어 사람들과 감정을 나누는 플랫폼으로 진화했고, 태국 사람들에게 친근한 친구 같은 존재가 되었다.

라인의 성공은 우연이 아니었다. 문화를 읽어내는 능력, 사람들의 감성을 이해하는 전략, 그리고 차별화된 콘텐츠가 만들어낸 결과였다. 태국에서 라인은 단순한 앱이 아니라, 사람들의 일상 속 깊이 자리 잡은 하나의 문화로 자리매김했다. 라인의 이야기는 여전히 현재 진행형이다.

일본에 대한 호감

태국은 일본에 대한 호감도가 매우 높은 나라이다. 이는 역사적·경제적·문화적 교류가 오랜 시간 지속된 결과이다. 방콕 곳곳에서 일본의 흔적을 쉽게 찾아볼 수 있다. 태국의 최대 쇼핑몰에는 일본의 유명 백화점인 다카시마야가 입점해 있고, 센트럴 월드에는 이세탄백화점, 마분콩(MBK) 쇼핑몰에는 도큐백화점이 있다. 세븐일레븐은 태국에서 가장 인기 있는 편의점이며, 방콕의 청담동이라 불리는 에카마이에는 일본식 고급 레스토랑들이 즐비하다.

이러한 일본 문화의 흔적은 태국 사회 전반에 깊이 스며들어 있으며, 일본 제품과 서비스에 대한 신뢰도가 높아지는 데 기여하고 있다. 태국에는 약 5,700개의 일본 식당[14]이 있고, 일본은 태국인들이 선호하는 관광지이다. 일본 패션 브랜드 이세이미야케의 바오바오 백, 일본 화장품과 시계 브랜드도 인기를 끌고 있다. 일본 걸그룹 AKB48과 태국의 자매그룹 BNK48도 현지에서 매우 유명하다.

경제적으로도 일본은 태국의 최대 투자국이다. 1970년대부터 일본은 태국에서 항상 1위 투자국의 자리를 지켜왔으며, 2013년에는 일본의 투자 금액이 약 19조 원으로 전체 외국인 직접 투자의 60%를 차지[15]했다. 2017년에도 일본의 투자 비중은 전체 외국인 직접 투자의 40%를 기록했다. 코로나로 인해 외국인 투자가 주춤한 시기에도 일본은 꾸준히 1

---

14 "2023 Survey of Japanese Restaurants", JETRO, January 10, 2024.

15 최규현, "일본의 아세안 진출 전략 핵심은 바로 '태국 플러스 원'", ASEAN EXPRESS, 2020/03/02.

위 자리를 지켰다.

1997년 외환 위기는 태국 내 일본의 입지를 더욱 강화시키는 계기가 되었다. 당시 일본의 지원은 단순한 경제적 지원을 넘어, 양국 간의 신뢰 관계를 공고히 하는 중요한 역할을 했다. 일본 정부는 태국에 대규모 차관을 제공했고, 일본 금융사들은 태국 기업들과 함께 어려움을 극복했다. 이는 일본이 단순한 경제적 이익을 넘어 태국과의 파트너십을 강화하려는 의지를 보여준 사례로 평가된다.

반면, 한국의 은행들은 태국 시장에서 완전 철수를 결정하며 일본과는 반대의 길을 걸었다. 외환 위기 당시, 한국 금융 회사들은 태국 정부의 만류에도 불구하고 1998년에 외환은행과 KDB산업은행이 철수[16]했다. 이로 인해 태국 정부의 신뢰를 잃었고, 이후 15년 동안 한국계 금융 기업의 태국 재진출이 허용되지 않았다.

최근 양국 간의 관계 개선을 위한 대화가 이루어지고 있지만, 한국 금융사의 태국 시장 진출은 여전히 제한적이다. 2013년 산업은행이 사무소 형태로 재진출했으나, 영업권 없이 정보 수집과 한국 기업 지원 역할만 수행하고 있다. 2025년 현재 산업은행, 삼성생명, KB국민카드, 다올투자증권 등이 제한적으로 운영 중이며, 일본 금융사와 비교하면 영향력은 여전히 미미한 수준이다.

---

16 이병권, "'IMF 철수 흑역사' 빗장걸린 태국 금융 시장, 카카오뱅크가 뚫는다", 머니투데이, 2024/05/09.

귀여운 캐릭터

라인은 진출 초기부터 일본의 이미지를 적극적으로 활용했다. 2012년, 라인이 태국에서 인기를 얻기 시작했을 당시, 일본에 대한 호감도는 그 어느 때보다 높았다. 일본 브랜드에 대한 긍정적인 인식과 친숙한 일본 문화는 라인의 확산에 유리하게 작용했다. 특히, 일본 애니메이션과 캐릭터에 대한 태국인들의 관심이 높아지면서 라인의 일본적 이미지는 태국 시장에서 강력한 호감을 얻는 데 중요한 역할을 했다.

당시 대부분의 일본인이 라인을 소통 수단으로 사용하고 있었던 만큼, 태국인들 역시 라인을 자연스럽게 일본 브랜드로 받아들였다. 이는 일본 문화에 대한 태국인들의 신뢰와 호감을 효과적으로 활용한 전략이었다. 덕분에 라인은 태국 시장에서 빠르게 점유율을 확대하며 브랜드 이미지를 공고히 다졌고, 현지 사용자들에게 더욱 친근하게 다가갈 수 있었다.

라인의 성공에는 캐릭터를 활용한 브랜딩 전략도 크게 기여했다. 태국인들이 귀여운 캐릭터를 특히 좋아한다는 점은 2020년 반정부 시위의 상징이 된 일본 캐릭터 '햄토리'를 통해서도 잘 드러난다. 길거리 상점이나 쇼핑몰에서 쉽게 볼 수 있는 아기자기한 캐릭터들은 태국인의 일상에 깊이 스며들어 있었고, 크리스마스 시즌에는 다양한 캐릭터 전시가 이어지며 많은 이들이 그 앞에서 사진을 찍는 모습이 흔했다.

라인 메신저가 태국에서 인기를 끈 또 다른 이유는 바로 이 캐릭터들이었다. 메신저 기능 자체는 다른 서비스들과 크게 다르지 않았지만, 라인은 감정을 생동감 있게 표현할 수 있는 다양한 스티커와 이모티콘을

선보이며 차별화에 성공했다. 라인의 대표 캐릭터 브라운과 코니는 큰 사랑을 받았고, 도라에몽이나 원피스 같은 일본의 인기 캐릭터들과 어깨를 나란히 할 정도로 인기를 끌었다. 단순히 메시지를 주고받는 기능을 넘어, 사용자들에게 감성을 더한 경험을 제공했던 것이다.

2014년에는 누구나 직접 스티커를 제작하고 판매할 수 있는 오픈 플랫폼인 '라인 크리에이터스 마켓(LINE Creators' Market)'을 태국에 선보였다. 귀엽고 독특한 캐릭터를 좋아하는 태국인들은 이 플랫폼을 적극적으로 활용했고, 출시 5개월 만에 스티커 제작자가 5만 명을 넘는 기록을 세웠다. 이 플랫폼은 사용자층을 더욱 넓히고, 커뮤니티를 형성하며 라인의 입지를 더욱 강화했다.

2017년 무렵, 라인은 태국의 국민 메신저로 완전히 자리 잡았다. 대표 캐릭터인 브라운은 꾸준히 인기를 얻으며 태국인의 일상에 깊이 자리 잡았고, 라인은 단순한 메신저를 넘어 태국 문화의 한 부분으로 자리매김했다.

슈퍼앱 패권 전쟁

라인은 단순한 메신저 앱으로 시작했지만, 이제는 아세안 슈퍼앱 패권 전쟁의 주요 주자로 자리 잡았다. 초기에는 메시지와 스티커로 사용자들의 소통을 혁신했으나, 지금은 음식 배달, 이커머스, 뉴스 콘텐츠, 디지털 월렛 및 은행 등으로 서비스를 확장하며 슈퍼앱 경쟁에서 독자적인 입지를 구축하고 있다. 라인은 메신저라는 강력한 플랫폼을 기반으로 고객의 시간을 장악하며, 이를 바탕으로 다양한 라이프스타일 서비스를 제공하고 있다.

아세안 슈퍼앱 시장의 경쟁은 치열하다. 그랩은 차량 공유 서비스로 시작해 음식 배달, 퀵 배송, 금융 서비스까지 손을 뻗으며 아세안 전역에서 영향력을 확대하고 있다. 고투그룹은 고젝과 토코피디아의 합병으로 탄생한 이후, 차량 공유와 전자상거래를 결합한 독보적인 생태계를 구축하며 인도네시아 시장을 장악했다. 베트남의 VNG 그룹은 메신저 '잘로'를 중심으로 음악 스트리밍과 같은 엔터테인먼트 서비스를 더해 슈퍼앱 경쟁에 뛰어들었다.

슈퍼앱의 성공은 고객의 시간을 얼마나 효과적으로 장악하느냐에 달려 있다. 라인은 메신저로 확보한 높은 체류 시간을 이커머스, 뉴스 같은 서비스로 연결해 고객의 마음과 지갑을 사로잡고 있다. 반면, 그랩과 고젝은 차량 공유와 오토바이 예약을 기반으로 사업을 확장하며 고객의 일상을 빠르게 점유하고 있다. 이처럼 다양한 경로로 고객의 시간을 장악하려는 노력은 단순한 기술 경쟁을 넘어, 소비자와의 일상적인 접점을 확보하기 위한 전략으로 이어지고 있다.

슈퍼앱은 이제 하나의 앱을 넘어 사람들의 삶을 재구성하는 생태계로 진화하고 있다. 그랩의 퀵 배송 오토바이, 고젝의 금융 플랫폼, 라인의 메시지 알림과 콘텐츠 서비스는 단순한 기능을 넘어 사람들의 하루를 디자인하고 있다. 베트남의 잘로 역시 음악 스트리밍과 콘텐츠 서비스를 통해 소비자들의 생활 방식을 변화시키고 있다.

아세안에서 벌어지는 슈퍼앱 패권 전쟁은 고객의 하루, 나아가 삶의 방식을 두고 벌이는 치열한 대결이다. **라인을 비롯한 주요 사업자들은 단순한 기술 서비스 제공자를 넘어, 고객들의 생활을 새롭게 정의하는 라이프스타일 혁신자로 변모하고 있다.** 슈퍼앱은 이제 더 이상 단순한 플랫폼이 아니라, **사람들의 시간을 지배하고 일상을 재구성하는 새로운 시대의 주도권을 쥔 생태계로 자리 잡고 있다.**

메신저를 기반으로 한 라인이 꿈꾸는 '라이프스타일 슈퍼앱'의 모습은 다음과 같을 것이다.

- 아침에 일어나 뉴스를 보고('라인 투데이'), 출근할 때 택시를 불러 바로 결제한다('라인맨과 라인페이').
- BTS나 버스로 출근하면서 웹툰이나 영상을 본다('라인 웹툰', '라인 TV').
- 업무 중에는 메신저로 소통하고, 비디오 컨퍼런스콜을 한다('라인 메신저').

- 스티커를 보내며 친구들과 친밀감을 높이고, 스티커를 직접 제작해 수익을 창출하기도 한다('라인 스티커', '크리에이터스 마켓').
- 점심 때 음식 배달을 시키고, 오후에 버블티를 주문한다('라인맨').
- 퇴근 후에는 온라인으로 쇼핑을 한다('라인 쇼핑').

메신저를 넘어, 추가적인 성장 동력은 무엇일까?

아세안 시장에서 슈퍼앱을 고민하며 몇 가지 중요한 질문이 떠올랐다. 왜 중국과 아세안에서 슈퍼앱이 이토록 주목받을까? 아세안의 슈퍼앱은 중국과 어떤 점에서 달라야 할까?

한국에서는 모바일 시대가 열리며 포털의 개념이 점차 희미해졌다. 각 버티컬 서비스는 자신만의 길을 찾아 발전했고, 이커머스는 쿠팡, 무신사, 마켓컬리, 네이버 쇼핑처럼 독립적인 서비스들로 특화되었다. 네이버는 슈퍼앱보다는 검색창이라는 하나의 중심축을 유지하며, 다양한 서비스를 개별적으로 발전시키는 방식을 택했다. 그러나 아세안은 전혀 다른 길을 걷고 있다.

그랩과 고젝은 차량 공유로, 라인과 잘로는 메신저로 시작했지만, 이들의 목적지는 모두 하나이다. 고객의 삶을 아우르는 거대한 플랫폼으로 진화하는 것이다. 차량 공유에서 시작된 그랩과 고젝은 이제 음식 배달과 금융 서비스로 날개를 달았고, 메신저의 대화창에서 출발한 라인과 잘로는 음악, 뉴스, 쇼핑까지 확장하며 고객의 손안에 세상을 담으려 하고 있다. 이들은 단순히 앱 이상의 무엇이 되기를 꿈꾸며, 사용자의 시간을 사로잡고, 지갑을 열게 만드는 새로운 길을 개척하고 있다.

중국에서 위챗이 선보인 슈퍼앱의 성공은 아세안 슈퍼앱 서비스에게

등대와 같은 존재다. 모든 서비스를 하나로 연결하며 사용자의 삶과 일상을 재구성한 위챗은 슈퍼앱 전략의 교과서라 해도 과언이 아니다. 그러나 이 여정은 그리 단순하지 않다. 같은 슈퍼앱이라 해도, 시작점이 다른 만큼 경로도 다를 수밖에 없다. 위챗이 중국이라는 거대한 장벽 안에서 자생적인 생태계를 키웠다면, 아세안의 슈퍼앱들은 국경과 언어, 그리고 각국의 독특한 문화를 아우르며 성장해야 하기 때문이다.

이 성장의 모험은 어디로 이어질까? 아세안 시장에서 슈퍼앱을 고민하는 이들은 그랩의 자동차에서 도시를 누비고, 라인의 스티커 속 귀여운 캐릭터들과 함께 웃음을 나누며, 잘로의 대화창에서 끝없는 연결의 가능성을 탐구하고 있다. 그들의 여정은 단순한 확장이 아니라, 각각의 플랫폼에 담긴 이야기를 읽고, 그 안에서 발견한 새로운 기회를 꿰뚫어 보는 것이다.

각자의 출발점은 다르지만 목표는 하나다. **사용자들의 손끝에서 시작된 이 모험은 삶을 더 풍요롭게 만들고, 디지털 세상을 더욱 촘촘히 엮으며, 결국엔 모든 가능성을 하나의 앱으로 집약하려는 것이다.**

〈 아세안에서 슈퍼앱이 중요한 이유

아세안 테크 산업에서 슈퍼앱이 주목받는 이유는 단순하다. **이 지역 대부분의 국가는 '모바일 퍼스트' 환경을 갖추고 있다.** 싱가포르를 제외한 아세안 국가들에서는 데스크톱보다 모바일을 통한 인터넷 접속 비율이 두 배 이상 높다. 게다가, 메모리가 부족한 저사양 단말기가 널리 사용되

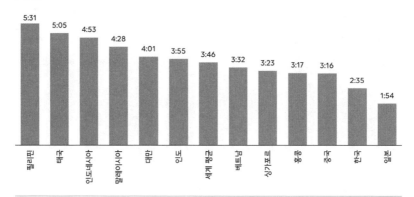

(시간: 분)

※2023년 기준, 16세~64세를 대상으로 한 모바일 기기를 통한 인터넷 접속 시간 일평균 　　　　　　　　자료: WeAreSocial

며, 모바일 기기에 설치된 앱 수가 적은 상황이다. 이와 같은 환경은 중진국과 개발도상국에서 슈퍼앱이 주요 트렌드로 자리 잡는 배경이 되었다.

인터넷 접속 방식은 서비스 제공자의 전략에 큰 영향을 미친다. 소비자들이 모바일에서 더 많은 시간을 보내는 아세안에서는, 모바일 웹에 특화된 서비스가 필수적이다. 데스크톱과 모바일에 모두 대응할 필요가 없는 이 환경은 자원을 효율적으로 배분하려는 기업들에게 매력적이다.

아세안은 전 세계에서 모바일 인터넷 사용량이 가장 많은 지역 중 하나이다. 2023년 기준, 필리핀과 태국에서는 하루 평균 5시간 넘게 모바일 인터넷을 사용하고 있으며, 인도네시아와 말레이시아도 4시간 이상을 기록하고 있다. 이는 한국의 평균 사용 시간인 2시간 35분, 전 세계 평균인 3시간 36분을 훌쩍 뛰어넘는다. 하지만 이 지역에서는 여전히 저사양 스마트폰에 대한 수요가 높다. 오포, 비보, 샤오미 같은 저가 스마트폰은 필리핀에서 76%의 점유율을 차지하며, 인도네시아, 말레이시아, 태국 등에서도 비중이 높다. 반면 한국에서는 그 비중이 6%에 불과하다.

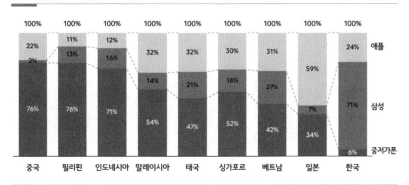

	중국	필리핀	인도네시아	말레이시아	태국	싱가포르	베트남	일본	한국
애플	22%	11%	12%	32%	32%	30%	31%	59%	24%
삼성	2%	13%	16%	14%	21%	18%	27%	7%	71%
중저가폰	76%	76%	71%	54%	47%	52%	42%	34%	6%

※2024년 9월 기준

자료: statcounter

이러한 특성은 평균 앱 설치 수에서도 드러난다. 2016년 구글의 보고서[17]에 따르면, 한국 소비자는 평균 53개의 앱을 설치했지만, 아세안의 대부분 국가는 30~35개에 그쳤다. 설치 가능한 앱 수가 제한적인 환경은 슈퍼앱이 등장할 수밖에 없는 이유를 잘 보여준다. 하나의 앱으로 다양한 기능을 제공하는 슈퍼앱은, 저사양 스마트폰 사용자들에게 필수적인 선택지가 되고 있다.

아세안에서 슈퍼앱은 단순한 트렌드가 아니다. 높은 모바일 인터넷 사용률과 저사양 기기의 한계를 극복하기 위한 해결책이다. 이 거대한 모바일 시장에서 슈퍼앱은 단 하나의 플랫폼으로 모든 것을 해결할 수 있는 가능성을 열고 있다. 그리고 그 가능성은 소비자의 삶을 편리하게 만들고, 기업에게는 새로운 성공의 열쇠를 제공하고 있다.

---

17 Masao Kakihara, "Mobile Apps in APAC: 2016 Report", Google, December 2016, https://www.thinkwithgoogle.com/intl/en-apac/marketing-strategies/app-and-mobile/mobile-apps-in-apac-2016-report.

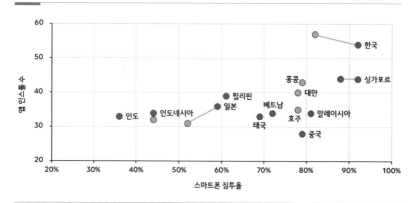

자료: Google and TNS Australia, Mobile Apps in APAC: 2016

그랩과 고젝이 슈퍼앱으로 성장한 방식

경쟁은 언제나 새로운 이야기를 만들어낸다. 아세안 테크 시장의 뜨거운 주역, 그랩과 고젝은 서로를 자극하며 성장해 왔다. 그랩은 서비스 확대, 지역 확장, 금융 서비스로의 확대 등 세가지 축으로 성장하고 있다면, 고젝은 인도네시아라는 거대한 무대를 중심으로 서비스 확대와 금융 서비스로의 확대에 집중하며 독자적인 길을 걷고 있다. 그 결과, 두 기업은 슈퍼앱 전쟁의 서로 다른 방향을 제시하며 아세안 시장을 재편하고 있다.

그랩의 여정은 말레이시아에서 시작됐다. 작은 택시 호출 서비스로 출발한 그랩은 공격적인 확장 전략을 통해 싱가포르, 방콕, 마닐라 등 아세안 전역 400개 이상의 도시로 뻗어나갔다. 본사를 싱가포르로 이전하며 국제적 도약의 발판을 마련했고, '그랩 페이' 같은 전자 지갑 서비스를 추가하며 일상의 모든 순간을 장악하려 했다. 그랩은 35차례의 투자 유치와 165억 달러(약 17조 원)의 자금을 기반으로 아세안의 디지털 경제에서 독보적인 위치를 확보했다.

반면 고젝의 이야기는 오토바이 호출 서비스로 시작되었다. 2010년 인도네시아에서 출발한 이 회사는 고푸드, 고마트, 고페이 등 다양한 서비스를 추가하며 인도네시아 내에서 슈퍼앱으로 자리 잡았다. 하지만 인도네시아라는 거대한 섬나라를 넘어 다른 아세안 국가로 진출하려던 고젝의 노력은 곳곳에서 좌절을 겪었다. 태국과 필리핀에서는 사업을 접어야 했고, 베트남에서도 경쟁력을 회복하기 위해 고군분투 중이다.

태국은 두 기업의 전투가 가장 치열했던 무대였다. 그랩과 고젝은 방콕의 번잡한 거리와 구석진 골목에서 경쟁을 벌였다. 여기에 라인맨과 푸드판다까지 가세하며 이 시장은 4파전의 전장이 되었다. 태국은 단순한 소비 시장이 아니다. 중진국 수준의 구매력과 문화적 다양성, 그리고 인도차이나 반도의 중심이라는 전략적 위치가 태국을 포기할 수 없는 시장으로 만들었다.

그랩이 이 경쟁에서 승리할 수 있었던 결정적 요인은 기술이었다. 중국 선전에서 고급 개발 인력을 확보한 그랩은 앱의 안정성과 사용성을 빠르게 개선하며 고객의 신뢰를 얻었다. 반면 고젝은 각 나라에 별도의 브랜드와 앱을 운영하며 일관성을 잃었다. 태국 시장에서는 'Get'이라는 별도 앱을 출시했지만, 이는 결국 브랜드 가치를 약화시키는 결과를 낳았다.

이 두 기업의 여정은 하나의 교훈을 남긴다. 아세안이라는 거대한 시장에서 승리하기 위해서는 단순한 확장을 넘어, 기술과 운영의 효율성을 극대화하는 전략이 필요하다는 점이다. 개발 인력이라는 가장 값비싼 자원을 효과적으로 활용하려면, 하나의 플랫폼과 일관된 브랜드가 필수적이다.

아세안 테크 시장의 슈퍼앱 전쟁은 단순한 경쟁이 아니다. 그것은 각 기업이 스스로를 새롭게 정의하며, 아세안 사람들의 삶을 바꾸고, 새로운 디지털 지형을 만들어가는 이야기다. 그리고 그 싸움은 지금도 계속되고 있다.

중국 위챗의 성공 방정식: 메신저에서 슈퍼앱으로

라인은 그랩과 고젝과는 근본적으로 다른 슈퍼앱 전략이 필요하다. 고젝은 승차 공유와 음식 배달을 기반으로 한 생활밀착형 O2O 서비스인 반면, 라인은 메신저를 기반으로 한 커뮤니케이션 서비스이다. 따라서, 라인이 벤치마킹할 적절한 대상은 2017년부터 본격적으로 슈퍼앱 전략을 추진한 중국의 텐센트 위챗이었다.

위챗은 몇 가지 단계를 거치며 '슈퍼앱'으로서의 위상을 확립해 왔다.

- 2011년: 메신저 서비스 런칭
- 2012년: 모멘트(Moments, 펑유취안, 朋友圈) 시작(일종의 페이스북 타임라인)
- 2012년: 공식 계정(궁중하오, 公众号) 서비스 런칭
- 2013년: 위챗페이(웨이신즈푸, 微信支付) 연계

- 2017년: 미니프로그램(샤오청쉬, 小程序) 런칭
- 2020년: 채널스(Channels, 스핀하오, 视频号) 런칭(숏폼 비디오)

위챗은 단순한 메신저를 넘어, 디지털 세상의 문을 여는 거대한 관문이다. 그 중심에는 바로 미니프로그램이 있다. 위챗의 미니프로그램은 메신저를 슈퍼앱으로 완전히 탈바꿈시켰다는 평가를 받으며, 2018년 230만 개를 돌파한 후, 2020년에는 500만 개를 넘어섰다. 이제 중국 소비자들은 위챗만으로 모든 것을 해결할 수 있는 세상에 살고 있다. 결제, 예약, 주문, 상담, 심지어는 게임까지. 손끝에서 펼쳐지는 이 작은 세계는 그 자체로 거대한 생태계를 만들었다.

그러나 이 혁신은 혼돈의 중국 앱 시장 속에서 탄생했다. 애플 앱스토어가 자리 잡고 있었지만, 구글의 철수로 안드로이드 마켓은 공백 상태였다. 그 틈을 중국의 IT 기업들과 제조사들이 메웠다. 텐센트, 바이두, 화웨이, 샤오미 같은 거대 기업들이 각자의 앱스토어를 운영하며 시장은 마치 끝없는 미로처럼 변했다. 그러나 이 혼란 속에서 위챗은 단 하나의 출구를 제시했다. 미니프로그램은 복잡한 앱 설치 없이 위챗 안에서 모든 것을 가능하게 했다.

위챗 미니프로그램에는 모든 앱의 핵심 기능이 구현되었다. 기업들은 구글의 앱 결제 수수료 30%를 절감하며, 홍보 비용까지 아낄 수 있었다. 매달 약 1만~4만 위안만 지불하면, 이 거대한 생태계에 자리를 잡을 수 있었다. 그러나 제약도 있었다. 미니프로그램은 10메가라는 용량 제한이 있었고, 푸시 알림을 사용할 수 없는 한계도 있다. 그럼에도 하루에도 수십 개의 미니프로그램이 쏟아지며 경쟁은 치열했다.

위챗 미니프로그램은 2020년 4월 기준 월간 이용자 8억 5천만 명, 월간 사용자 100만 명이 넘는 미니프로그램이 1,200개에 달하며 중국 앱 생태계를 바꾸고 있다. 이는 단순히 기술 혁신이 아니다. 디지털 세상에서의 새로운 질서를 만들었다.

위챗은 전 세계 메신저 회사들에게 단순한 대화를 넘어선 플랫폼의 미래를 제시하고 있다. 소비자와 비즈니스를 하나로 연결하는 중심축으로서, 위챗은 이제 메신저의 역할을 완전히 재정의했다. 이 새로운 패러다임은 미국도, 일본도 아닌 중국에서 시작되었고, 위챗은 아세안 시장에서도 강렬한 메시지를 던지고 있다. 변화의 물결 속에서 누가 이 흐름을 가장 잘 읽어내고, 새로운 길을 개척할 것인가? 그 답은 이미 위챗의 미니프로그램 안에 담겨 있다.

변화의 중심에서 라인은 위챗의 길에서 배운 지혜를 바탕으로, 자신만의 색깔로 새로운 길을 개척하고 있다. 위챗을 벤치마킹하되, 라인의 강점을 녹여내며 높은 체류 시간을 토대로 다양한 서비스를 하나의 생태계로 엮어가고 있다. 새로운 시대의 주도권을 쥐려는 이 싸움에서, 라인은 결국 자신만의 이야기를 만들어낼 것이다.

태국인의 스마트폰에 담긴 디지털 라이프

태국의 스마트폰 사용자들은 어떤 모바일 서비스를 가장 많이 사용할까?

이 질문의 답은 태국 디지털 라이프의 숨겨진 이야기를 드러낸다. 구글 플레이 스토어와 애플 앱스토어는 매일 모바일 서비스 순위를 발표하며, 태국인의 디지털 생활을 엿볼 단서를 제공한다. 2024년 기준으로, 월간 활성 사용자 수를 기반으로 주요 65개의 모바일 서비스를 선정했다. 스태티스타와 언론 기사 같은 신뢰할 수 있는 데이터를 참고하고, 방콕에 거주하는 20~30대 사용자들의 스마트폰 사용 패턴을 분석해 그들의 일상을 들여다봤다.

태국에서 모바일 서비스는 14개 카테고리로 나뉜다. 그중에서도 **소셜 미디어, 커뮤니케이션, 쇼핑, 금융, 음식 배달 등 8개의 주요 카테고리는 태국인의 디지털 일상을 가장 생생하게 보여준다.** 각 카테고리는 태

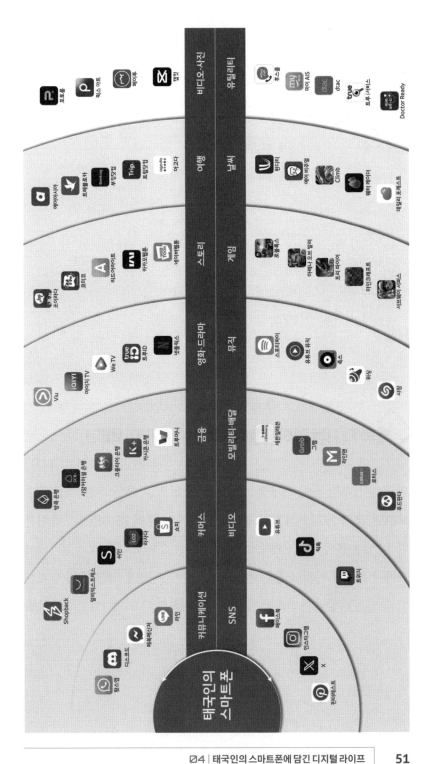

국인들의 삶에 녹아든 디지털 라이프의 한 조각을 엿볼 수 있는 창이다.

- 커뮤니케이션: 라인 메신저, 페이스북 메신저
- 소셜 미디어: 페이스북, 인스타그램, X
- 비디오 서비스: 유튜브, 틱톡
- 쇼핑: 쇼피, 라자다
- 금융: 트루머니, 카시콘은행, 크룽타이은행
- 모빌리티·배달: 세븐일레븐, 그랩, 라인맨, 테스코
- 영화·드라마 엔터테인먼트: 넷플릭스, 트루ID
- 뮤직 엔터테인먼트: 스포티파이, 유튜브 뮤직

태국 디지털 라이프를 움직이는 네 가지 서비스

태국에서 가장 많이 사용되는 모바일 서비스는 단연 라인 메신저다. 2023년 말 기준, 라인의 월간 활성 사용자 수는 무려 5,500만 명[18]에 이른다. 이 앱은 문자 메시지와 음성 통화를 위한 필수 도구로, 태국 전역에서 가족과 친구들 간의 소통을 손쉽게 이어준다. 감정을 생동감 있게 표현할 수 있는 다양한 스티커와 이모티콘은 대화를 더욱 재미있고 유쾌하게

---

18 김민기, "대만·태국서도 '국민 메신저'… 라인 포기땐 아세안 이용자 1억명 잃어", 조선일보, 2024/05/11.

만들어준다. **라인은 단순한 소통 도구를 넘어 업무 커뮤니케이션에도 효율적으로 사용되며, 지역 사회 이벤트나 단체 활동의 조율에도 빠질 수 없는 존재로 자리 잡았다.**

라인의 뒤를 페이스북과 유튜브가 따른다. 페이스북은 월간 활성 사용자 수가 약 4,910만 명[19]에 달하며, 뉴스, 숏폼 콘텐츠, 엔터테인먼트 등 다양한 콘텐츠를 통해 태국인의 일상 속 깊이 스며들어 있다. 매주 300만 개 이상의 사진과 동영상이 페이스북에 공유되며, 특히 송끄란 축제 같은 특별한 시기에는 관련 게시물이 폭발적으로 증가한다. 페이스북 그룹을 통해 지역 행사와 비즈니스 홍보가 활발히 이루어지고 있으며, 2023년 기준 비즈니스 페이지 수는 150만 개를 넘어섰다. 한국에서 젊은 층이 인스타그램을 선호한다면, **태국에서는 페이스북이 여전히 가장 많이 사용하는 소셜 미디어로 자리하고 있다.**

유튜브는 약 4,420만 명의 사용자[20]를 보유하며 그 뒤를 잇는다. 2016년 태국 국왕 서거 당시 모든 TV 방송이 흑백으로 송출되자, 대체 콘텐츠를 찾기 위해 유튜브로 몰려든 사람들이 급증했다. 이로 인해 유튜브의 월간 활성 사용자 수는 단숨에 30% 이상 증가했고, 지금도 태국에서는 매달 약 600만 개의 동영상이 업로드되고 있다. 음악 콘텐츠는 유튜브에서 가장 인기 있는 카테고리로, Gen Z의 89%가 유튜브를 즐기며 자신만의 취향을 발견한다. 유튜브는 태국에서 가장 사랑받는 비디오 플랫폼으로 자리 잡았으며, 최근에는 유튜브 쇼츠와 같은 숏폼 콘텐츠가 큰

---

19   Simon Kemp, "Digital 2024: Thailand", Datareportal, February 23, 2024, https://datareportal.com/reports/digital-2024-thailand.

20   Ibid.

인기를 끌고 있다.

페이스북 메신저는 월간 약 3,555만 명의 사용자[21]를 보유하며, 특히 10~20대가 선호하는 플랫폼으로 자리 잡았다. **라인이 태국 내에서 카카오톡처럼 범용적인 메신저라면, 페이스북 메신저는 젊은 세대가 부모나 선생님, 직장 상사와의 대화에서 벗어나 자신만의 자유로운 소통 공간을 만드는 데 활용한다.** 이들은 애니메이션 스티커와 AR 필터를 통해 더 창의적이고 감성적인 소통을 즐긴다. 단순히 메시지를 주고받는 것을 넘어 대화 속에 개성과 유머를 담아내며, 이를 통해 자신만의 이야기를 만들어간다. 이러한 특징은 태국 젊은 세대의 일상에서 유머와 자기 표현이 얼마나 중요한지를 잘 보여준다.

라인, 페이스북, 유튜브, 그리고 페이스북 메신저. 이 네 가지 플랫폼은 태국인의 디지털 라이프를 형성하는 강력한 축이다. 각각의 서비스는 단순한 앱을 넘어, 사람들의 소통과 일상을 풍요롭게 만드는 도구로 자리 잡고 있다.

인스타그램, X, 틱톡

인스타그램과 X는 태국 디지털 라이프의 중심에서 사람들의 일상과 생각을 연결하고 있다. 인스타그램은 태국 특유의 밝고 다채로운 풍경을 담아내는 창이다. 축제의 활기, 시장 거리의 생동감, 가족 간의 따뜻한

---

21   Simon Kemp (2024), ibid.

교류가 피드에 넘실대며, 브랜드와 인플루언서들은 이 정서적 매력을 활용해 제품과 서비스를 홍보한다. 태국의 젊은 세대에게 인스타그램은 단순한 사진 공유를 넘어 자신을 표현하고 사람들과 감정을 나누는 중요한 무대가 되었다.

한편, X는 빠르게 변화하는 태국 사회의 목소리를 담는 거대한 확성기다. 사회적 이슈와 정치적 논의는 이 플랫폼을 타고 실시간으로 퍼져나간다. 2020년 반정부 시위 당시, #SaveThailand 해시태그는 무려 2백만 번 이상 트윗되며 국제적인 관심을 불러일으켰다. 2023년 선거 기간에도 약 30만 개의 트윗이 후보자들의 정책과 선거 부정 사례를 공유하며 시민들의 목소리를 전하는 데 쓰였다. **X는 태국 사람들에게 단순한 SNS가 아니라, 의견을 모으고 변화의 바람을 일으키는 거대한 광장이 되었다.**

틱톡은 완전히 다른 세상을 연다. 짧고 강렬한 동영상은 주로 10대와 20대 사용자들에게 스트레스 해소와 즐거움을 선사한다. 춤 챌린지나 코미디 영상은 폭발적인 호응을 얻으며 새로운 문화적 흐름을 만들어 간다. **틱톡은 단순히 웃음과 재미를 넘어 '쇼퍼테인먼트(shoppertainment)'라는 새로운 쇼핑 트렌드를 이끌고 있다.** 콘텐츠와 쇼핑이 하나로 결합된 이 트렌드는 팬데믹 기간 동안 'TikTokMadeMeBuyIt' 해시태그와 함께 큰 인기를 끌었다. 2022년 메가 세일 시즌 동안, 태국 틱톡 사용자 중 80%가 틱톡 샵에서 쇼핑을 했고, 패션, 뷰티, 식품 같은 상품들이 가장 많이 팔렸다.

태국의 틱톡 열풍은 챌린지로도 이어진다. '람타이 챌린지'는 태국 전통 춤인 람타이를 현대적으로 재해석해 500만 명이 참여하며 전통과 현

대의 조화를 보여주었다. '송끄란 워터 챌린지'는 태국의 새해를 기념하는 송끄란 축제의 물놀이 문화를 틱톡으로 전 세계에 알리며 800만 명이 참여했다. 이 챌린지들은 태국의 전통과 문화를 새롭게 즐길 수 있는 장을 열며, 사람들에게 단순한 재미를 넘어 서로를 연결하는 새로운 방식을 선사했다.

인스타그램, X, 틱톡. 이 세 플랫폼은 태국인의 디지털 라이프를 움직이는 거대한 축이다. 각 플랫폼은 서로 다른 방식으로 사람들의 삶에 스며들며, 태국의 문화, 정서, 그리고 그들만의 독특한 라이프스타일을 세계에 알리고 있다.

〈 금융 서비스

태국의 금융 서비스 애플리케이션들은 사람들의 일상에 깊이 스며들고 있다. 카시콘은행, 시암커머셜은행, 크룽타이은행, 방콕은행 등 주요 은행들은 모바일 핀테크 서비스를 통해 송금, 결제, 계좌 관리까지 손끝에서 처리할 수 있는 세상을 열었다. 복잡했던 금융 거래는 이제 몇 번의 터치로 간단히 해결되며, 사용자들은 편리함과 신뢰성을 동시에 누리고 있다. 현지 규제와 보안 요건을 충족한 이 서비스들은 디지털 금융의 새로운 표준을 만들어가고 있다.

하지만 은행 앱만이 전부는 아니다. 트루머니는 태국에서 비은행 핀테크 서비스의 선두 주자로 자리 잡으며, 금융의 새로운 가능성을 열고 있다. 송금과 결제는 기본, 그 이상을 제공한다. 모바일 결제, 데이터 충전, 대중교통 요금 결제 같은 다양한 기능은 사용자들의 일상을 더 편리하게 만들고 있다. 특히 금융 서비스가 부족한 지역에서도 트루머니는 큰 역할을 하고 있다. 은행 계좌가 없는 10대 사용자들에게도 트루머니는 든든한 동반자다. 세븐일레븐 같은 편의점에서 손쉽게 충전할 수 있어, 젊은 사용자들 사이에서 빠르게 확산되고 있다.

이 핀테크 서비스들은 단순한 금융 도구를 넘어선다. 그것은 사람들의 삶을 더 단순하고 편리하게 만들어주는 디지털 혁명의 한 부분이다. 태국의 금융 서비스들은 이제 도시와 시골, 젊은 세대와 중장년층을 아우르며, 디지털 시대의 새로운 경제 지형을 만들어가고 있다. 이 변화는 단순한 기술적 진보가 아니라, 사람과 사람, 그리고 기술과 일상의 조화로운 연결을 만들어가는 여정이다.

쇼핑

태국의 쇼핑 앱 세계는 쇼피와 라자다라는 두 거인이 지배하고 있다. 이 두 플랫폼은 각자의 강점을 앞세워 모바일 커머스 시장의 중심에 섰으며, 소비자들에게 더 나은 경험을 제공하기 위해 끊임없이 진화하고 있다. 간편한 모바일 결제, 라이브 커머스의 생생함, 그리고 빠른 배송 서비스는 이들을 태국에서 가장 선호되는 쇼핑 플랫폼으로 자리 잡게 했다.

쇼피는 태국에서 가장 인기 있는 쇼핑 애플리케이션으로, 싱가포르 기반의 SEA그룹이 운영한다. 할인 행사와 빠른 배송은 쇼피를 선택하는 주요 이유다. 특히 '쇼피 11.11 세일'은 태국 소비자들 사이에서 하나의 축제와도 같다. 2023년에는 이 행사에서 무려 1,500만 개의 상품이 판매되었다. 쇼피는 패션, 뷰티, 가전제품을 주로 구매하는 20~40대 사용자들 사이에서 높은 인기를 누린다. 실시간으로 제품을 구매할 수 있는 라이브 커머스는 쇼핑을 단순한 거래가 아닌 하나의 경험으로 만들어 준다. 게다가 다양한 결제 옵션은 소비자들에게 편리함을 더하며, 쇼피는 소규모 상인들에게도 온라인 비즈니스의 기회를 열어줌으로써 지역 경제를 활성화시키고 있다.

한편, 라자다는 중국 알리바바가 운영하는 태국의 대표 쇼핑 플랫폼으로, 쇼피와 어깨를 나란히 하고 있다. '라자다 12.12 세일' 같은 대규모 할인 행사는 소비자들을 열광하게 만든다. 2023년, 이 행사를 통해 약 1,200만 개의 상품이 판매되며 그 인기를 입증했다. 라자다는 방대한 제품군과 빠른 배송, 그리고 소비자 친화적인 환불 정책으로 태국 소비자들의 마음을 사로잡고 있다. 특히 방콕과 같은 주요 도시에서는 24시간 내 배송을 제공하며, 직관적인 앱 인터페이스와 다양한 프로모션으로 높은 충성도를 유지하고 있다. 라자다는 지역 상인들과 협력해 로컬 경제에도 긍정적인 영향을 미치고 있다.

쇼피와 라자다. 이 두 플랫폼은 단순히 상품을 사고파는 곳이 아니다. 태국 소비자들의 일상 속으로 깊이 들어와 있으며, 그들의 쇼핑 문화를 새롭게 정의하고 있다. 할인 행사가 열리는 날이면, 수백만 명의 소비자들이 스마트폰 화면에 몰두하며 자신만의 보물을 찾는다. 이들은 태국의 디지털 경제가 얼마나 역동적으로 변화하고 있는지를 상징하는 두 개의 거대한 축이다.

모빌리티 및 음식 배달 서비스

그랩과 라인맨은 태국 도시의 거리를 누비며 현대인의 삶을 편리하게 바꿔놓고 있다. 이들 모빌리티와 음식 배달 서비스는 바쁜 일상에 지친 사람들에게 없어서는 안 될 동반자가 되었다. 팬데믹 동안 이들의 수요는 급증했고, 이제는 태국 도시 생활의 필수적인 부분으로 자리 잡았다. 단순한 서비스가 아닌, 이들은 삶의 질을 높이고 선택의 폭을 넓히며 현대 사회의 생활 방식을 변화시키고 있다.

그랩은 방콕뿐 아니라 푸켓, 파타야 같은 주요 관광지에서도 큰 인기를 끌고 있다. 2014년 차량 공유 서비스를 중심으로 태국에 진출한 그랩은 여행객들에게 편리한 이동 수단을 제공하며 교통 혼잡을 완화하는 데 기여하고 있다. 2018년부터는 음식 배달 서비스를 본격화해, 이제 하루 평균 70만 건의 배달 주문을 처리한다. 그랩의 매력은 단지 편리함에 그치지 않는다. 다양한 프로모션과 멤버십 프로그램은 사용자들의 충성도를 높이고, '그랩 푸드 패스'를 통해 배달비 할인을 제공하며 경제적 혜택까지 선사한다. 또한 친환경 배달 서비스로 전기 스쿠터를 활용해 지속 가능한 교통 수단을 확대하고 있다. 그랩은 단순히 음식을 배달하는 것을 넘어, 태국의 도시를 더욱 살기 좋은 곳으로 변화시키고 있다.

라인맨은 또 다른 이야기를 써 내려가고 있다. 태국 전역에서 음식 배달은 물론이고 다양한 온디맨드 서비스를 제공하며 빠르게 성장하고 있다. 약 70만 개의 음식점과 제휴를 맺어 다양한 메뉴를 선보이고, 택배와 쇼핑 대행 같은 서비스까지 통합적으로 제공해 사용자들의 삶을 더 편리하게 만들고 있다. 라인맨은 태국의 77개 주 전역에 서비스를 제공하며,

약 10만 명의 라이더가 매일같이 사용자들과 연결되어 있다. 윙나이 플랫폼은 약 100만 개의 음식점 정보를 검색하고 리뷰를 공유할 수 있는 공간을 제공하며, 사용자들이 더 나은 선택을 할 수 있도록 돕는다.

그랩과 라인맨은 단순히 음식을 가져다주는 배달원이 아니다. 이들은 태국 도시 곳곳을 연결하며 사람들의 삶 속에 녹아들고 있다. 거리마다 오가는 그랩 차량과 라인맨 라이더들은 도시의 맥박이자, 현대 태국인의 새로운 라이프스타일을 상징한다. 이들의 여정은 계속되고 있으며, 태국의 일상에 새로운 페이지를 쓰고 있다.

통신사 유틸리티 서비스

태국의 통신 시장은 우리에게는 낯설다. 한국에서 후불(Post-paid) 가입자가 대부분을 차지하는 것과 달리, 태국에서는 여전히 선불(Pre-paid) 가입자가 시장의 주류를 이룬다. 2015년만 해도 선불 가입자의 비중은 약 80%에 달했지만, 시간이 흐르며 점차 줄어들고 있다. 그럼에도 불구하고 **70% 가까운 태국인들이 여전히 선불 서비스를 이용하며, 이 구조는 통신사들에게 독특한 도전 과제를 던지고 있다.**

이런 환경 속에서 등장한 마이AIS, DTAC, 트루i서비스는 단순한 통신 애플리케이션이 아니다. 이들은 태국 사용자들에게 맞춤형 데이터 충전, 요금 관리, 실시간 사용량 알림 같은 기능을 제공하며, 디지털 시대의 조력자로 자리 잡았다. 마이AIS는 데이터 부족 걱정을 덜어주는 실시간 알림과 최적의 요금제를 추천하며, 마치 디지털 비서처럼 작동한다. 트루i서비스는 간편한 결제와 다양한 부가 서비스로 편의성을 극대화하며, 영화 티켓 할인이나 로열티 포인트 같은 특별 혜택으로 사용자들의 마음을 사로잡는다.

이들 앱은 태국 통신 시장의 독특한 선불 구조를 정교하게 반영한다. 선불 사용자는 즉각적인 충전과 효율적인 요금 관리를 필요로 하고, 이러한 요구를 충족시키는 서비스들은 사용자들에게 단순한 앱 이상의 가치를 제공한다. 마이AIS와 트루i서비스는 실용적이면서도 개인화된 경험을 통해 고객 충성도를 높이고 있다.

높은 선불 가입자 비중은 태국 통신 시장의 특징이자 기회이다. 데이터 부족 알림이 울릴 때마다, 사용자는 이 앱들이 단순한 도구가 아니라 자신의 일상 속 파트너임을 느낀다. 특히, 충전 과정에서 제공되는 다양한 제휴 서비스는 사용자들에게 새로운 혜택과 가치를 선사한다. 영화 티켓 할인, 편의점 포인트 적립, 음식 배달 쿠폰 같은 부가 혜택은 단순히 데이터를 충전하는 것을 넘어서, 앱을 통해 일상을 더 풍요롭게 만들어 준다.

사용자의 손끝에서 디지털 세상과 연결되는 이 앱들은 이제 태국의 독특한 통신 문화를 상징하는 존재가 되었다. **매일같이 이어지는 클릭과 터치 속에서, 데이터 충전은 단순한 소비 행위가 아니라 더 많은 혜택과 연결을 가능하게 하는 매개체가 되고 있다.** 태국 통신 산업은 이러한 혁신을 바탕으로 더 스마트하고 사용자 중심적인 세상을 향해 새로운 장을 써 내려가고 있다.

글로벌과 로컬 서비스가 빚어내는 조화

태국의 스마트폰 화면 속, 가장 많이 사용되는 애플리케이션들은 글로벌 서비스가 지배한다. 페이스북, 인스타그램, X 같은 소셜 미디어 거인들부터 쇼피, 라자다, 그랩, 라인맨과 같은 이커머스와 모빌리티 플랫폼에 이르기까지, 이들 서비스는 안정적이고 일관된 사용자 경험으로 태국 시장에서 절대적인 인기를 얻고 있다. 끊임없이 제공되는 프로모션과 매력적인 기능들은 사용자들의 손길을 멈출 수 없게 만든다.

하지만 **이 무대의 진정한 주인공은 중국계 서비스들이다.** 쇼피, 라자다, 틱톡, 그리고 음악 스트리밍 플랫폼 죽스(Joox)까지, 중국 자본의 영향을 받은 서비스들은 태국 시장에서 빠르게 확장하며 강력한 존재감을 드러내고 있다. 심지어 가장 많이 쓰고 있는 트루머니도 알리바바와 현지 통신사 트루의 합작으로 운영되고 있다. 디지털 경제의 흐름 속에서, 중국은 태국에 또 하나의 선택지를 제공하며 시장의 지형을 바꾸고 있다.

바이트댄스가 만든 인스타그램 스타일의 사진 공유 플랫폼 레몬8은 상위 65개 앱에는 포함되지 않았지만, 여전히 많은 사용자를 끌어들이고 있다. 이 앱은 창의적인 자기 표현을 중시하는 젊은 세대에게 호응을 얻으며 일본과 아세안 전역에서 인기를 끌고 있다. 레몬8을 통해 태국의 젊은이들은 일상을 사진으로 기록하며, 화려한 필터와 편집 도구로 자신만의 이야기를 만들어간다.

게임의 세계는 태국에서 그야말로 뜨겁게 타오르고 있다. 텐센트가 18.7%의 지분을 보유한 SEA그룹의 가레나는 태국 게이머들에게 익숙한 이름이다. 가레나가 제공하는 '액터 오브 발러'와 '프리 파이어'는 오랜 시간 동안 꾸준히 사랑받으며 태국 게임 시장의 중심에 자리 잡고 있다. 매일 밤, 수많은 플레이어들이 화면 속 전장으로 뛰어들며 승리의 기쁨과 팀워크의 짜릿함을 만끽한다.

여기에 글로벌 히트작들이 가세하며 더 큰 열기를 불러일으킨다. 로블록스와 마인크래프트 같은 게임은 10대와 20대의 시간을 사로잡았다. 이들은 단순한 게임을 넘어, 자신만의 세상을 창조하고 친구들과 함께 그 안에서 모험을 즐기는 디지털 놀이터를 제공한다. 블록으로 쌓아 올린 마인크래프트의 세계에서, 혹은 로블록스의 끝없는 가상 공간에서 태국의 젊은이들은 새로운 이야기를 쓰고 있다.

현지 모바일 서비스는 태국인의 일상 속에서 점점 더 큰 역할을 맡고 있다. 금융 애플리케이션은 단순한 도구를 넘어, 사용자들에게 신뢰와 편리함을 제공하는 든든한 파트너로 자리 잡았다. 몇 번의 터치만으로 소상공인들은 대출을 신청하고, 자금 흐름을 손쉽게 관리할 수 있다. 은행 지점을 방문할 필요도 없이, 지방의 작은 가게에서도 금융 서비스를 누릴 수 있는 시대가 열린 것이다. 지속적인 업데이트와 사용자 피드백을 반영한 인터페이스는 점점 더 친숙해졌고, 실시간 상담 기능은 복잡한 문제를 해결하는 따뜻한 안내자로 기능하고 있다.

스토리 엔터테인먼트 분야에서도 태국은 자신만의 색을 뚜렷하게 드러내고 있다. 네이버와 카카오의 웹툰이 주도하는 콘텐츠 시장 속에서도, 현지 플랫폼인 리드앤라이트(ReadAWrite), 조아라, Meb은 독자들과의 끈끈한 연결을 통해 경쟁력을 유지하고 있다. 이들 서비스는 태국 독자들의 문화적 감성을 깊이 반영한 콘텐츠를 제공하며, 작가와 독자가 소통할 수 있는 공간을 마련한다. 맞춤형 추천 기능은 사용자 만족도를 높이는 동시에, 태국만의 독창적인 스토리 문화를 만들어가고 있다.

태국의 디지털 세계는 단순히 글로벌 서비스의 연장이 아니다. **현지와 글로벌이 조화를 이루는 이 공간은 새로운 가능성을 창출하며, 태국만의 독특한 디지털 생태계를 구축해 나가고 있다.** 스마트폰 화면 속에서 펼쳐지는 이 다채로운 이야기는 단순한 기술의 나열이 아닌, 문화와 기술, 그리고 사람들의 삶이 어우러진 하나의 디지털 모험이다.

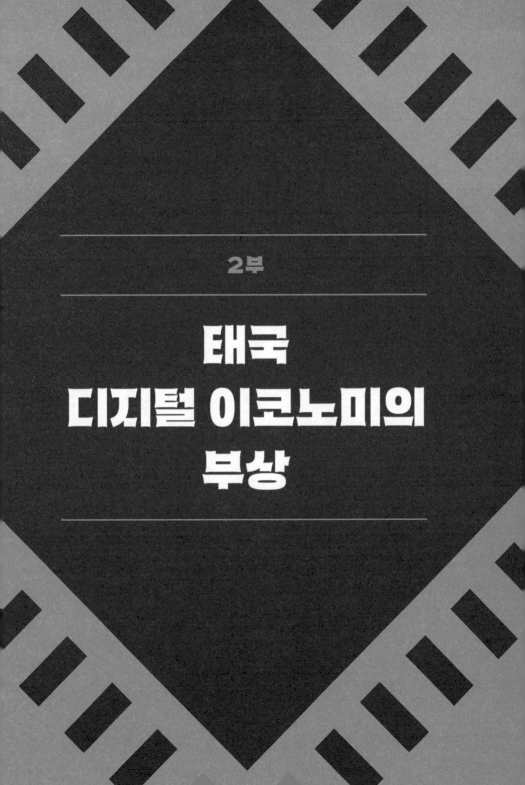

2부

태국
디지털 이코노미의
부상

음식 배달 시장의 혁명, 헝거게임의 승자는?

태국의 음식 배달 시장은 코로나19 팬데믹 속에서 폭발적인 성장을 이루며 격전의 무대가 되고 있다. **선두를 달리던 그랩은 안정적인 입지를 지키고 있는 반면, 라인맨과 푸드판다는 2위 자리를 두고 치열한 경쟁을 벌였다.** 마침내 2023년, 라인맨이 승기를 잡으며 그랩과 함께 시장의 양대 축으로 자리 잡았다. 반면 푸드판다를 운영하는 딜리버리 히어로는 현금 흐름을 중시하며 아세안 시장에서 일부 사업을 축소하는 전략적 결정을 내렸다.

2017년부터 본격적으로 성장하기 시작한 태국의 음식 배달 서비스는 빠르게 발전을 이어가고 있으며, 라인맨은 그랩의 선두 자리를 향해 격차를 꾸준히 좁혀가고 있다. 이제 두 기업은 단순한 수익을 넘어, 고객들에게 더 나은 서비스를 제공하고 지속 가능한 성장을 이루기 위해 기술 혁신과 사용자 경험 개선에 모든 역량을 집중하고 있다.

태국의 음식 배달 시장은 다음 단계를 향해 나아가고 있다. 기업들은 효율성을 극대화하고 서비스 품질을 강화하며 경쟁의 한가운데서 새로운 길을 모색하고 있다. 이러한 노력은 소비자들에게 더 나은 경험을, 시장에는 지속 가능한 미래를 약속하며 또 다른 도약의 이야기를 만들어가고 있다.

태국 음식 배달 시장의 역사

태국의 음식 배달 시장은 매우 흥미로운 발전 과정을 거쳐왔다. 그 여정은 1980년대 마이너 푸드 그룹(Minor Food Group)으로 거슬러 올라간다. 마이너 푸드 그룹은 더 피자(The Pizza)라는 피자 브랜드부터 시작하여, 시즐러, 스웬슨, 데어리 퀸, 버거킹, 그리고 본촌 같은 글로벌 브랜드를 프랜차이즈로 운영하며 태국 외식 문화의 중심에 서 있다. 1989년, 태국 최초로 음식 배달 서비스를 시작한 마이너 푸드 그룹은 1997년 전국 콜센터를 도입하며 시대를 앞서갔다. 2019년에는 1112Delivery라는 모바일 앱 서비스를 출시하며 본격적으로 디지털 배달 시장에 뛰어들었다.

푸드판다(Foodpanda)는 2012년, 글로벌 음식 배달 서비스로 태국 땅을 처음 밟았다. 방콕의 외국인과 주재원을 타깃으로 시작된 이 서비스는 태국 음식 배달 시장의 초기 그림을 그렸다. 하지만 태국의 진정한 변화는 라인맨(LINE MAN)의 등장과 함께 시작되었다. 파일럿 프로그램으로 첫발을 뗀 라인맨은 2017년부터 본격적으로 태국 소비자들을 공략하기 시작했다. 라인 메신저라는 강력한 플랫폼을 활용한 라인맨은 소비자와의 긴밀한 연결을 통해 방콕에서 빠르게 자리 잡았다. 현지 상인들의 요구를 반영한 다양한 서비스는 라인맨을 단순한 배달 앱이 아닌 태국의 문화와 생활을 담아내는 플랫폼으로 만들어 주었다.

그랩(Grab)은 2018년에 음식 배달 시장에 뛰어들며 판도를 바꾸었다. 그랩푸드(GrabFood)는 출시와 동시에 강력한 자본과 네트워크를 바탕으로 빠르게 시장을 장악했다. 고젝(Gojek)은 2019년에 태국에 진출했지만, 지역 특성에 적응하지 못한 채 2021년 에어아시아(AirAsia)에 매각되었다. 같은 해, 시암커머셜은행(SCB)은 로빈후드(Robinhood)를 런칭하며 금융 기술을 배달 서비스와 결합하는 새로운 전략을 시도했다. 쇼피푸드(ShopeeFood) 역시 2021년 경쟁에 뛰어들며 태국 음식 배달 시장은 더욱 뜨거워졌다.

라인맨은 치열한 경쟁 속에서도 자신만의 길을 개척했다. 태국의 독특한 문화와 소비 패턴을 반영하며 현지 소규모 상인들과의 긴밀한 관계를 구축했고, 라인 메신저의 강력한 연계성을 기반으로 소비자 신뢰를 쌓았다. 이 과정에서 라인맨은 단순한 배달 앱을 넘어, 음식점과 소비자를 연결하는 허브로 자리 잡았다.

2020년, 라인맨은 윙나이(Wongnai)와 합병하며 더욱 강력한 로컬 네트워크를 구축했다. 이어 2023년에는 푸드 스토리(Food Story)를 인수하며 음식점 관리 시스템과의 통합을 통해 주문 효율성을 대폭 개선했다. 같은 해, 래빗 라인페이(Rabbit Line Pay)를 인수해 결제 시스템을 자체적으로 운영하며, 사용자가 라인 생태계 내에서 모든 서비스를 원활히 이용할 수 있도록 경험을 재설계했다.

태국의 음식 배달 시장은 단순히 편리함을 넘어, 혁신과 도전의 이야

자료: Peak Recruitment

기를 담아내는 무대로 변모하고 있다. 라인맨의 성장 과정은 기술과 문화, 그리고 현지화 전략이 결합된 성공적인 사례로, 태국 배달 산업의 새로운 장을 열고 있다.

태국 음식 배달 시장 규모

태국은 아세안에서 음식 배달 시장의 중심으로 떠오르고 있다. 인도네시아에 이어 두 번째로 큰 시장 규모를 자랑하는 태국은, 도시화의 가속화와 스마트폰 보급률의 확대로 음식 배달 서비스의 수요가 폭발적으로 증가하고 있다. 젊은 세대의 소비 패턴 변화와 편리함을 추구하는 라이프스타일이 맞물리면서, 음식 배달 시장은 그야말로 성장의 가속 페달

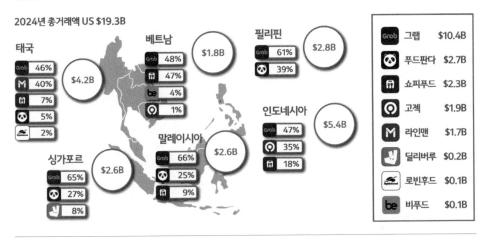

자료: Momentum Works

을 밟고 있다.

2024년 기준, 리서치 기관 모멘텀 워크(Momentum Works)는 아세안 음식 배달 시장의 규모를 약 193억 달러(약 27.8조 원)로 추정하고 있다. 이 중 인도네시아가 54억 달러(약 7.8조 원)로 가장 큰 시장을 형성하고 있으며, 태국은 42억 달러(약 6조 원) 규모로 전체 시장의 약 22%를 차지하고 있다. 이러한 수치는 태국이 인도네시아 다음으로 큰 음식 배달 시장을 보유하고 있으며, 지속적인 성장 가능성이 높다는 점을 시사한다. 싱가포르, 필리핀, 말레이시아, 베트남 등이 그 뒤를 잇고 있지만, 태국의 음식 배달 시장은 단순한 시장 규모를 넘어선 의미를 가진다. 태국에서는 음식 배달이 새로운 생활 방식을 만들어 가는 실험의 장이 되고 있다.

태국 음식 배달 시장의 초기 단계를 함께 경험한 것은 그 자체로 흥미로운 여정이었다. 2019년, 그랩이 시장의 절반을 장악하며 선두 자리를 굳건히 지키고 있었다. 하지만 그 뒤에서는 라인맨과 푸드판다가 2위 자리를 놓고 치열한 경쟁을 벌이며 업계의 주목을 받았다. 라인맨은 현지화 전략으로 현지 소비자들에게 다가섰고, 푸드판다는 글로벌 네트워크를 강점으로 삼아 각기 다른 방식으로 시장을 공략했다. 두 회사 중 누가 2위의 주인공이 될지에 대한 관심은 업계의 최대 화두로 떠올랐다.

그 시절, 경영진과 투자자들은 항상 유사한 질문을 던졌다. **태국 음식 배달 서비스가 과연 수익을 낼 수 있을까? 이 치열한 경쟁 속에서 누가 최후의 승자가 될 것인가?** 이 질문은 단순한 호기심이 아니라, 사업의 미래를 결정짓는 중요한 고민이었다. 수익성을 확보할 수 있는 비즈니스 모델을 구축하고, 시장을 주도할 수 있는 핵심 경쟁력을 갖추는 것이 모든 플레이어의 최대 과제였다.

무엇보다 중요한 것은 사람, 즉 팀이었다. 기술력과 창의력을 겸비한 개발자를 확보하는 일은 이 경쟁에서 살아남기 위한 핵심 요소였다. 각 회사는 최고의 인재를 영입하고, 그들과 함께 시장의 미래를 그리기 위해 고군분투했다. 태국의 음식 배달 시장은 단순한 비즈니스 그 이상이었다. 그것은 가능성을 탐구하고, 혁신을 이루며, 새로운 방식을 실험하는 도전의 무대였다.

수익 모델

태국 음식 배달 시장의 이면에는 성공과 고난이 얽힌 흥미로운 이야기가 숨어 있다. 대부분의 음식 배달 사업자들은 오랜 시간 적자라는 거대한 파도를 넘어야 한다. 역설적으로 시장에 진입하는 사업자가 많아지고 투자금이 쏟아질수록 소비자 혜택은 늘어났지만, 사업자들에게는 더 큰 적자의 파도가 밀려왔다. 시장은 마치 끝없는 할인과 보조금의 늪으로 변해버린 듯했다.

음식 배달 플랫폼의 수수료는 거래액의 15%에서 20%에 불과하다. 이 수수료로 마케팅, 프로모션, 앱 개발 같은 고정 비용을 충당하기란 쉽지 않다. 게다가 경쟁이 치열해지면서 고객 유치를 위해 배달비를 대폭 할인하거나 심지어 무료로 제공하는 일이 흔해졌다. 평균 주문 거래액이 300바트(약 10,000원)라고 가정하면, 사업자는 약 1,500원에서 2,000원의 수익을 얻는다. 하지만 거리와 운영 효율성에 따라 배달비는 2,000원에서 4,000원까지 치솟고, 이 비용 대부분을 플랫폼이 보조하는 구조이다. 결과적으로, 레스토랑 수수료로는 이 적자를 메우기엔 턱없이 부족했다.

특히 경쟁은 더욱더 치열해졌다. 신규 사업자들이 진입하며 마케팅 비용은 폭등했고, 레스토랑 수수료를 낮추는 덤핑 경쟁이 벌어졌다. 15%에서 20%였던 수수료는 10%까지 내려가는 경우도 생겼다. 평균 주문 거래액이 낮아질수록, 특히 디저트 같은 저렴한 품목의 주문 비중이 높아질수록 적자는 더 깊어졌다. 이런 상황에서 흑자를 내는 방법은 명확하지만, 실행은 그리 간단치 않았다. 레스토랑 수수료를 25% 이상으로 인상하고, 고객이 배달비를 전액 부담하도록 해야만 수익 구조를 안정화할 수 있다. 그러나 이런 방식은 경쟁 속에서 현실화되기 어려웠다.

태국 음식 배달 시장은 단순한 출혈 경쟁의 장이 아니었다. 경쟁의 중심에는 레스토랑 수의 확보, 저렴한 가격과 배달비, 빠른 드라이버 배정, 짧은 대기 시간, 신속한 고객 응대 같은 요소들이 얽혀 있었다. 이 모든 요소는 각 플랫폼이 생존하기 위해 넘어야 할 도전 과제였다. 할인과 보조금으로 점철된 전장은 기업들에게는 끊임없는 싸움터였다. **출혈 경쟁이 줄어들고, 시장이 안정화될 날이 오기 전까지, 태국의 음식 배달 시장은 긴 여정을 계속하고 있었다.**

경쟁력 있는 개발팀 구성

현지에서 사업을 운영하며 가장 큰 도전 중 하나는 유능한 개발자로 팀을 꾸리는 일이었다. 태국의 기술 경쟁력을 끌어올리기 위해 우리는 다양한 접근 방식을 시도했다. 아웃소싱 업체를 활용하거나 한국의 개발자들을 초빙했으며, 때로는 현지 개발사를 인수해 자체 팀을 구축하기도 했다. 그러나 대규모 주문을 처리하는 서버의 안정성을 확보하고, 앱의 사용자 경험을 개선하는 일은 여전히 큰 도전으로 남아 있었다. 베트남 개발 인력을 활용하려 했지만, 언어 장벽은 예상보다 더 큰 장애물로 다가왔다.

그랩과 푸드판다, 그리고 고젝 같은 아세안의 슈퍼앱들도 비슷한 난관을 헤쳐 나가야 했다. 그랩은 결국 중국의 개발 인력을 활용하며 원빌드 전략을 철저히 고수했다. 푸드판다는 초기부터 독일과 터키의 개발 역량을 활용해 글로벌 기술을 접목시켰다. 반면, 고젝은 인도네시아의 개발 인력으로 태국 앱을 개발했지만, 멀티 빌드 전략의 비효율성을 뒤늦게 깨닫고 전략을 수정해야 했다. 각 기업은 시행착오를 통해 비용 절감과 효율성을 극대화하는 개발 구조를 찾아야 했다.

그랩과 푸드판다는 영어 서비스를 지원하며, 태국어를 모르는 사용자도 앱을 쉽게 사용할 수 있었다. 주문 접수는 곧바로 레스토랑의 주문 단말기로 전달되고, 드라이버가 신속히 배정되며, 신용 카드와 간편 결제 같은 다양한 결제 수단도 제공되었다. 이 접근성은 외국인 사용자에게도 큰 매력을 주었고, 태국의 음식 배달 시장에서 관광객과 외국 거주자들의 비중이 꾸준히 증가하는 원동력이 되었다.

반면, 라인맨의 초기 서비스는 불편함이 적지 않았다. 서비스는 오직 태국어로만 제공되었고, 주문이 확정되었는지 확인하려면 드라이버에게 직접 전화를 걸어야 했다. 현금 결제만 가능했던 초기 구조는 외국인 사용자에게 더 큰 장벽으로 작용했다. 그러나 라인맨은 라인의 강력한 브랜드 파워와 현지화된 감성적 연결 고리를 통해 이 문제를 극복해 나갔다. 불편했던 앱의 기능은 꾸준히 개선되었고, 현지화 전략은 점점 더 정교해졌다.

2024년, 라인맨은 또 한 번의 도약을 이뤘다. 자동 번역 기능과 영어 채팅 스티커가 도입[1]되며, 외국인 사용자들은 메뉴를 영어로 확인하고, 라이더와의 채팅도 영어로 가능하게 되었다. 메시지는 자동으로 태국어로 번역되었고, 비언어적 소통을 돕는 스티커는 의사소통의 장벽을 허물었다. 이제 태국어를 모르는 사용자도 라인맨을 통해 쉽게 현지 음식을 주문할 수 있게 되었고, 라인맨은 태국의 음식 배달 시장에서 더욱 탄탄한 입지를 다지게 되었다.

---

1   "LINE MAN Food Delivery App Introduces Translation Feature and English Stickers for Expats and Tourists", LINE MAN Wongnai Webpage, October 9, 2024.

최종 승자를 가늠하는 실마리

실마리는 중국의 메이투안-디엔핑에서 시작되었다. 2010년, 메이투안은 단순히 하루 할인 프로모션을 제공하는 작은 서비스로 출발했다. 그러나 2015년, 디엔핑과의 합병을 통해 완전히 새로운 모습으로 변모했다. 이제 메이투안은 음식 배달을 넘어 호텔 예약, 영화 예매, 상품권 교환까지 아우르며 진정한 '슈퍼앱'으로 자리 잡았다. 그들의 놀라운 성장 곡선은 2020년 6월, 시가 총액이 1조 홍콩달러(약 155조 원)에 이르렀을 때 절정을 찍었다. 이는 삼성전자의 시가 총액 절반에 해당하는 수치로, 메이투안의 야망과 전략이 얼마나 대단했는지를 보여준다.

그들의 성공은 단순한 운이 아니었다. 메이투안이 2019년 상반기 시장 점유율 65%를 기록하며 2위 사업자인 Ele.me를 27%로 밀어낸 순간, 시장은 새로운 균형을 찾기 시작했다. 출혈 경쟁이 잦아들었고, 효율적인 배달 네트워크 덕에 수익성도 극적으로 개선되었다. 그 결과, 메이투안은 같은 해 2분기 첫 흑자를 기록하며 진정한 전환점을 맞았다. 이 시점에서 메이투안의 매출은 975억 위안(약 18조 원)에 달했으며, 영업 이익은 27억 위안(약 5천억 원)을 기록했다.

메이투안의 성공은 세 가지 교훈을 남겼다.

첫째, 시장에서 수익성을 확보하려면 **압도적인 1위 사업자**가 필수적이다. 메이투안이 65%의 점유율을 확보하며 시장을 안정화시키자, 무리한 할인 경쟁은 자연스레 사라졌다. 균형은 안정적인 성장을 위한 터전을 마련했다.

둘째, 이러한 균형에 도달하려면 **투자와 인수 합병**이 필수적이다. 메이투안이 디엔핑과 합병한 것은 단순한 전략이 아니었다. 텐센트의 1조 원 투자와 알리바바의 Ele.me 인수(기업 가치 약 10조 원) 같은 대규모 자본 유입은 시장 내 경쟁 구도를 완전히 재편했다.

셋째, 시장의 최후 승자는 항상 **1등과 2등**으로 귀결된다. 1위와 2위 사업자는 균형을 이루며 안정적인 수익 구조를 만들어낸다. 반면, 3위 이하의 사업자들은 점차 경쟁에서 밀려나거나, 생존을 위해 합병과 매각의 길을 선택할 수밖에 없다.

최근까지 태국 음식 배달 시장은 비슷한 기로에 서 있다. 그랩이 압도적인 1위로 군림하는 가운데, 라인맨과 푸드판다 중 누가 2위 자리를 차지할 것인가? 태국의 이 거대한 경쟁은 마치 메이투안과 Ele.me의 중국 전장을 떠올리게 한다. 승자는 누구인가? 그리고 어떤 전략으로 살아남을 것인가? 태국의 음식 배달 시장은 그 답을 찾기 위한 새로운 여정을 시작하고 있었다.

헝거 게임의 끝

코로나19 이후, 태국 음식 배달 시장은 마치 폭풍처럼 성장했다. 팬데믹이 한창일 때, 딜리버리 히어로는 배달의 민족을 인수하며 태국 내 푸드판다의 영향력을 강화했고, 공격적인 마케팅으로 시장을 장악하려 했다.

그러나 2022년, 엔데믹과 고금리 시대가 도래하면서 경쟁의 무대는 새로운 국면으로 접어들었다. 이제 사업자들은 단순한 시장 점유율 확보를 넘어, 수익성을 향한 새로운 싸움에 돌입했다.

푸드판다는 두 해에 걸쳐 세 차례나 구조 조정[2]을 단행하며 태국에서의 생존 전략을 모색했다. 2022년 말, 딜리버리 히어로와 라인맨 윙나이 사이에 푸드판다 매각 논의[3]가 오갔지만, 결국 결렬되었다. 2024년 9월에는 태국 최초의 상업은행 SCBX가 로빈후드를 약 20억 바트에 현지 IT 솔루션 회사에 매각[4]하며, 태국 음식 배달 시장에서 한발 물러섰다.

반면, 라인맨은 완전히 다른 길을 선택했다. 2023년, 푸드 스토리와 라빗 라인페이를 인수[5]하며 서비스 품질과 결제 편의성을 크게 개선했다. 이 전략은 곧 라인맨을 태국 음식 배달 시장의 2위 자리에 올려놓는 결정적 한 수가 되었다.

그랩은 여전히 절반에 가까운 시장 점유율로 1위의 자리를 굳건히 지키고 있었지만, 라인맨은 매출 면에서 푸드판다를 제치며 강력한 도전자로 부상했다. 반면, 푸드판다는 태국보다는 싱가포르, 말레이시아, 필리핀 등 아세안의 다른 지역에서 2위 자리를 공고히 하며 전략적인 전환을 선택했다.

라인맨이 이 치열한 전장에서 승기를 잡을 수 있었던 비결은 단순했다. 태국 소비자와의 끈끈한 연계성, 현지 문화를 깊이 이해한 현지화 전략, 그리고 연관 사업자와의 인수 합병으로 구축한 탄탄한 생태계였다.

2   Sheila Chiang, "Foodpanda Confirms Layoffs, Says It's in Talks to Sell Part of Asia Food Delivery Business", CNBC, September 22, 2023.

3   "Line Man in Talks to Acquire Foodpanda in Thailand", Bangkok Post, December 13, 2022.

4   Suchit Leesa-nguansuk, "Food Delivery Market Maturing: More Stability Expected in Capital-Intensive Sector as Some Players Exit", Bangkok Post, June 26, 2024.

5   Miguel Cordon, "Thailand's Line Man Wongnai Acquires Majority Stake in Local Payments Platform", TechInAsia, September 1, 2023.

이를 통해 라인맨은 태국 음식 배달 시장의 핵심 강자로 자리매김했지만, 이제 새로운 도전에 직면해 있다. 바로, 수익성이라는 또 다른 산을 넘어야 한다는 것이다.

방콕 포스트는 2022년부터 그랩이 흑자로 전환했다고 보도[6]했다. 반면, 라인맨은 2023년에도 백억 원대의 적자를 기록했지만, 2022년 천억 원대 적자에서 빠르게 개선된 점은 향후 수익성 확보 가능성을 충분히 시사한다. 이제 라인맨의 과제는 단순한 흑자 전환을 넘어, 고객에게 더욱 혁신적이고 차별화된 서비스를 제공하며 시장의 신뢰를 공고히 하는 것이다.

태국 음식 배달 시장은 새로운 국면에 접어들고 있다. **기술 혁신과 고객 경험의 고도화를 통해, 이 시장은 단순한 생존 경쟁을 넘어 지속 가능한 성장을 목표로 나아가고 있다. 그리고 그랩과 라인맨은 이 변화의 중심에서, 다음 단계를 준비하며 새로운 역사를 써 내려가고 있다.**

---

6   Suchit Leesa-nguansuk (2024), ibid.

소셜 셀러가 이끄는
태국 이커머스 시장

태국의 이커머스 시장은 마치 숨겨진 보물이 드러나듯, 빠르게 그 규모를 키우고 있다. 구글, 테마섹, 베인&컴퍼니의 보고서에 따르면, 2019년 50억 달러였던 이커머스 거래액은 2023년에는 무려 220억 달러로 4배 이상 폭발적인 성장을 이루었다. 이 수치는 태국이 인도네시아에 이어 아세안에서 두 번째로 큰 이커머스 시장을 보유하고 있음을 증명한다.

이 거대한 무대에서 중심을 차지하고 있는 플레이어들은 쇼피 (Shopee), 라자다(Lazada), 그리고 틱톡 샵(TikTok Shop)이다. 모두 중국 자본의 지원을 받으며, 아세안의 디지털 무대를 장악하려는 치열한 경쟁을 펼치고 있다. 텐센트의 지원을 등에 업은 쇼피는 무료 배송과 파격적인 할인 프로모션으로 소비자들을 사로잡았고, 알리바바의 기술력을 바탕으로 한 라자다는 플랫폼의 편의성과 다양성을 무기로 삼았다. 여기에 바이트댄스의 틱톡 샵이 가세하며, 이커머스 전쟁은 더욱 치열한 양상을 띠고 있다.

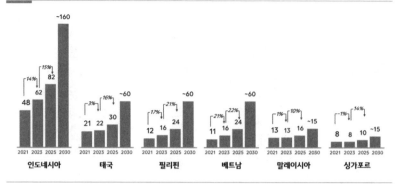

아세안 이커머스 시장 규모 ⌐ CAGR (단위: 십억 달러)

인도네시아: 2021 48, 2023 62, 14% 15%, 2025 82, 2030 ~160
태국: 2021 21, 2023 22, 3% 16%, 2025 30, 2030 ~60
필리핀: 2021 12, 2023 16, 17% 21%, 2025 24, 2030 ~60
베트남: 2021 11, 2023 16, 21% 22%, 2025 24, 2030 ~60
말레이시아: 2021 13, 2023 13, 1% 10%, 2025 16, 2030 ~15
싱가포르: 2021 8, 2023 8, 1% 14%, 2025 10, 2030 ~15

※2023년 자료 기준, 2025년 및 2030년은 예상치   자료: Google, Temasek, Bain & Company

태국의 이커머스 시장이 이렇게 성장할 수 있는 배경에는 여러 요인
이 숨어 있다. 스마트폰의 보급은 소비자들의 손끝에서 쇼핑이 가능하
도록 했고, 정부의 디지털 경제 정책은 새로운 기회를 열어주었다. 특
히 팬데믹이라는 예상치 못한 사건은 오프라인 상거래를 크게 위축시키
며 온라인 쇼핑의 부흥을 불러왔다. 이제 태국의 소비자들은 클릭 한 번
으로 원하는 상품을 구매하고, 빠른 배송을 통해 그 편리함을 실감하고
있다.

이 거대한 흐름 속에서 쇼피와 라자다는 서로를 앞지르기 위해 쉼 없
이 달리고 있다. 쇼피는 공격적인 할인 정책으로 고객의 마음을 사로잡
았고, 라자다는 알리바바의 기술적 우위를 통해 사용자 경험을 한층 끌
어올렸다. 두 기업의 경쟁은 단순한 가격 전쟁이 아니라, 플랫폼의 정교
함과 배송 속도, 고객 서비스 품질 등 다양한 전장에서 벌어지고 있다.

태국 이커머스 시장의 미래는 여전히 밝다. **빠르게 성장하는 중산층,
도시화로 인한 소비 패턴의 변화, 그리고 온라인 쇼핑에 점점 더 익숙해**

아세안 이커머스 사업자 순위

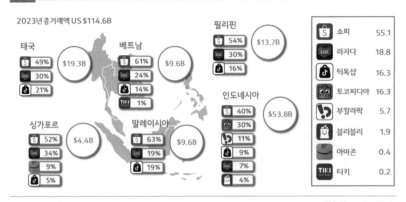

자료: Momentum Works

지는 소비자들이 이 시장의 주축이 되고 있다. 여기에 물류 인프라가 개선되면서 더 빠르고 안정적인 배송 서비스가 가능해졌고, 이는 소비자 만족도를 더욱 높이고 있다. 이커머스의 성장은 이제 단순한 숫자의 증가를 넘어, 태국 경제 전반에 긍정적인 파급 효과를 가져오고 있다.

태국의 이커머스 시장은 또 다른 도약을 준비하고 있다. 이 디지털 전쟁터에서 누가 최후의 승자가 될지는 알 수 없지만, 확실한 것은 이 시장이 열어갈 가능성의 문이 아직도 무궁무진하다는 사실이다.

태국 이커머스의 특징

태국의 이커머스는 다른 나라와는 확연히 구별되는 독특한 매력을 지니고 있다. 이곳에서는 거래액의 40% 이상이 틱톡, 라인, 페이스북, 인스타그램 같은 소셜 미디어 플랫폼을 통해 이루어진다. 그러나 이 거래들은 단순한 클릭과 결제로 끝나지 않는다. 판매자와 구매자가 실시간 대화를 나누며 상품을 확인하고, 흥정을 통해 최종 가격을 조율하는, 마치 디지털 시대의 시장 같은 모습이 펼쳐진다. **태국 사람들은 이를 'C-커머스(Conversational Commerce)'라 부르며, 대화 속에서 신뢰와 만족을 찾아간다.**

이 소셜 커머스가 태국에서 특별한 이유는 이커머스에 대한 신뢰 부족 때문이다. 태국은 2000년대 인터넷 혁명의 물결을 건너뛰고, 2016년 4G 도입 이후에야 본격적인 모바일 시대를 맞이했다. 이로 인해 소비자 보호 제도, 물류 인프라, 결제 안전성 같은 요소들이 아직 미흡한 상황이다. 이러한 환경 속에서 소비자들은 실시간 대화를 통해 판매자의 신뢰를 확인하고, 제품 사진을 직접 받아보며 안심한다. 특히, 현금을 선호하는 문화는 이런 거래 방식을 더욱 강화시키고 있다. 이렇다 보니 주로 20~30대 여성들을 타겟으로 한 패션, 뷰티, 식음료 같은 저가 품목들이 시장을 주도하고 있다.

외국인의 눈에는 이 모든 과정이 다소 복잡하고 비효율적으로 보일지도 모른다. 라인 메신저로 판매자의 계정을 추가하고, 대화를 통해 제품 정보를 받고, 계좌 이체로 결제하는 방식은 자동화된 이커머스 플랫폼에 익숙한 이들에게는 낯설게 느껴질 수 있다. 그러나 태국 소비자들에게 이 방식은 단순한 거래 이상의 가치를 제공한다. 판매자와의 대화를 통해 얻는 실시간 피드백, 맞춤형 응대, 그리고 개인화된 구매 경험은 그들에게 더 높은 만족감을 안겨준다. 이들은 상품을 넘어 관계와 경험을 구매하고 있는 것이다.

태국의 소셜 커머스는 패션, 뷰티, 식음료, 홈 데코, 건강 및 웰니스 등 소비재 분야에서 특히 활발히 발전하고 있다. 패션과 뷰티 분야에서는 인스타그램과 틱톡을 활용한 인플루언서 파트너십과 매력적인 비주얼 콘텐츠가 소비자와의 소통을 강화하고 있다. 식음료 분야에서는 레시피 공유와 사용자 생성 콘텐츠를 통해 커뮤니티를 형성하며 소비자와의 연결을 더욱 깊게 하고 있다. 홈 데코 분야는 아름다운 생활 공간을 꿈꾸는 소비자들에게 시각적 콘텐츠를 통해 영감을 주며, 건강 및 웰니스 분야는 피트니스와 라이프스타일 솔루션을 제공하며 브랜드 충성도를 높이고 있다.

태국의 소셜 커머스는 단순히 물건을 사고파는 곳이 아니다. 이곳은 신뢰와 경험, 그리고 소통이 얽히고설켜 새로운 소비 문화를 만들어내는 디지털 시장이다. 이 시장의 매력은 단순한 자동화로는 대체할 수 없는 인간적 요소에서 빛나고 있다.

소셜 커머스의 과제 및 진화 방향

태국의 소셜 커머스는 마치 손으로 짠 거미줄처럼 섬세하지만, 여전히 초기 단계에 머물러 있다. 이곳에서 셀러들은 실시간으로 메시지에 답하고, 계좌 이체 내역을 확인하며, 주문자의 이름과 금액을 대조하는 수작업에 시간을 쏟는다. 주문 주소와 상품 정보를 하나하나 확인하는 과정은 소규모 거래에서는 가능하지만, 주문량이 늘어나면 그야말로 악몽이 된다. 셀러의 손길이 미치지 못하는 곳에서는 신뢰의 문제가 불거지기도 한다. 2021년, 디지털 쇼핑 피해 건수가 약 2만 건에 달한 통계는 이 시장이 아직 체계적으로 정비되지 않았음을 보여준다.

그러나 소셜 네트워크 플랫폼들은 이 혼란 속에서 새로운 질서를 만들어가고 있다. 인스타그램은 릴스에 쇼핑 기능을 더해, 사용자가 마음에 드는 상품을 바로 구매할 수 있도록 쇼핑 태그를 도입했다. 틱톡은 쇼핑 기능을 런칭하며 라이브 방송을 통해 실시간으로 제품을 소개하고 판매하는 새로운 방식을 선보였다. 틱톡과 쇼피파이의 파트너십은 소상공인들에게 틱톡 내에서 직접 판매할 수 있는 기회를 제공하며, 디지털 장터의 경계를 허물고 있다. 라인은 라인 쇼핑과 오피셜 계정을 통해 셀러와 소비자를 연결하며, 주문 처리와 고객 응대를 보다 효율적으로 만들어가고 있다. 쇼피는 라이브 스트리밍을 활용해 커뮤니티 기반 쇼핑 경험을 강화하며, 단순한 거래를 넘어 감정적 유대감을 키워가는 방식으로 시장을 혁신하고 있다.

소셜 커머스의 미래는 두 갈래 길로 나아갈 것이다. 하나는 **감성적인 접근을 통해 고객과의 상호작용을 더욱 깊이 있게 만드는 길**이다. 셀러와 소비자가 단순한 거래 관계를 넘어, 서로의 이야기를 나누는 관계로 발전할 가능성이 열려 있다. 다른 하나는 **편리성을 극대화하는 기술적 진화**다. 자동화와 최적화를 통해 셀러의 부담을 덜어주고, 소비자가 더욱 간편하고 안전하게 쇼핑할 수 있는 환경을 만드는 것이 그 목표다. 이두 방향은 태국 소셜 커머스의 이야기를 계속해서 써 내려갈 두 축이 될 것이다.

〈 감성적 접근: 고객과의 인터랙션 강화

소셜 커머스의 미래는 감성과 실시간 반응이 만들어내는 신뢰의 무대가 될 것이다. 태국의 소비자들은 단순히 제품을 구매하는 데 그치지 않고, 셀러와의 대화를 통해 신뢰를 쌓고 이야기를 나누기를 원한다. 채팅창에서 오가는 질문과 응답 속도는 곧 신뢰의 척도가 된다. 이는 당근마켓에서 판매자의 답변 속도를 보고 신뢰를 평가하는 방식과 닮아 있다. 단순한 거래가 아니라, 사람과 사람 사이의 연결이 소셜 커머스의 본질을 이루고 있다.

　태국의 소셜 커머스는 한 단계 더 나아가 라이브 소셜 커머스, 또는 인스턴트 소셜 커머스로 변모할 가능성을 품고 있다. 한국에서 익숙한 TV 홈쇼핑처럼, 태국에서도 실시간으로 셀러의 표정과 목소리를 전달하며, 잠재 구매자의 질문에 즉각 답변하는 방식이 신뢰를 쌓는 가장 효과적인 방법이 되고 있다. 인스타그램과 틱톡은 이미 이러한 방향으로 움직이고 있다. 라이브 방송 중 셀러는 자신이 판매하는 상품을 손에 들고 열정적으로 설명하며, 시청자들의 채팅 질문에 실시간으로 답변한다. 그 순간은 단순히 물건을 사고파는 것을 넘어, 신뢰와 호감이 교차하는 특별한 경험으로 변한다.

이 무대의 주인공은 KOL(Key Opinion Leader)과 인플루언서들이다. 수많은 팔로워를 거느린 이들은 브랜드의 얼굴이 되어 라이브 방송에서 제품을 소개한다. 마치 TV 홈쇼핑이 모바일로 진화한 듯한 모습이다. 태국에서 틱톡과 라인이 라이브 커머스 기능을 강화하며 이 시장을 선점하려는 이유도 여기에 있다. 실시간으로 소통하며 감성을 자극하는 방식이야말로 태국 소비자들의 마음을 사로잡는 데 가장 효과적이기 때문이다.

한편, **커뮤니티형 커머스도 태국에서 새로운 가능성을 제시한다.** 방콕은 서울처럼 BTS와 MRT를 중심으로 상권과 주거지가 형성되어 있으며, 대형 콘도 단지와 중소형 주거지가 발달해 있다. 이런 환경은 당근마켓과 같은 대면 거래가 이루어질 수 있는 완벽한 무대다. 이웃과의 연결을 기반으로 한 거래는 소셜 커머스의 또 다른 얼굴이 될 수 있다. 셀러와 구매자가 직접 만나 이야기를 나누며 거래하는 순간은, 단순한 상거래를 넘어 커뮤니티를 형성하는 새로운 문화로 이어질 것이다.

소셜 커머스의 여정은 이제 시작일 뿐이다. 실시간 반응과 신뢰, 그리고 사람과 사람의 연결이 만들어내는 이 흥미로운 여정은 태국 소비자들의 삶 속에서 계속해서 새로운 가능성을 써 내려가고 있다.

기능적 접근: 편리성 제고

태국의 소셜 커머스가 진화의 길목에 서 있다. 그 여정의 두 번째 방향은 기능적 개선이다. 고객과 셀러가 모두 원하는 것은 복잡한 과정을 단순화하고, 더 나은 경험을 제공하는 플랫폼이다. 고객들은 한국의 '지그재그'처럼 수많은 소셜 셀러들을 한눈에 볼 수 있는 애그리게이션 서비스를 원하고, 셀러들은 주문과 결제, 배송 현황을 한곳에서 관리할 수 있는 백오피스를 꿈꾼다. 이는 단순한 효율화가 아니라, 태국의 소셜 커머스 생태계를 한 단계 도약시키는 중요한 전환점이 될 것이다.

태국은 소셜 셀러의 천국이라 불릴 만큼 다양한 판매자들이 활동 중이다. 많은 이들이 본업 외에 투잡으로 소셜 셀러를 선택하고 있다. 이들은 라인, 페이스북, 인스타그램 같은 소셜 플랫폼에서 대화를 통해 상품을 판매하며, 주로 패션과 라이프스타일 제품을 다룬다. 특히 패션은 20~30대 여성 고객들 사이에서 가장 큰 인기를 끌고 있다. 고객들은 인스타그램에서 사진을 탐색하다가 마음에 드는 스타일을 발견하면, 즉석에서 셀러와 대화를 시작한다. 이 대화 속에서 상품의 세부 정보를 확인하고, 취향에 맞는 선택을 한다. 그러나 이러한 탐색과 구매 과정은 때때로 산발적이고 비효율적이다. 인스타그램, 라인 오피셜 어카운트, 페이스북에 흩어진 정보를 한곳에 모으고, 개인의 취향에 맞게 정리할 수 있다면 태국의 패션 셀러와 고객 모두에게 큰 변화를 가져올 것이다.

셀러들에게도 문제는 산적해 있다. 소셜 플랫폼마다 다른 메신저와 고객 정보를 관리하는 일은 점점 어려워지고 있다. 고객의 계좌 이체 내역과 주문 정보를 일치시키고, 배송 현황과 재고 상황을 확인하려면 수

많은 스프레드시트를 뒤져야 한다. 많은 셀러들은 처음에는 혼자서 이 모든 일을 감당하지만, 사업이 성장하면서 아르바이트생을 고용해 일부를 맡기게 된다. 그러나 관리자가 바뀌거나 갑작스럽게 퇴사하는 일이 발생하면, 누군가 뒤엉킨 데이터를 정리해야 하는 악순환이 반복된다.

이러한 혼란을 해결할 수 있는 플랫폼에 대한 니즈는 점점 커지고 있다. 네이버의 '스마트 스토어'나 한국의 '카페 24' 같은 서비스는 좋은 예가 될 수 있다. 그러나 태국에서는 서로 다른 소셜 플랫폼에서 정보를 통합해야 하는 기술적 장벽이 크다. 라인, 페이스북, 인스타그램 등에서 흩어진 데이터를 모으고, 일관된 고객 관리 시스템을 제공하는 솔루션이 아직 제대로 마련되지 않았다.

태국의 소셜 커머스는 단순히 판매의 도구가 아니라, 사람과 사람이 연결되는 장이다. 그리고 그 장을 더욱 견고하게 만들 기술적 도약은 이제 시작이다. 고객과 셀러 모두가 원하는 미래는 더 쉽고, 더 빠르고, 더 신뢰할 수 있는 커머스의 세계이다. 이 진화의 여정이 어디로 이어질지는 아직 알 수 없지만, 그 과정이 흥미롭고도 치열한 도전임은 분명하다.

소셜 셀러와 이커머스 플랫폼의 미래

태국의 이커머스는 지금 전환의 기로에 서 있다. 쇼피와 라자다 같은 대형 플랫폼들은 초기에는 가전과 테크 상품 판매에 주력했지만, 최근 들어 시장의 흐름이 달라지고 있다. 패션과 라이프스타일, 뷰티 등 소셜 커머스의 주요 카테고리가 급부상하면서, 이들은 소셜 셀러를 플랫폼 안으로 끌어들이기 위해 전략을 재정비하고 있다. 소셜 커머스가 만들어내는 독특한 구매 경험은 소비자들의 마음을 사로잡았고, 대형 플랫폼들은 이 흐름을 놓칠 수 없었다. 이제 그들의 가장 큰 과제는 소셜 셀러와의 공존, 그리고 이 새로운 물결을 어떻게 주도해 나갈지에 대한 것이다.

태국의 소셜 셀러들은 단순한 판매자가 아니다. 그들은 패션, 뷰티, 식음료, 홈 데코, 그리고 건강 및 웰니스 분야에서 태국의 쇼핑 문화를 선도하는 작은 혁신가들이다. 셀러와 소비자 간의 신뢰와 실시간 소통, 그리고 개인화된 경험은 이커머스 시장에서 차별화된 경쟁력을 만들어낸다. 소비자는 단순히 물건을 구매하는 것이 아니라, 셀러와의 대화 속에서 상품에 대한 신뢰를 쌓고, 자신의 취향에 맞춘 제안을 받으며 만족감을 느낀다. 이 상호작용은 단순한 거래를 넘어선 감정적 연결을 만들어내며, 이는 태국 이커머스 생태계의 핵심적인 매력으로 자리 잡고 있다.

그러나 이 시장의 진정한 강자는 아직 나타나지 않았다. 대형 쇼핑몰이 다시 왕좌를 차지할 것인가? 아니면 메신저 기반의 소셜 네트워크가 새로운 패권을 쥐게 될 것인가? 아니면 당근마켓, 지그재그, 카페24처럼 새로운 혁신자가 등장해 이 시장의 판도를 바꿔놓을 것인가? 모든 가능성은 열려 있다. **이 치열한 경쟁 속에서 승자가 되기 위해서는 단순히 상품을 판매하는 것을 넘어, 기술적 혁신과 현지화된 마케팅 전략으로 소비자와의 연결을 더욱 깊게 만들어야 한다.**

태국 소셜 커머스의 이야기는 신뢰와 소통을 바탕으로 한 고객 경험 혁신의 중요성을 다시 한번 보여준다. 실시간 상호작용은 단순한 구매 과정을 넘어, 소비자와 셀러 간의 감정적 유대를 강화한다. 이 연결은 단기적인 만족을 넘어 장기적인 충성도로 이어지며, 시장의 지속 가능성을 높이는 중요한 요소가 된다. **신뢰를 기반으로 한 소통, 그리고 그 속에서 만들어지는 혁신은 태국 이커머스의 미래를 밝히는 등불과 같다.** 누구도 예측할 수 없는 미래를 향해, 이 시장은 지금도 뜨겁게 달아오르고 있다.

대형 은행이 주도하는
핀테크 혁신

태국의 길거리에는 여전히 현금이 살아 숨 쉰다. 노점과 야시장에서 주고받는 동전과 지폐는 단순한 거래를 넘어 사람들의 이야기를 잇는 다리 역할을 한다. 손에서 손으로 건네는 지폐의 따뜻함은 태국의 문화를 담고 있다. 그러나 이 전통적인 풍경 속에서도 변화의 기운이 일고 있다. 디지털 결제의 물결이 태국 전역을 서서히 뒤덮고 있기 때문이다.

태국에서 현금은 여전히 강력한 영향력을 가지고 있다. 글로벌 결제 서비스 월드페이[7]에 따르면, 태국의 오프라인 결제 중 46%가 현금으로 이루어진다. 이는 필리핀(44%)이나 베트남(38%)보다 높은 수치다.

한국은 현금 사용 비율이 10%에 불과하며, 신용 카드 결제와 디지털 결제가 주류를 이룬다. 1969년 신세계백화점에서 발급된 최초의 신용 카드로 시작된 한국의 카드 문화는 1988년 서울올림픽을 기점으로 폭발

---

7 "The Global Payment Report 2024", Worldpay, 2024.

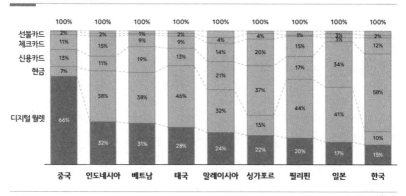

※2024년 기준   자료: Worldpay

적인 성장을 이루었다. 삼성, LG 같은 대기업 카드사가 등장하며, 신용 카드는 한국인의 삶 깊숙이 자리 잡았다.

중국은 또 다른 이야기를 쓴다. 알리페이와 위챗페이가 디지털 월렛의 대명사가 되며, 현금 없는 사회로의 전환을 주도하고 있다. 중국인의 결제 방식은 신용 카드를 건너뛰고 바로 디지털로 진화했다. 반면 일본은 여전히 보수적인 결제 문화를 유지하며, 현금 사용 비율이 41%에 달한다. 그러나 정부의 '캐시리스 사회' 정책이 추진되면서 변화의 속도가 붙고 있다.

태국은 이 모든 변화 속에서 독특한 길을 걸어가고 있다. **태국 이커머스에서 계좌 이체 비중이 44%로 말레이시아, 인도네시아, 베트남을 압도하는 수준을 기록하고 있다.** 이러한 배경에는 태국 중앙은행이 도입한 '프롬프트페이'가 있다. QR 코드 하나로 몇 초 만에 계좌 이체를 완료할 수 있는 프롬프트페이는 태국의 디지털 전환을 이끄는 핵심 도구로 자리잡았다. 소비자들은 프롬프트페이를 통해 온라인 쇼핑과 일상 결제를

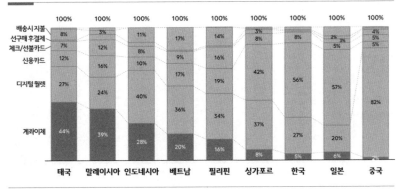

※2024년 기준, 배송시 지불: Cash on Delivery, 선구매 후 결제: Buy Now Pay Later

자료: Worldpay

훨씬 더 간편하게 처리할 수 있게 되었다.

프롬프트페이는 단순한 결제 수단을 넘어 태국인의 일상에 깊숙이 스며들었다. 디지털 월렛이 한국과 중국에서처럼 대세가 되지 못한 이유는 현금에 대한 신뢰와 물리적 거래의 따뜻함이 여전히 태국 사회를 지배하고 있기 때문이다. 그러나 프롬프트페이는 이 두 세계를 잇는 다리로, 디지털 혁신의 가능성을 열어가고 있다.

태국의 미래는 현금의 온기와 디지털의 편리함이 공존하는 독특한 풍경을 그리고 있다. 이 변화 속에서 태국은 자신만의 결제 문화를 창조하며, 전통과 혁신이 공존하는 특별한 이야기를 써 내려가고 있다.

QR 코드 결제의 확산, 프롬프트페이

태국에서 주재원으로 일하며 워킹 비자를 받고 현지 은행 계좌를 개설한

적이 있었다. 유명 은행인 카시콘은행에서 계좌를 만들고 은행 앱을 설치했지만, 앱이 제대로 작동하지 않아 당황스러웠다. 별다른 오류 메시지도 없이 까만 화면만 나왔다. 현지 USIM 칩을 사용해도 문제가 해결되지 않아 결국 은행을 다시 방문해야 했다.

한 시간 넘게 기다린 끝에 드디어 내 차례가 되었다. 은행원은 신분증과 통장을 확인하고 스마트폰으로 인증 코드를 보내주었고, 코드를 스마트폰에 입력해 인증을 완료했다. 이 과정에서 스마트폰의 USIM까지 함께 인증된다는 것을 알게 되었다. 스마트폰이나 USIM을 바꿀 때마다 은행을 방문해 다시 인증해야 하는 번거로움이 있었지만, 그 철저한 보안 절차 덕분에 마음 한편이 든든했다.

인증 후에는 카시콘은행 앱이 매우 편리했다. 보안 카드 인증 같은 추가 절차 없이 상대방의 계좌 번호만으로도 간편하게 송금할 수 있었고, 심지어 계좌 번호를 몰라도 전화번호만 알면 송금이 가능했다. 개인 정보 노출이 우려될 경우, 돈을 받는 사람이 QR 코드를 생성해 보내주면 해당 QR 코드를 스캔해 송금할 수 있었다. 방콕의 레스토랑에서는 QR 코드를 스캔하자마자 1초 만에 계좌 이체가 완료되며 결제가 이루어졌다.

한국은 2023년부터 QR 결제를 활성화하려고 노력하고 있지만, 태국에서는 이미 2017년부터 널리 사용되기 시작했다. 한국은 신용 카드 결제 시스템에 의존했지만, 중국과 아세안 국가들은 2010년대 중후반부터 QR 결제를 도입해 핀테크 산업을 빠르게 발전시켰다. 태국은 QR 결제를 통해 금융 접근성을 높였고, 소비자들은 스캔만으로 즉시 결제가 가능하다. QR 코드 방식은 고가의 결제 단말기가 필요하지 않아 중소형 사업자들도 쉽게 도입할 수 있으며, 실시간 암호화된 거래로 보안성을 강화해 금융 서비스에 접근하기 어려운 계층에도 큰 도움이 된다.

태국은 아세안 국가 중에서 QR 코드 결제를 가장 많이 사용하는 나라이다. 비자(Visa)의 소비자 결제 현황[8]에 따르면, 2021년 태국의 QR 코드 결제 사용률은 52%로, 인도네시아, 싱가포르, 캄보디아를 앞지른다. 또한, 태국 소비자의 85%가 QR 코드 결제를 편리하다고 응답했으며, 70% 이상이 향후에도 QR 코드 결제를 지속적으로 사용할 의향이 있다[9]고 밝혔다.

QR 결제의 확산은 중국계 핀테크 회사들의 위협에 대응하기 위해 태국 중앙은행이 현지 은행들과 적극적으로 협력한 결과이다. 태국 핀테크 혁신은 2014년 중국의 알리페이가 태국 시장에 진출하면서 시작되었다. 이듬해 위챗페이도 태국에서 사용되기 시작했으며, 알리페이와 위챗페이는 주로 중국인 관광객을 타겟으로 삼았다. 코로나 이전인 2019년에는 연간 약 4,000만 명의 외국인 관광객 중 1,100만 명이 중국인이었다.

이런 상황에서 태국의 금융기관들은 위협을 느꼈고, 태국 중앙은행은 국내 거래가 당국의 통제를 벗어날 수 있다는 점을 우려했다. 이에 따라 2016년 태국 중앙은행은 외국 간편 결제 서비스에 대해 강력한 경고를 보냈고, 알리페이는 현지 통신사 트루의 결제 서비스인 '트루머니'에 지분 참여를 통해 우회적으로 태국 시장에 접근하는 방식을 택했다.

2017년, 태국 중앙은행은 간편 결제 서비스인 '프롬프트페이(Prompt Pay)'를 도입했고, 현지 주요 은행들이 모두 참여했다. 소비자들은 은행

---

8   "Consumer Payment Attitude 2022: Navigating a New Era in Payments", Visa, 2022.

9   ibid.

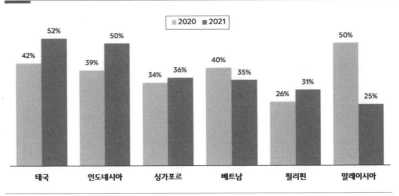

※2021년 조사 자료 기준 　　　　　　　　　　　　　　　　　　　　　　자료: Visa

앱을 통해 간편하게 프롬프트페이를 이용할 수 있었으며, 5,000바트(약 19,000원) 이하의 은행 간 거래는 무료였다. 태국 소비자들은 신속하고 저렴한 금융 서비스를 제공받기 시작했으며, 그 결과 디지털 결제 비중이 점차 증대되기 시작했다.

프롬프트페이의 거래액은 매년 급증하여 2023년에는 약 47,450억 바트(약 191조 원)에 이르렀다. 태국 중앙은행에 따르면, 2023년 말 기준 프롬프트페이 계정 등록 수는 약 7,700만 명으로, 2021년의 5,600만 명에서 크게 증가했다. 프롬프트페이는 싱가포르, 인도네시아, 말레이시아, 베트남 등의 국가들과 연계되어 있어 소비자들이 별도의 환전 없이 QR 코드 결제를 이용할 수 있으며, 실시간 환율이 적용되어 편리성과 투명성이 더욱 강화되었다.

이제 태국을 여행하는 이들도 환전 없이 손쉽게 QR 코드 결제가 가능해졌다. 태국에는 신용 카드를 받지 않는 곳이 많아 항상 현금을 준비해야 하는 불편함이 있었다. 하지만 2019년 9월, KEB하나은행은 모바일

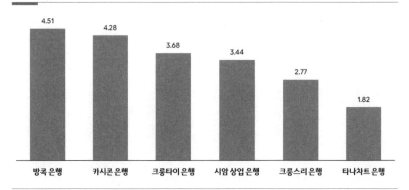

태국 은행 자산 순위 (단위: 조 바트)

방콕 은행 4.51
카시콘 은행 4.28
크룽타이 은행 3.68
시암 상업 은행 3.44
크룽스리 은행 2.77
타나차트 은행 1.82

※2024년 3월 기준, 총 자산 기준 　자료: 태국 증권 거래소

QR 결제 서비스인 '글로벌 로열티 네트워크(GLN)'를 출시하며 디지털 결제의 새로운 장을 열었다. GLN은 태국 시암커머셜은행(SCB)과 협력해 프롬프트페이를 활용한 현지 QR 결제 서비스를 정식으로 런칭하며 여행자들에게 편리함을 제공했다.

　GLN 서비스는 이제 하나은행의 모바일 앱 '하나원큐', 하나카드의 '하나머니', 토스, 국민은행, K뱅크, 네이버페이와 연동되어 태국에서 QR 코드 결제가 가능해졌다. GLN을 통한 QR 결제는 0.3%의 낮은 수수료와 환불 시 추가 수수료가 없다는 점에서 비용 부담 없이 안심하고 사용할 수 있는 큰 장점을 제공한다.

　GLN의 서비스는 혁신적이었고, 고객들은 열광했다. 이에 2021년 7월, 독립 법인으로 분사되었고, 캄보디아, 싱가포르, 일본, 대만, 라오스, 몽골, 태국, 괌/사이판/하와이 등 여러 국가로 서비스 지역을 확대 중이다. 2023년 3월에는 한 단계 더 도약하여 KB디지털플랫폼펀드, 카카오페이, 대만 타이신은행(Taishin International Bank), 일본 스미토모미쓰이신

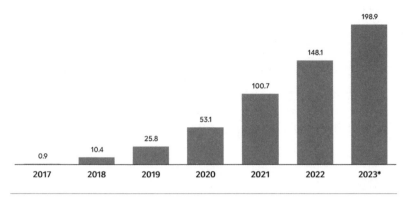

프롬프트페이 거래 건수 추이   (단위: 억 건)

2017	2018	2019	2020	2021	2022	2023*
0.9	10.4	25.8	53.1	100.7	148.1	198.9

※2021년 조사 자료 기준   자료: 태국 중앙은행

탁은행(Sumitomo Mitsui Trust Bank)으로부터 투자를 유치하며, 1,100억 원의 기업 가치를 인정 받기도 했다.

태국에서 현금을 들고 다니던 불편함은 이제 과거의 일이 되었다. **QR 코드 하나로 레스토랑, 노점상, 야시장, 오토바이 택시, 그랩 택시 등 도시 곳곳의 다양한 서비스를 손쉽게 이용할 수 있게 되었다.** 특히 방콕에서 가장 많이 이용되는 편의점인 세븐일레븐이 2024년 9월부터 QR 코드 결제를 도입하면서 태국에서의 여행은 더욱 편안해졌다.

디지털 월렛의 선구자, 트루머니

태국에서 디지털 월렛 1위 사업자는 트루머니이다. **트루머니는 태국에서 일상적인 결제 수단으로 자리잡았을 정도이다. 은행 계좌 없이도 사**

용할 수 있어 특히 10대들에게 큰 인기를 끌고 있다. 학생들은 트루머니를 사용해 교통비를 지불하고, 통신료를 충전하며, 편의점에서 간식과 음료를 손쉽게 구매한다. 세븐 일레븐에서 물건을 살 때나 게임 아이템을 구매할 때도 트루머니는 간편하게 사용된다. 이러한 편리함은 금융 서비스에 접근하기 어려운 사람들에게도 새로운 가능성을 제공하며, 디지털 결제가 누구나 쉽게 접근할 수 있는 방식으로 자리매김하고 있다.

트루머니의 주요 기능은 전자 지갑 서비스와 송금 기능이다. 트루머니 월렛을 통해 사용자는 언제 어디서나 간편하게 결제하고 송금할 수 있다. 휴대폰 요금 충전, 공과금 납부, 오프라인 매장 결제 등 다양한 기능을 제공하며, 신용 카드 없이도 온라인 쇼핑을 할 수 있는 서비스를 포함하고 있다. 이러한 다양한 기능들은 트루머니를 단순한 전자 지갑을 넘어 일상의 필수 도구로 자리 잡게 만들었다.

트루머니는 2003년 태국 재계 상위 3대 기업 중 하나인 CP 그룹 산하 트루 통신 회사의 서비스로 시작되었다. 태국 최대 유통 체인인 세븐 일레븐이 CP 그룹의 자회사였기 때문에 세븐 일레븐에서 트루머니 사용이 원활해지며 초기 시장에서 자리를 잡기 시작했다. 하지만 트루머니가 태국 시장에서 본격적으로 성장한 것은 스마트폰 보급이 활발해진 이후였다. 이에 따라 트루머니는 2014년 어센드 그룹으로 분리되었고, 2016년에는 중국 알리바바의 핀테크 계열사인 앤트 그룹으로부터 투자를 받아 성장에 가속도가 붙었다. 이후 앤트 그룹의 노하우를 흡수하며 빠르게 시장을 확대해 나갔다.

아시아 시장에서 앤트 그룹 알리페이 생태계의 영향력은 막강하다. 태국의 트루머니를 비롯해 말레이시아의 터치앤고(Touch'n Go), 필리핀

앤트 그룹의 글로벌 투자 내역

연도	투자/합작	국가	투자 유형	투자 금액	전자지갑	사업 영역
2014	Paybang	호주	합작회사 설립			해외결제
2015	Paytm-One97 Communications	인도	A 라운드 B 라운드 전략투자	1.35억 달러 6.8억 달러 비공개	Paytm	결제
	케이뱅크	한국	공동 발기설립	기술투자(투자 협력)		인터넷은행
2016	Ascend Money	태국	A 라운드 전략투자	수천만 달러 비공개	True Money	결제 및 온라인 대출
	M-Daq	싱가포르	전략투자	비공개		해외 증권거래 서비스
2017	Kakao Pay	한국	전략투자	2억 달러	Kakao Pay	결제
	Mynt	필리핀	A 라운드	비공개	Gcash	결제
	Emtek	인도네시아	합작회사 설립	-	DANA	결제
	HelloPay	싱가포르	인수	Lazada 투자 포함	Alipay로 합병	결제
	홍콩 쯔푸바오	홍콩	설립	-	쯔푸바오 HK	결제
	Touch'n Go	말레이시아	합자회사 설립	-	Touch'n Go	결제
2018	TMB	파키스탄	45% 지분 매입	1.85억 달러	Easypaisa	중소기업은행
	bKash	방글라데시	전략적 협력	미공개	bKash	결제
	StoneCo	브라질	지분투자	1억 달러	StoneCo	결제
	Worldfirst	영국	인수	7억 달러		외환환전
2019	Akulaku	인도네시아	D 라운드	4천만 달러	Akulaku	결제
	WorldFirst	영국	인수	7억 달러		외환환전
2020	WaveMoney	미얀마	전략투자	7.38천만 달러	WaveMoney	결제, 송금, 이체
2022	2C2P	싱가포르	인수	5억 2천만 달러 이상	2C2P	결제
2023	토스 페이	한국	투자	약 1,000억원	Toss Pay	결제
2024	MultisafePay	네덜란드	인수	2억 달러	MultiSafePay	결제

자료: ITJUZI, 삼성증권

의 지캐시(GCash), 인도네시아의 아쿨라쿠(Akulaku), 미얀마의 웨이브머니(Wave Money), 방글라데시의 비캐시(bKash), 그리고 한국의 케이뱅크, 카카오페이, 토스페이 등이 알리페이 생태계에 포함되어 있다. 앤트 그룹은 소수 지분 투자나 인수를 통해 아시아 각 시장에 진출하는 전략을 택하고 있다.

트루머니는 아세안 전역에서 빠르게 성장하고 있다. 태국, 인도네시아, 베트남, 미얀마, 캄보디아, 필리핀 등 6개국에서 서비스를 제공하고 있으며, 초기에는 휴대폰 충전과 공과금 납부와 같은 단순한 결제 서비스로 시작했지만, 현재는 전자 지갑과 송금 서비스로 확장했다.

2021년에는 앤트 그룹, 보 웨이브 캐피탈 매니지먼트, MUFG 등의

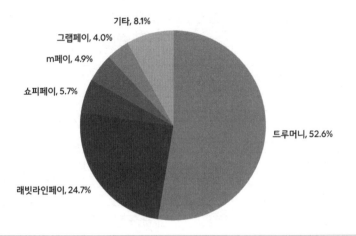

기타, 8.1%
그랩페이, 4.0%
m페이, 4.9%
쇼피페이, 5.7%
래빗라인페이, 24.7%
트루머니, 52.6%

※2023년 5월 기준   자료: TNN Thailand

추가 투자로 시리즈 C 라운드에서 1억 5천만 달러(한화 약 1,800억 원)를 유치하며, 기업 가치는 15억 달러(한화 약 2조 원)로 평가되었다. 그 결과, 트루머니는 태국 최초의 핀테크 유니콘 기업으로 자리 잡았다.

트루머니는 아세안 시장에서 경쟁력을 지속적으로 강화하고 있다. 현재 약 5천만 명의 사용자가 트루머니 월렛을 이용하고 있으며, 88,000개 이상의 에이전트 네트워크를 통해 지역 확장을 위한 탄탄한 기반을 구축했다. 이를 통해 트루머니는 은행 서비스에 접근하기 어려운 사람들에게도 금융 서비스를 제공하며, 디지털 금융의 포용성을 확대하고 있다.

트루머니 다음으로 많이 사용되는 서비스는 라인페이이다. 라인은 2015년 태국에서 처음으로 디지털 지갑 서비스를 출시했다. 2016년에는 태국 주요 지상철 운영사인 래빗 그룹(Rabbit Group)과 협력해 '래빗 라인페이' 합작 법인을 설립했다. 이후 2018년에는 태국 최대 이동통신사인 AIS로부터 증자를 받아, AIS의 모바일 결제 자회사인 엠페이(mPay)와 함께 3자 합작 법인을 구성했다. 이러한 전략적 파트너십을 통해 2019년 기준으로 래빗 라인페이의 사용자 수는 550만 명에 도달했다.

그러나 트루머니와 기존 대형 은행들이 강력하게 방어하고 있는 결제 서비스 시장에서 경쟁하는 것은 여전히 어려운 과제였다. 대형 은행들의 기존 네트워크와 자본력, 그리고 정부와의 유대 관계는 핀테크 기업들이 극복해야 할 큰 장벽이었다. 2023년 9월, 라인 태국 법인과 라인맨 웡나이가 래빗 라인페이의 지분을 모두 인수하면서 복잡한 지분 관계를 정리했다. 라인은 지분 인수를 통해 라인맨 웡나이(음식 배달 플랫폼), 라인쇼핑(이커머스) 등 현지 라인 생태계와의 시너지를 강화할 것으로 기대한다고 발표했다.

이 외에도 쇼피나 그랩이 자체적으로 운영하는 쇼피페이와 그랩페이가 존재하나, 태국 시장에서 사용률은 미미한 편이다.

트루머니의 성공은 금융 서비스의 확장을 넘어, 사람들의 일상에 자연스럽게 자리 잡은 편리함을 보여준다. 스마트폰이 손에 닿을 때마다, 트루머니는 간편하고 접근 가능한 금융 서비스를 제공한다. 은행 계좌가 없어도 누구나 쉽게 이용할 수 있는 트루머니는, 디지털 금융이 단순한 기술이 아닌 사람들을 연결하는 도구가 될 수 있음을 증명하고 있다. 앞으로도 트루머니는 금융 서비스의 접근성을 높이며, 아세안 전역에 긍정적인 변화를 만들어갈 것이다.

디지털 가상 은행

QR 코드 결제와 디지털 월렛 서비스가 태국 핀테크 혁신의 첫걸음이었다면, 디지털 가상 은행은 다음 전장이다. 디지털 결제 시장은 주요 사업자들에 의해 어느 정도 안정되었지만, 태국 디지털 가상 은행은 여전히 초기 단계에 머물러 있다.

아세안에서 디지털 은행 설립의 첫걸음을 내디딘 나라는 싱가포르이다. 2020년 12월, 싱가포르 정부는 4개의 디지털 은행 설립을 허가하며 디지털 금융 혁신을 주도했다. 그랩-싱텔(Grab-Singtel), SEA그룹(SEA Group), 앤트그룹(Ant Group), 그린랜드 파이낸셜(Greenland Financial)이 이 허가를 받았다.

인도네시아도 2021년 10월부터 테크 회사들의 디지털 은행 설립을 가속화하고 있다. 기존 은행들뿐 아니라 다양한 테크 기업들이 참여하고 있으며, 고투그룹(GoTo Group), SEA그룹, 라인 뱅크(LINE Bank) 등이 디지털 은행 서비스 확장을 모색 중이다. 이러한 테크 기업들의 참여는 인도네시아의 디지털 금융 생태계를 더욱 다채롭고 혁신적으로 변화시킬 것으로 기대된다.

태국은 2024년에 디지털 은행 도입을 추진하며 인가 절차에 착수했다. 이는 기존 은행들이 대출 서비스를 제공하지 않는 차입자들에게 금융 접근성을 확대하기 위함이다. 태국 재무부는 설립 초기 최소 자본금을 50억 바트(약 1,850억 원), 5년 후에는 100억 바트(약 3,700억 원)으로 설정하였으며, 디지털 이코노미 활성화와 금융 인프라 발전을 목표로 하고 있다.

주요 은행들과 대기업들이 허가권을 두고 경쟁 중이며, 싱가포르 기반의 SEA그룹(Sea Ltd.)은 방콕 은행, BTS그룹, 사하그룹, 태국 우체국과 제휴하여 가상은행 허가권을 신청했다. 카카오뱅크도 태국 SCBX와 협력하여 가상은행 인가 신청을 준비 중이다. 20% 이상의 지분율 확보를 통해 2대 주주 지위를 확보할 계획이라 보도되었다. 태국 중앙은행은 2025년 상반기에 허가권을 받을 업체를 발표하고, 선정된 업체에게 1년의 준비 기간을 부여할 예정이다.

한편, 라인은 2020년 태국 1위 은행인 카시콘은행(KASIKORNBANK)과 합작하여 '라인 BK'를 설립하고 디지털 은행 서비스를 런칭[10]했다. 라인 BK는 카시콘은행의 라이선스와 인프라를 활용하면서 소비자에게 친숙한 라인 브랜드를 내세운 일종의 '화이트 레이블링' 방식을 적용했다.

라인 BK는 예금 계좌를 개설하면 라인 애플리케이션에서 이체, 예금, 대출, 결제가 가능한 금융 서비스를 제공하며, 사용자의 금융 서비스 이용 편의성을 크게 향상시켰다. 기존 은행 서비스와 소셜 앱을 연계한 메신저 기반 모바일 뱅킹 플랫폼으로, 태국에서 디지털 은행을 논할 때 가장 먼저 언급되는 서비스로 자리 잡고 있다. 디지털 전환의 최전선에서 편리하게 이용할 수 있어 태국 소비자들에게 인기가 많다. 특히, 태국이 가상 은행 전략을 발표하기 전까지는 디지털 뱅킹의 최전선에 있던 서비스로 평가받고 있다.

---

10 "Line Tries Out Its Hand in Mobile Banking in Thailand with Eyes on Expansion", Pulse, 2020/10/21.

라인 BK는 런칭 이후 빠르게 성장해, 출시한 지 넉 달 만에 200만 사용자를 돌파[11]했다. 특히 젊은 층과 디지털 환경에 익숙한 사용자들이 주요 고객층을 이루며, 간편한 대출 신청, 무보증 대출, 신속한 송금 서비스 등을 통해 큰 인기를 끌고 있다. 라인 BK는 소액 대출 서비스를 제공하여 대학생들이 학비나 생활비를 충당할 수 있도록 돕고 있으며, 자영업자들이 사업 자금을 손쉽게 조달할 수 있도록 지원하고 있다. 이러한 실용적인 금융 서비스는 태국 소비자들 사이에서 긍정적인 반응을 얻고 있으며, 금융 접근성이 부족한 계층에게도 큰 도움을 주고 있다.

라인 BK의 런칭 과정을 지켜보며, 합작 법인의 복잡성과 현지 규제 해석의 불확실성을 깊이 깨달았다. 핀테크 사업은 단순히 고객 접근 방식을 논하기 전에, 매일같이 사업의 런칭과 지속 가능성을 고민해야 하는 어려운 영역이다. 합작 법인을 설립하는 과정에서는 올바른 파트너를 신중하게 선택해야 하며, 그들과의 협력이 얼마나 잘 이루어질 수 있는지, 그리고 현지의 문화적·규제적 변화에 얼마나 신속하게 대응할 수 있는지가 성공의 핵심이 된다. 이러한 요소들이 조화를 이룰 때 비로소 합작 법인의 성공을 기대할 수 있다.

라인 BK는 초기 단계에서 많은 도전에 직면했다. 규제와 문화적 차이에서 오는 문제는 예상보다 컸다. 그러나 이런 난관 속에서도 라인 BK는 파트너십의 중요성을 깊이 깨달았다. 현지 규제 당국과의 소통을 통해 문제들을 하나씩 해결해 나갔다. 예상치 못한 장애물이 나타날 때마

---

11 정윤교, "네이버 라인 태국 모바일 뱅킹 '라인BK' 이용자 200만 돌파", 연합인포맥스, 2021/03/08.

다 신속히 대응하며 협력의 힘을 믿고 움직였다. 라인 BK의 경험은 태국에 진출하고자 하는 다른 핀테크 사업자들에게도 중요한 교훈이 될 것이다. **성공은 기술이나 자본뿐만 아니라, 파트너와의 신뢰와 협력에서 비롯된다는 것을 다시 한번 보여주었다.**

태국, 암호 화폐 허브를 꿈꾸다

태국은 현재 암호 화폐 열풍 속에 있으며, 정부도 이를 제도권으로 포함시키기 위해 적극적으로 노력하고 있다. 2013년에는 비트코인 거래를 금지했으나, 2018년부터 정책을 변화시켜 디지털 자산 사업자 허가제를 도입하고, 은행의 암호 화폐 거래소 지분 인수도 허가하고 있다.

2022년 기준으로 태국 증권거래위원회(SEC)로부터 허가를 받은 기업은 암호 화폐 거래소, 중개인, 딜러를 포함해 총 17개이다. 2020년에는 증권거래법을 개정해 블록체인 기반 토큰화 증권 발행을 합법화하고, 중앙은행은 디지털 화폐(CBDC) 도입 계획도 발표했다.

태국의 전통 금융권도 가상 자산 시장의 성장 가능성을 보고 빠르게 대응하고 있다. 2018년 가상 자산 관련법 제정 이후 상업은행의 자회사 설립을 통해 가상 자산 투자, 발행, 서비스 중개업 등이 허용되었다. 시암커머셜은행(SCB)을 보유한 금융 지주사 SCBX는 2021년에 가상 자산 공개(ICO) 자회사인 토큰엑스를 설립했다. 이 회사는 부동산, 금, 탄소 배출권 등 실물 기반 자산(RWA)을 토큰으로 발행하고 2차 거래까지 지원하고 있다.

또한 SCBX는 가상 자산 거래소 이노베스트엑스를 자회사로 두고 있으며, 최근 국내 최대 블록체인 벤처캐피털(VC)인 해시드와의 웹3 협업을 발표하고, '아세안 블록체인 위크 2024(SEABW2024)'에 참여해 NFT 명함과 바우처 등 다양한 실사용 사례를 선보였다.

SCB의 경쟁사인 카시콘은행도 2023년 사탄 코퍼레이션 가상 자산 거래소를 인수하며 암호 화폐 시장에 적극적으로 진출했다. 카시콘은행은 디지털 자산을 활용한 투자 상품을 출시하고, 고객들에게 암호 화폐를 통한 포트폴리오 다각화 기회를 제공하고 있다. 2024년에는 JP모건과 협력해 블록체인 기반 국경 간 결제 솔루션인 '프로젝트 카리나'를 선보였다.

이를 통해 해외 프리랜서 개발자를 고용하고 비트코인으로 월급을 지급하는 과정이 더욱 간편해졌다. 이 솔루션은 특히 아세안 지역의 많은 스타트업과 중소기업이 글로벌 인재를 쉽게 활용할 수 있도록 지원하며, 기존의 복잡한 송금 절차를 간소화해 비용 절감 효과도 기대할 수 있다.

글로벌 가상 자산 거래소 바이낸스는 2024년 1월 태국에서 암호 화폐 거래소를 개설했다고 발표했다. 바이낸스는 태국 최대 민간 전력 회사인 걸프에너지디벨롭먼트와의 합작 법인 '걸프·바이낸스'를 통해 암호 화폐 거래 서비스를 시작했으며, 이 거래소에서는 현지 통화인 바트를 통한 거래가 가능하다. 이 서비스는 태국인에게만 제공되며, 태국 금융 시장에 변화를 일으키고 경제의 디지털화에 기여할 것으로 기대된다.

또한, 바이낸스는 이번 합작을 통해 태국 내 블록체인 생태계를 확장하고, 금융 접근성을 높이는 데 기여할 계획이다. 걸프·바이낸스는 2023

년 5월 태국 당국으로부터 암호 화폐 거래 운영 면허를 취득했다.

아세안의 암호 화폐 열풍은 태국뿐만이 아니다.

인도네시아는 2018년 암호 화폐 거래를 합법화한 이후 13개의 암호 화폐 거래소가 등록되어 운영 중이며, 빠르게 성장하고 있다. 인도네시아 정부는 디지털 자산 거래의 투명성과 안전성을 강화하기 위해 규제를 지속적으로 개선하고 있으며, 이로 인해 암호 화폐 투자에 대한 신뢰도가 높아지고 있다.

싱가포르는 2021년에 최초로 암호 화폐 거래소를 공식 인정했다. 170여 개 업체가 신청한 가운데, 호주 암호 화폐 거래소 인디펜던트 리저브가 싱가포르 정부로부터 디지털 결제 토큰 서비스 제공 승인을 받았다. 싱가포르는 글로벌 금융 허브로서의 위치를 확고히 하기 위해 디지털 자산 규제의 명확성과 혁신적인 금융 상품 개발을 병행하고 있다.

베트남 중앙은행은 2017년에 비트코인을 포함한 가상 화폐를 합법적인 지불 수단으로 인정하지 않겠다고 발표했으나, 베트남은 여전히 암호 화폐 사용이 활발한 나라 중 하나이다. 블록체인 게임인 액시 인피니티와 사이퍼 등이 빠르게 성장하고 있다. 베트남에서는 특히 블록체인 기술이 게임 산업과 결합되어 새로운 경제 모델을 창출하고 있으며, 이는 경제적 기회를 확장하는 중요한 역할을 하고 있다.

태국을 비롯한 아세안 시장이 암호 화폐에 우호적인 이유는 강한 수요에 있다. 이 지역 사람들의 삶은 느긋하면서도 신기술 도입에는 매우 적극적이다. 2021년 스태티스타의 조사에 따르면 전 세계 56개국 중 암호 화폐 사용이 가장 활발한 나라는 나이지리아에 이어 태국, 필리핀, 베트남 순이며, 말레이시아는 10위를 기록했다. 이러한 순위는 아세안 지

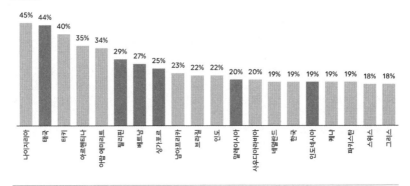

※ 2022년 기준, 18~64세 대상 국가별로 2,000명 또는 12,000명 온라인 설문, 암호 화폐를 소유하거나 사용했다고 응답한 비율   자료: Statista

역에서 암호 화폐가 얼마나 중요한 역할을 하고 있는지를 보여준다.

특히 태국과 필리핀의 경우, 암호 화폐에 대한 대중의 관심이 높으며, 이는 금융 접근성이 제한된 일부 지역에서 대체 수단으로 작용하고 있기 때문이다. 아세안 4개국이 암호 화폐 사용 면에서 세계 최상위권에 속해 있다는 점은 이 지역이 신기술을 수용하고 활용하는 데 강력한 기반을 가지고 있음을 시사한다. 이는 또한 아세안의 젊은 층이 디지털 금융 기술에 대한 높은 적응력을 보이며, 새로운 기술을 통해 경제적 기회를 창출하고자 하는 의지가 강하다는 것을 의미한다.

태국인의 암호 화폐 보유율은 약 20%로, 이는 미국, 일본 등에 비해 높은 편이다. 이러한 높은 보유율은 디지털 자산에 대한 태국 국민들의 관심과 신뢰를 반영하고 있다. 태국 정부는 암호 화폐를 상품이나 서비스 결제에 사용하는 것은 금지하고 있지만, 투자 목적으로 암호 화폐 거래는 허용하고 있다. 정부는 이를 통해 암호 화폐의 투기적 사용을 억제하면서도 자산으로서의 가치를 인정하고 있다.

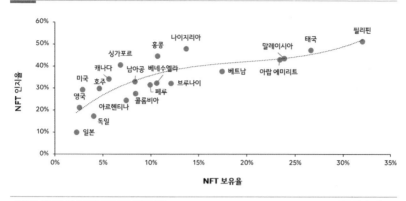

※2021년 9월 기준, 전 세계 28,723명 대상 서베이 결과　　　　　　　　　　　　　자료: Finder Survey

전 세계에서 NFT를 가장 많이 보유한 국가도 주로 아세안 국가들이다. NFT(Non-Fungible Token)는 각 토큰이 고유의 가치를 가지며, 블록체인 기술을 이용해 생성 후 삭제나 위조가 불가능해 원본 인증과 소유권 증명이 가능한 디지털 자산을 의미한다. 이러한 특성 덕분에 NFT는 예술 작품, 음악, 게임 아이템 등 다양한 분야에서 사용되고 있으며, 디지털 자산의 소유권을 보호하는 중요한 수단으로 자리 잡았다.

NFT 보유 비중이 높은 나라는 필리핀, 태국, 말레이시아 순이며, 베트남은 5위를 차지했다. 이러한 높은 보유율은 아세안 국가들이 디지털 자산에 대한 관심과 수용도가 높음을 보여주며, 특히 필리핀과 태국에서는 NFT가 새로운 경제적 기회를 창출하는 수단으로 각광받고 있다.

필리핀에서는 NFT를 활용한 새로운 비즈니스 모델이 등장하고 있으며, 예술가와 창작자들이 자신들의 작품을 블록체인 상에서 거래함으로써 수익을 창출하고 있다. 이러한 흐름은 디지털 자산의 가치를 높이고, 새로운 형태의 경제 활동을 촉진하는 데 기여하고 있다.

한편, 아세안 국가들에서도 암호 화폐를 둘러싼 논란은 계속되고 있다. 베트남을 제외한 각국 정부는 암호 화폐 거래를 공식적으로 인정하면서도, 투기 문제, 다단계 투자, 불법 자금세탁 및 테러 자금 지원 등의 부작용에 대해 경계하고 있다. 예를 들어, 말레이시아 최대 규모의 거래소인 루노(Luno)는 돈세탁 방지법 및 세금 신고 위반 혐의로 계좌가 동결된 바 있다. 이와 같은 사례는 암호 화폐 거래의 투명성을 높이기 위한 규제의 필요성을 보여준다.

또한, 태국 정부는 암호 화폐 투자자와 채굴자에게 이익의 15%에 해당하는 세금을 부과하기로 결정했다. 이러한 세금 부과는 암호 화폐 수익에 대한 과세를 통해 국가 재정을 강화하고, 동시에 투기적 투자 활동을 억제하려는 목적을 가지고 있다. 이 외에도 태국 정부는 암호 화폐 관련 자금세탁 방지 조치를 강화하고 있으며, 암호 화폐 거래소에 대한 규제 및 모니터링을 지속적으로 진행하고 있다. 이러한 규제는 암호 화폐의 투명성과 신뢰성을 높이기 위한 중요한 조치로, 향후 아세안에서 암호 화폐가 더 안전하고 신뢰할 수 있는 금융 상품으로 자리 잡는 데 기여할 것이다.

태국 정부는 암호 화폐 규제를 지원과 통제를 병행하며 시장 발전 속도를 통제하고 있다. 분명한 점은 태국에서 암호 화폐에 대한 수요가 계속 증가할 것이며, 정부도 이를 제도화하는 것이 유리하다는 것을 이미 인지하고 있다. 이는 규제의 명확성을 통해 투자자 보호를 강화하고, 암호 화폐 생태계를 안정적으로 성장시키기 위한 노력의 일환이다. 또한, 정부는 블록체인 기술을 기반으로 한 다양한 혁신적인 금융 서비스를 도입하여 국가 경쟁력을 높이고자 하고 있다. 예를 들어, 태국 정부는

CBDC 도입을 통해 디지털 이코노미를 강화하고, 금융 포용성을 높이는 데 목표를 두고 있다.

태국을 비롯한 아세안 시장에서 핀테크 혁신은 이제 시작 단계이다. 핀테크 산업은 현지 은행뿐만 아니라 앤트 파이낸셜, 소프트뱅크, 그랩, SEA그룹과 같은 아세안 슈퍼앱들이 경쟁하는 무대가 되고 있다. 이러한 경쟁 속에서 한국계 회사들이 성공적으로 시장에 진입하고 자리 잡는 것은 불확실하지만, 도전 자체로도 의미가 있다. 현지 유력 기업과 합작 법인을 설립하는 것만으로도 절반의 성공에 가깝고, 나머지 절반은 그 합작 법인을 얼마나 효과적으로 운영하느냐에 달려 있다. 한국 기업들이 통제권을 일부 포기하고 파트너와 협력하는 것은 큰 도전이며, 아세안 시장의 복잡한 문화적·규제적 환경에서 성공하기 위해서는 신속한 적응과 유연한 전략이 필수적이다.

디지털로 진화하는
태국 헬스케어

오래전, 카오산 로드의 혼잡함을 뒤로하고 짜오프라야강 건너 시리랏병원으로 발걸음을 향한 적이 있었다. 약 10분을 걸어 프라 아티트 길의 선착장에 도착하면, 오래된 짜오프라야 보트가 대기하고 있다. 보트의 외벽은 낡았고, 타이거 밤 광고가 큼직하게 그려져 있었다. 삐걱거리는 보트를 타고 약 20분 후 톤부리 철도역 선착장에 도착한 후, 10분 남짓을 더 걸으면 오래된 하얀 외벽의 시리랏병원을 접한다.

태국에서 가장 오래된 이 병원은 1888년 쭐라롱꼰 대왕에 의해 설립되었다. 이 병원은 개원 1년 전에 이질로 세상을 떠난 왕의 18개월 된 아들, 시리랏 카쿠다반드 왕자의 이름을 따 지어졌다. 그래서 시리랏은 단순한 병원이 아니다. 태국의 전통과 황실의 기품이 서려있는 병원이자, 현대 태국인들이 가장 존경하는 라마 9세 푸미폰 국왕이 2016년 서거하기 전 마지막으로 머물렀던 곳이기도 하다.

쭐라롱꼰, 타마셋대학과 함께 태국 최고 명문으로 꼽히는 마히돌대학교 의과대학의 주요 교육 병원이자, 2,000개 병상과 매년 300만 명 이상의 외래 환자를 진료하는 방콕의 대표적인 의료 시설이다.

그런데, 태국의 상징이자 유서 깊은 시리랏병원의 현대화는 중국 화웨이의 손에 맡겨졌다. 2021년 12월, 태국 정부와 하웨이는 **시리랏병원이 아세안 지역에서 최초로 태국 최대 규모의 5G 스마트 병원으로 탈바꿈**했다고 발표[12]했다. 태국 국가방송통신위원회(NBTC)와 시리랏병원이 협력하여 '시리랏 월드 클래스 5G 스마트 병원'을 개원했다.

구식이었던 시리랏병원의 복도는 이제 5G 네트워크를 이용한 자율주행 로봇들이 의약품을 운반하며 의료진의 부담을 덜어주고 있다. 이 로봇들은 실시간 데이터 교환으로 경로를 최적화하고 장애물을 피하며 효율성을 높였다. 덕분에 의료진은 환자 돌봄에 더 집중할 수 있다. 병원은 5G, 클라우드, 인공지능(AI) 기술을 활용해 효율적이고 편리한 의료 경험을 제공하고 있다. 5G 기반 AI 보조 진단 시스템은 환자의 의료 기록과 실시간 데이터를 분석해 최적의 진단 정보를 제공하며, 응급 상황에서 의료진의 신속한 결정을 돕는다. 이를 통해 의료진은 환자의 상태를 더 정확히 파악하고, 불필요한 재검사나 시간 낭비를 줄일 수 있다.

방콕의 심각한 교통 체증 속에서도 5G 구급차는 환자의 상태와 데이터를 실시간으로 전송해 병원 의사가 구급대원에게 즉각적인 지시를 내릴 수 있다. 화웨이는 구급차 내부의 카메라와 센서를 통해 환자의 상태를 실시간으로 분석하고 이를 병원으로 전송하여, 응급 환자의 생존율

---

12 "Thailand Launches ASEAN's First 5G Smart Hospital: A Joint Launch by Siriraj, NBTC and Huawei", Huawei webpage, December 17, 2021.

을 크게 향상시킬 수 있다고 설명한다. 이러한 기술은 특히 골든 타임 내에 신속한 대응이 중요한 응급 상황에서 큰 효과를 발휘할 것으로 기대된다.

스마트 응급 의료 서비스, 스마트 응급실(ER), AI 기반 병리 진단 시스템, 스마트 재고 관리, 블록체인 기반 개인 건강 기록 관리, 5G 자율 주행차를 이용한 스마트 물류, 하이브리드 클라우드 시스템 등 화웨이는 최신 기술을 집약해 시리랏병원을 디지털 의료 인프라의 이정표로 삼아 여러 혁신적인 기술을 실험하고 있다. 5G 도입으로 실시간 데이터 전송이 가능해져 응급 상황에서의 대응 속도가 크게 향상되고, 병원 대기 시간도 현저히 줄어들 것으로 기대된다.

스마트 헬스케어 이니셔티브

2021년, 태국 정부는 '스마트 헬스케어 이니셔티브'라는 이름의 대담한 계획을 선포했다. 5G 네트워크, 인공지능, 빅데이터를 기반으로 의료 서비스의 질을 높이고 접근성을 확대하겠다는 이 비전은 국민의 건강과 삶의 질을 향상시키겠다는 국가적 목표를 담고 있었다. 그 중심에는 '태국 헬스 데이터 스페이스 5G' 프로젝트가 자리 잡고 있었으며, 이는 태국의 의료 시스템을 한 단계 도약시키는 출발점이 되었다.

태국은 이미 세계적으로 인정받는 의료 시스템을 갖추고 있다. 2021년 세계보건기구(WHO)의 글로벌 보건 안보 지수에서 동남아시아 1위, 세계 5위를 기록했으며, 범룽랏국제병원은 2024년 세계 최고 병원 순위에서 130위에 올라 태국의 의료 수준을 입증했다. 매년 300만 명 이상의 국제 환자를 유치하는 태국의 의료 관광 산업은 2024년 10억 3천만 달러 규모에 이를 것으로 예상되며, 이는 태국이 단순한 관광지를 넘어 글로벌 의료 허브로 도약하고 있음을 보여준다.

스마트 헬스케어 이니셔티브의 중심에는 원격 의료 시스템 구축이 있었다. **시리랏병원은 화웨이와 협력하여 5G 기반 원격 의료 서비스를 도입했고, 이를 통해 농촌 지역의 환자들도 방콕의 전문 의료진과 연결될 수 있었다. AI 진단 시스템은 폐암과 안과 질환의 조기 발견을 혁신적으로 향상시켰으며, 실시간 환자 데이터 관리 시스템은 의료진이 환자의 상태를 신속하고 정확하게 파악할 수 있도록 지원**했다. 이는 태국 의료 서비스의 접근성과 효율성을 동시에 강화하는 중요한 전환점이 되었다.

글로벌 기업들과의 협력도 태국 의료 혁신의 중요한 축이었다. 방콕 두싯 메디컬 서비스는 삼성메디슨과 협력해 고해상도 초음파 장비와 AI 기반 진단 시스템을 결합하며 조기 진단의 정확성을 높였다. 범룽랏국제병원은 소프트뱅크와의 협력을 통해 로봇 기술을 활용한 환자 케어 시스템을 도입하며 디지털 헬스케어의 선두 주자로 자리 잡았다. 이러한 협력은 태국 의료 시스템의 경쟁력을 한층 강화하며, 글로벌 의료 시장에서의 입지를 공고히 했다.

2024년, 트루 비즈니스와 인텔의 전략적 협력은 태국 디지털 헬스케어의 새로운 장을 열었다. 이들은 **원격 중환자실**(Tele ICU) **서비스, 환자 병력 분석 플랫폼, 조직 슬라이드 스캐닝 기술을 활용한 병리 이미지 디지털화 등 다양한 솔루션을 선보였다.** 특히 주목받은 디지털 환자 트윈 (Digital Patient Twin) 기술은 환자의 상태를 실시간으로 모니터링하고 AI

기반 분석을 통해 응급 상황을 즉시 감지할 수 있게 했다. 이 기술은 의료 진의 효율성을 높이고 환자 관리의 새로운 표준을 제시했다.

태국의 디지털 헬스케어 혁신은 한국 기업들의 활발한 참여로 더욱 가속화되고 있다. **삼성메디슨**은 의료 영상과 AI 분야에서 태국과의 협력을 강화하고 있으며, **네이버 클라우드**는 클라우드 기반 의료 데이터 관리 시스템을 통해 태국의 디지털 생태계 구축을 지원하고 있다. **SK 바이오사이언스**는 백신 개발과 생산을 위한 대규모 투자를 계획하며, 태국 정부와의 협력을 통해 동남아시아 백신 허브로의 도약을 돕고 있다. 이러한 한국 기업들의 참여는 태국 의료 혁신의 중요한 동력이 되고 있다.

태국은 백신 개발 분야에서도 글로벌 리더로 도약하고 있다. **SK바이오사이언스**와 **모더나**는 태국에서 백신 생산 허브를 구축하기 위한 협력을 강화하며, 코로나19 백신을 넘어 다양한 질병에 대한 대응력을 갖추고자 하고 있다. 이러한 움직임은 태국의 의료 안보를 강화하고, 동남아시아 지역에서의 리더십을 공고히 하는 중요한 발판이 되고 있다.

태국 동부경제회랑(EEC) 지역에서는 국제 웰니스 및 바이오테크 클러스터가 설립되고 있다. AMATA Corporation과 VNU Asia Pacific의 협력으로 진행된 이 프로젝트는 예방적 접근부터 고급 진단 및 치료까지 포괄적인 종양학 솔루션을 제공하며, 태국을 의료 혁신의 중심지로 부상시키고 있다. 이 클러스터는 글로벌 의료 기관과의 협력을 통해 국제적 역량을 갖춘 플랫폼으로 자리 잡고 있다.

태국의 스마트 헬스케어 이니셔티브는 의료 서비스의 패러다임을 완전히 바꾸고 있다. AI, 빅데이터, 로봇 기술을 기반으로 한 정밀 의료는 의료진과 환자 모두에게 새로운 가치를 제공하고 있으며, 태국은 이를 통해 글로벌 헬스케어 시장에서 선도적인 위치를 차지하려 노력하고 있다. 첨단 기술의 융합은 태국 의료 시스템을 한층 더 혁신적으로 만들고 있다.

이러한 혁신은 글로벌 기업들에게도 기회의 문을 활짝 열어주고 있다. 태국의 디지털 헬스케어 생태계는 IT 기술과 의료 서비스를 융합한 새로운 비즈니스 모델의 가능성을 제시하며, 특히 한국 기업들에게는 이미 구축된 신뢰를 기반으로 더 깊이 있는 협력이 가능하다. 태국은 디지털 기술과 국제 협력을 통해 의료 혁신을 지속적으로 확대하고 있다.

태국의 의료 혁명은 이제 막 시작되었다. 이 여정은 단순한 국가적 도약을 넘어 인류의 건강과 삶의 질을 향상시키는 글로벌 비전을 품고 있다. 태국은 디지털 헬스케어 혁신을 통해 새로운 시대를 열고 있으며, 그 중심에는 더 나은 미래를 향한 강력한 의지가 있다. 이 여정에 동참하는 모든 이들에게 태국은 무한한 가능성과 함께 밝은 미래를 약속하고 있다.

〈 아시아 메디컬 허브의 꿈

태국 방콕 중심부, 현대적인 건축미를 자랑하는 범룽랏병원은 단순한 병원이 아니라, 동남아시아 의료 혁명의 상징이다. 1980년에 문을 연 이 병원은 580개의 병상, 1,200여 명의 의사, 그리고 900여 명의 간호사로 이루어진 거대한 의료 허브다. 특히 아시아 최초로 미국 국제의료기관

평가위원회(JCI) 인증을 받은 이 병원은 2023년 기준 연간 70만 명의 해외 환자를 유치하며 국제 의료의 선두 주자로 자리 잡았다. 환자들의 편의를 위해 22개 언어로 통역 서비스를 제공하고, 의료와 행정 절차를 원스톱으로 해결할 수 있는 시스템은 전 세계 환자들의 찬사를 받고 있다.

범룽랏병원의 환자들은 미얀마, 중동, 일본, 북미, 유럽 등 다양한 국적을 가지고 있다. 미얀마 환자들은 지리적 접근성과 신뢰를 이유로, 중동 환자들은 세계적 수준의 의료 기술을 경험하기 위해 이 병원을 찾는다. 유럽과 북미 환자들에게는 상대적으로 저렴한 치료 비용이 매력적이며, 일본 환자들은 문화적 친밀성과 높은 의료 수준을 중시한다. 무엇보다 태국의 따뜻한 기후와 환대는 치료 그 이상의 편안함을 제공하며, 치료와 관광을 결합한 '의료 관광' 패키지는 이들의 마음을 사로잡는 또 다른 요소다.

태국의 의료 관광 산업은 비약적인 성장세를 보이고 있다. 2019년 26억 달러였던 의료 관광 수입은 2023년에는 29억 달러로 늘어날 것으로 예상된다. 태국은 말레이시아, 싱가포르와 함께 아시아 의료 관광 시장의 3대 강국으로 자리 잡았다. 특히 합리적인 비용, 세계적 의료 수준, 그리고 고객을 사로잡는 친절한 서비스는 태국 의료 관광의 강력한 경쟁력이다. 2019년 기준으로 약 300만 명의 의료 관광객이 태국을 방문했으며, 이는 전체 관광객의 약 10%에 해당한다. 태국 정부는 2026년까지 의료 관광 수입을 50억 달러로 확대할 야심 찬 목표를 세우고 있다.

태국 병원들은 다양한 질환에 대해 특화된 의료 서비스를 제공하며 환자들에게 탁월한 치료를 보장한다. **범룽랏병원**은 심장 질환, 암 치료, 정형외과 수술에서 두각을 나타내고, 얀히 병원은 성형외과와 피부과에서 강점을 보인다. **사미티벳병원**은 불임 치료와 산부인과 서비스로 유명하며, 방콕병원은 신경외과와 척추 수술 분야에서 세계적 수준의 치료를 제공한다. 태국 의료진은 대부분 미국과 유럽에서 교육받아 전문성을 갖추고 있으며, 영어 구사 능력도 뛰어나 의사소통에서도 문제가 없다.

태국 병원이 가진 경쟁력은 다각적인 요인에 기반하고 있다. **무엇보다 비용 대비 탁월한 의료 품질이 큰 강점이다.** 태국에서의 의료 비용은 미국이나 유럽의 20~30% 수준에 불과하지만, 서비스와 기술은 세계적 수준이다. 첨단 장비와 국제 인증은 환자들의 신뢰를 더하며, 의료진의 따뜻하고 세심한 환대는 태국 의료 서비스의 독보적인 매력을 완성한다. 또한, 치료와 관광을 결합한 의료 관광 패키지는 환자들에게 색다른 경험을 제공하며, 정부의 적극적인 지원은 산업의 성장을 뒷받침한다.

태국의 의료 관광은 단순한 치료를 넘어 문화와 휴양을 결합한 독특한 경험을 선사한다. **치과 치료를 받으러 온 환자가 방콕 사원을 탐방하거나, 푸켓의 해변에서 태양을 즐기는 모습은 이제 흔한 풍경이다. 태국 정부는 이러한 장점을 활용해 '웰니스 투어리즘'이라는 새로운 개념을 도입했다.** 타이 마사지와 허브 치료를 현대 의학과 접목한 프로그램은 태국만의 차별화된 의료 관광 상품으로 주목받고 있다. 이는 단순히 병원에서 제공할 수 없는 휴양과 치유를 하나로 묶는 독창적인 접근이다.

태국의 의료 관광 산업은 한국 기업들에게도 무한한 가능성을 열어주고 있다. 첨단 의료 기기와 AI 솔루션, 원격 의료 시스템, 정밀 의학 등 다양한 분야에서 협력의 기회가 크다. 태국 정부의 개방적 태도와 적극적인 지원 정책은 한국 기업들의 진출을 더욱 용이하게 만들고 있다. K-

뷰티와 태국의 웰니스 관광을 결합하거나, 한국 성형외과 기술과 태국의 관광 인프라를 접목한 특화 서비스를 개발하는 등 새로운 모델이 가능하다. 이러한 협력은 양국의 강점을 결합한 시너지를 창출할 것이다.

태국의 의료 관광 산업은 글로벌 헬스케어 시장에서 중요한 교훈을 제공한다. **의료 서비스의 국제화와 디지털 기술의 융합, 그리고 환자 중심의 서비스는 모두 글로벌 경쟁력을 강화하는 핵심 요소다. 의료와 관광의 결합은 혁신적 비즈니스 모델의 가능성을 열어주며, 정부의 규제 완화와 지원은 산업 성장의 중요한 기반임을 보여준다.** 태국의 성공 사례는 한국을 비롯한 다른 국가들에게 의료 산업의 미래 방향성을 제시한다.

태국의 아시아 메디컬 허브의 비전은 이제 구체적인 현실로 다가오고 있다. 범룽랏병원을 비롯한 주요 병원들은 세계적 수준의 의료 서비스를 통해 전 세계 환자들에게 신뢰를 얻고 있다. 태국 의료 관광의 성공은 단순히 비용이나 기술 때문만이 아니다. 따뜻한 미소와 세심한 서비스, 그리고 치유와 휴양이 어우러진 경험이 그 바탕이다. 앞으로도 태국은 이러한 강점을 기반으로 글로벌 의료 관광의 중심지로 자리매김할 것이다. 이는 더 나은 의료 서비스와 새로운 경험을 전 세계 환자들에게 제공하며, 글로벌 의료 산업의 새로운 장을 열어갈 것이다.

한국 헬스케어 기업들의 도전

한국 헬스케어 기업들이 태국 시장을 향한 도전을 본격화하고 있다. 그 중심에는 의료 AI와 비대면 진료 플랫폼을 선도하는 기업들이 있다. 루 닛은 2020년 태국 최대 국립 병원인 시리랏병원과 협력해 AI를 활용한 효율적인 진단과 업무 분담 프로젝트를 시작했다. 이어 2022년에는 범 룽랏병원에 '루닛 인사이트 CXR'과 '루닛 인사이트 MMG'를 공급하며 흉부 엑스레이와 유방 촬영술 분야에서 혁신을 일으켰다.

뷰노도 태국에서의 활약을 이어가고 있다. 2022년 태국 식약청으로 부터 '뷰노메드 체스트 엑스레이'와 '뷰노메드 펀더스 AI'의 의료기기 인증을 획득한 뷰노는 태국 의료진들에게 흉부 엑스레이 판독과 안저 질환 진단을 지원하며 신뢰받는 조력자가 되었다. 제이엘케이 역시 다 양한 AI 솔루션으로 태국 의료 현장에 변화를 가져왔다. 이들이 제공한 'Atroscan', 'JViewer-X', 'Medihub Brain Aneurysm JBA-01K'는 진단의 정확도를 높이며 의료진의 업무를 지원하고 있다.

비대면 진료 플랫폼 시장에서도 한국 기업들의 존재감은 뚜렷하다. 라이프시맨틱스는 태국 진출을 위한 비대면 진료 플랫폼 '닥터콜 타이' 의 현지 기술 실증(POC)을 성공적으로 완료하며 주목받고 있다. 이 기 술 실증은 방콕에 위치한 라마9병원과 함께 진행되었으며, 닥터콜 타이 는 태국 원격 진료에 필요한 정보보호경영시스템 인증을 갖추고, 라인 (LINE) 메신저와 연동해 별도의 앱 다운로드 없이 예약부터 진료, 약 배 송까지 원스톱으로 서비스를 제공한다.

라이프시맨틱스는 앞으로 챗GPT 기반의 실시간 통역과 의료 상담 기록 저장 및 분석 기능을 추가 개발해 닥터콜 타이를 의료 관광에 최적화된 글로벌 비대면 진료 플랫폼으로 고도화할 계획이다. 라마9병원의 전담 의료진은 닥터콜 타이가 기저질환 환자들에게 특히 효과적이었다며 대기 시간을 줄이고 간단한 약 처방 절차로 환자들의 어려움을 크게 해소했다고 평가[13]했다. 라이프시맨틱스는 2023년 3월까지 라마9병원과 본계약을 체결하고, 이후 3년 이내에 태국 내 100개 이상의 의료기관에 닥터콜 타이를 공급할 목표를 세웠다.

의약품과 백신 분야에서도 한국 기업들의 활약은 두드러진다. SK바이오사이언스는 태국 국영 제약사 GPO와 협력해 세포 배양 독감 백신 '스카이셀플루'의 기술을 이전하고 원액을 공급하는 680억 원 규모의 계약을 체결했다. 이는 단순한 수출을 넘어 태국의 백신 자급력을 높이는 의미 있는 협력이었다. GC녹십자는 독감 백신 '지씨플루'로 태국 정부의 2024년 입찰에서 약 1,000만 달러 규모의 계약을 따내며 한국 백신의 우수성을 입증했다.

제약 분야에서는 제뉴원사이언스와 대웅제약이 태국 시장의 문을 두드리고 있다. 제뉴원사이언스는 B형 간염 치료제 '엔테킴정'의 태국 진출을 준비 중이며, 현지 기업과의 생물학적 동등성 시험을 통해 적합 판정을 받았다. 대웅제약은 위식도 역류 질환 신약 '펙수클루'와 당뇨 신약 '엔블로'의 품목 허가를 신청하며 새로운 치료 옵션을 제안하고 있다. 이들의 노력은 태국 환자들에게 더 나은 의료 서비스를 제공하고, 한국 제

---

13 오인규, "태국 라마9병원은 왜 라이프시맨틱스 '닥터콜'을 선택했나?", 의학신문, 2023/10/25.

약 산업의 경쟁력을 세계에 알리고 있다.

의료기기와 에스테틱 분야에서도 한국 기업들의 존재감은 두드러진다. 휴젤은 태국 FDA로부터 HA 필러 품목 허가를 획득하며 현지 뷰티 시장에서 입지를 다졌다. 보툴리눔 톡신과 PDO 봉합사까지 출시한 휴젤은 태국 소비자들에게 한국 뷰티의 높은 품질을 입증했다. 메디톡스도 법적 난관을 극복하고 2023년부터 제품을 재출시하며 태국 시장에서 점유율을 확대해 나가고 있다.

태국이 한국 헬스케어 기업들에게 주목받는 이유는 그 잠재력 때문이다. 태국 정부는 스마트 헬스케어 이니셔티브를 통해 디지털 기술을 활용한 의료 혁신을 적극 추진하고 있다. 또한, 태국은 의료 관광 강국으로서 '아시아 메디컬 허브'라는 비전을 내세워 연간 4,000만 명 이상의 외국인 관광객을 유치하며 세계적 의료 중심지로 자리 잡고 있다. **급속한 고령화와 만성 질환 증가로 의약품과 의료기기 수요도 꾸준히 늘어나고 있어, 한국 기업들에게는 매력적인 기회를 제공하고 있다.**

한국 헬스케어 기업들의 도전은 이제 막 시작되었다. 태국과 한국 간의 의료 협력은 앞으로 더 깊어지고 확장될 것이며, 이는 양국 모두에게 새로운 성장 동력을 제공할 것이다. 태국 헬스케어 시장은 무한한 가능성을 품고 있다. 이 시장의 중심에 한국 기업들이 있으며, 이들의 혁신적인 기술과 서비스는 태국 의료 산업의 새로운 장을 열어가고 있다.

3부

디찌털 태국

아세안 비즈니스 허브로의 도약

지금,
방콕을 주목해야 하는 이유

방콕 게이손 타워의 한 카페에서 스타트업 창업자와 방콕의 매력에 대해 애기한 적이 있었다. 그는 방콕이 꿈을 실현할 수 있는 최적의 무대라며 웃음을 지었다. **태국 정부의 적극적인 지원, 다양한 투자 기회, 그리고 빠른 디지털 전환** 덕분에 방콕은 스타트업들에게 점점 더 매력적인 도시로 부상하고 있다. 방콕은 **안정적인 경제 기반, 높은 소비력, 그리고 아세안 전역으로의 확장 가능성 덕분에 스타트업을 시작하기에 최적의 환경**을 제공한다.

디지털화가 가속화되면서 스타트업에게 새로운 기회를 제공하고 있으며, 풍부한 벤처 자금의 지원은 스타트업들이 성장할 수 있는 튼튼한 토대가 되고 있다. 태국 정부의 강력한 지원은 스타트업들이 성공적인 비즈니스 모델을 실험하고 확장할 수 있는 기반을 마련해 주고 있다. 무엇보다 우수한 의료 및 교육 인프라는 가족 단위로 지내기에도 이상적인 환경을 제공한다. 방콕은 아세안 내 테크 사업 확장을 위한 중요한 거점으로서의 매력을 지니고 있다.

다양한 스타트업 지원 정책

태국 정부는 최근 스타트업 생태계를 육성하기 위해 다각적인 지원을 강화하고 있다. 이는 경제 성장을 촉진하고 방콕을 아세안의 혁신 허브로 자리매김하려는 전략적 접근이다. 정부는 정책과 규제 완화, 외국인 비자 확대, 다양한 인센티브를 통해 스타트업들이 새로운 비즈니스 모델을 실험하고 확장할 수 있는 기반을 마련하고 있다.

2023년에 출범한 10억 바트(약 400억 원) 규모의 **이노베이션 원 펀드 (Innovation One Fund)**[1]는 기술 스타트업과 중소기업 간 연결을 통해 경쟁력을 강화하는 것을 목표로 하며, 각 스타트업에 최대 3,000만 바트(약 12억 원)를 투자한다. 국가혁신청(NIA)은 지난 15년간 3,133개 이상의 혁신 프로젝트에 35억 8천만 바트(약 1,432억 원)를 지원했으며, '**기업 공동 투자(Corporate Co-funding)**' 제도를 통해 초기 단계 스타트업에 최대 1,000만 바트(약 4억 원)를 투자[2]하고 있다. 또한, 태국 투자청(BOI)은 밴처 캐피탈의 투자금과 맞추어 스타트업당 2,000만 바트에서 5,000만 바트 (약 80

---

1   Nongluck Ajanapanya, "Historic' billion baht fund aims to fuse tech startups with SMEs", The Nation, April 28, 2023.

2   Suchit Leesa-nguansuk, "NIA targets startups for global expansion", Bangkok Post, September 3, 2024.

억 원~200억 원)를 투자하는 매칭 펀드를 운영[3]해 12개 목표 산업에서 성장 잠재력이 높은 스타트업을 지원할 예정이다.

태국 정부는 해외 인재와 투자를 유치하기 위해 혁신적인 비자 정책도 도입하고 있다. 2018년에 시행된 **스마트 비자**(SMART Visa)는 과학 기술 분야의 전문가, 고위 경영진, 투자자, 스타트업 기업가에게 최대 4년간 체류를 허용하며, 별도의 취업 허가 없이 일할 수 있는 혜택을 제공한다. 2022년에 도입된 **장기 거주 비자**(LTR Visa)는 고잠재력 외국인에게 최대 10년간 체류를 허용하며, 간소화된 비자 및 취업 허가 절차와 세금 혜택 등을 제공한다. 2024년 6월에는 무비자 체류 기간 연장, 도착 비자 대상국 확대, '**Destination Thailand Visa**(DTV)' 도입 등을 포함한 유연한 비자 정책을 발표해 디지털 노마드와 장기 여행자를 위한 지원을 강화했다.

이러한 정책들은 가시적인 성과를 내고 있다. 태국 투자청(BOI) 데이터에 따르면, 2024년 기준으로 56,000명 이상의 외국인 전문가들이 투자 촉진 프로젝트에 참여[4]하고 있으며, 7,000명 이상이 장기체류비자(Long Term Resident Program, LTR)비자를 신청[5]했으며, 2,300명 이상이 스마트 비자를 소지[6]하고 있다. 이들은 주로 미국, 영국, 중국, 독일, 일본 출신으

---

3   "BOI launches matching fund to boost competitiveness of startups", The Nation, August 1, 2024.

4   Juan Allan, "Thailand's Innovative Visa Program attracts 56,000 High Skill foreigners", Thailand Business News, June 7, 2024.

5   Stephanie Adair, "Thailand Long Term Resident Visa: Boosting Economy, Cultivating Talent", The Nation, April 30, 2024.

6   "Smart Visa Statistics", BOI, https://smart-visa.boi.go.th/smart/pages/statistics.html.

로, 태국의 혁신 생태계에 다양성과 글로벌 경쟁력을 더하고 있다. 또한, 태국 정부는 국제 협력을 통해 스타트업의 글로벌 진출을 지원하고 있으며, 한국, 일본, 홍콩, 스웨덴, 리투아니아 등과의 협력을 통해 다양한 분야에서 시장 진출 기회를 제공하고 있다.

태국 정부의 종합적인 지원 정책은 스타트업 생태계 강화와 글로벌 경쟁력을 갖춘 혁신 기업을 육성하는 것을 목표로 한다. 특히 디지털 기술, 혁신, 연구 개발 분야의 인재 유치에 중점을 두고 있으며, 이를 통해 태국을 아세안 주요 경제 허브로 발전시키려는 비전을 가지고 있다. 이러한 정부 지원책은 태국의 투자 환경을 개선하고 글로벌 인재들에게 매력적인 목적지로 자리매김하는 데 기여할 것으로 기대된다.

가속화 되고 있는 디지털 전환

디지털 전환(Digital Transformation)이 빠르게 이루어지고 있는 점도 눈여겨볼 만하다. 특히 MZ 세대는 가업을 이어받거나 새로운 기업을 창업하며 디지털 전환을 적극 추진하고 있다. 이들의 혁신적인 접근은 스타트업들에게 새로운 기회를 제공하고 있다.

IDC 타일랜드의 2021년 조사[7]에 따르면, **태국 내 92%의 조직이 향후 12개월 내에 클라우드 서비스 사용을 확대할 계획**이라고 응답했다.

---

[7]   Muhammad Zulhusni, "IDC: Cloud businesses see a huge opportunity in the SEA market", TechWireAsia, September 2022.

또한, 태국의 공공 클라우드 서비스 시장은 2040년 18억 달러(약 2.4조원) 규모로 전년 대비 30% 성장[8]할 것으로 예상된다. 이러한 성장세는 태국 정부의 적극적인 디지털 전환 정책 덕분이며, 2023년부터 다양한 분야에서 디지털 전환 가속화 정책이 추진되고 있다.

농업 분야는 태국 GDP의 8% 내외를 차지하고 있으며, 전체 노동 인구의 약 30%가 종사하는 중요한 산업이다. 태국 정부는 현재 연간 소득이 약 25만 바트(약 1,000만 원)인 농업 종사자들의 연간 소득을 2036년까지 39만 바트(약 1,550만 원)로 확대할 계획[9]이다. 이를 위해 IoT 기술을 활용한 스마트 농업이 확산되고 있다. **AI 스마트팜 스타트업 리컬트**(Ricult)는 AI와 위성 이미지를 활용해 농작물의 상태를 모니터링하고, 토양 습도, 기상 변화, 해충 발생 여부 등을 분석해 농작물 수확량을 예측하고 최적의 파종 시기를 제안하는 서비스를 제공하고 있으며, 현재 10만 명 이상의 농부가 이 서비스를 이용하고 있다.

태국 GDP의 약 25%를 차지하는 제조업에서도 디지털 전환이 가속화되고 있다. **'태국 4.0' 정책을 통해 제조업에서도 ICT를 접목한 스마트 제조가 추진되고 있으며, 이는 농업 분야의 스마트 농업 기술 도입과 함께 태국 경제 전반의 경쟁력을 강화하려는 노력의 일환이다.** 특히 자율주행차, 전기차, 인텔리전트 수송 시스템 등 차세대 자동차 산업의 육성에 주력하고 있으며, 이를 통해 제조업의 경쟁력을 크게 향상시키고 있

---

8   "Public cloud spending set to soar", Bangkok Post, June 26, 2024.

9   Apichart Pongsrihadulchai, "Thailand Agricultural Policies and Development Strategies", FFTC-AP (Food and Fertilizer Technology Center for the Asian and Pacific Region), June 18, 2019.

다. **AI 물류 스타트업 기즈틱스(Giztix)**는 AI 기반 물류 플랫폼을 개발하여 물류 공급망 최적화, 실시간 화물 위치 추적, 배송 경로 및 재고 관리 자동화를 지원하는 통합 솔루션을 제공하고 있다. 이 플랫폼은 제조업체의 물류 비용을 20% 이상 절감하고 물류 효율성을 높이며, 현재 1,000개 이상의 기업이 이 서비스를 이용하고 있다.

관광 분야 역시 디지털 전환이 빠르게 이루어지고 있다. 태국 GDP의 약 20%를 차지하고 있는 관광업은 디지털 기술을 활용한 스마트 관광을 진화화고 있다. 태국 정부는 의료 및 웰빙 관광 산업을 육성하고, 스마트 관광 플랫폼을 개발해 관광객의 경험을 개선하고 있다. **트래블테크 스타트업 '트래블리고(Traveligo)'**는 현지 여행의 디지털 전환을 이끌고 있다. 이 플랫폼은 항공권, 호텔 예약, 투어 패키지, 렌터카 등 다양한 여행 서비스를 통합 제공하며, 2023년에는 1,500만 달러(약 200억 원) 규모의 펀딩을 유치했다. 현재 태국과 동남아 주요 관광지에서 활동 중이며, 현지 여행사의 예약과 결제를 디지털화하고 실시간 여행 정보를 제공하여 여행의 편의성을 높였다. 이를 통해 50만 명 이상의 사용자에게 서비스를 제공하며 관광 효율성과 만족도를 높이고 있다.

마지막으로 헬스케어 산업은 디지털 의료 허브로의 진화를 목표로 하고 있다. 태국 정부는 원격 수술 등 첨단 의료 서비스 개발에 집중하고 있다. 생체전자공학 기술을 활용한 의료기기 개발도 활발히 지원하고 있다. **헬스케어 스타트업 닥터 락사(Doctor Raksa)**는 온라인 원격 진료 플랫폼을 운영하고 있으며, 월간 활성 사용자 수가 50만 명을 넘고 있다. 코로나19 기간 동안 400% 이상의 성장률을 기록하며, 태국 헬스케어 분야의 디지털 전환을 이끌고 있다. 이러한 헬스케어 부문의 성장은 관광,

제조업, 농업과 같은 다른 산업 분야와 함께 태국을 동남아시아의 주요 디지털 경제 허브로 발전시키는 데 중요한 역할을 하고 있다.

활발한 펀딩 기회

태국의 스타트업 생태계는 다양한 투자자들의 적극적인 참여로 빠르게 성장하고 있다. 특히 **기업형 벤처 캐피탈(CVC)과 벤처 캐피탈(VC)의 투자 규모와 참여가 해마다 증가하면서 투자 환경이 더욱 다각화되고 있다.** 코로나19 시기에는 투자가 급감했으나, 2023년 이후 빠르게 회복하고 있다. 이는 태국 스타트업 생태계의 성장과 투자자들의 높아진 관심을 반영한다. 이로 인해 스타트업들이 더 많은 자금 조달 기회를 얻고, 혁신적인 아이디어를 실현할 수 있는 기반이 강화되고 있다.

태국 스타트업의 투자 유치 금액은 꾸준히 증가해 왔다. 2012년에는 263만 달러였던 것이, 2017년에는 1억 1,390만 달러로 5년 만에 43배 이상 증가[10]했다. **코로나19로 인해 한때 투자가 감소했으나, 2023년 이후 빠르게 회복하고 있으며, 현재 다양한 산업 분야에서 투자 유치가 활발히 이루어지고 있다.** 특히 **이커머스, 핀테크, 물류, 결제 시스템, 푸드테크, 헬스케어** 등 다양한 분야의 스타트업들이 투자를 유치하며, 이러한 투자는 스타트업 생태계 전반에 혁신적인 비즈니스 모델의 확산을 촉진하고 있다. 또한, 이러한 분야의 성장으로 인해 스타트업들이 새로운 기

---

10   Techsauce Startup Directory, https://startupdirectory.techsauce.co.

술을 도입하고 시장 점유율을 확대하는 기회를 얻고 있다.

기업형 벤처 캐피탈(CVC)의 적극적인 참여는 태국 스타트업 생태계의 중요한 특징이다. 2021년 기준으로 태국에는 17개의 CVC가 활동 중이며, 그 수는 계속해서 증가하고 있다. 태국 최대 통신사 AIS의 AIS The Startup, 석유화학기업 SCG의 애드벤처스(AddVentures), 크룽스리 은행의 피노베이트(Krungsri Finnovate), 카시콘은행의 비콘 벤처 캐피탈(Kasikornbank Beacon Venture Capital) 등 주요 CVC들이 활발히 활동하고 있다. 이들은 단순한 자금 지원을 넘어 기업의 네트워크와 전문성을 스타트업과 공유하며 성장을 가속화하고, 글로벌 시장 확장과 다양한 출구 전략을 지원하고 있다. 이러한 CVC의 참여는 스타트업뿐만 아니라 태국 경제 전반에 긍정적인 영향을 미치고 있다.

태국의 벤처 캐피털 시장도 빠르게 성장하고 있다. **2012년에는 단 1개의 VC만이 태국 스타트업에 투자했지만, 2017년에는 96개로 급증하며 큰 성장을 이루었다. 이러한 투자 증가는 태국의 창업 환경이 매력적이고 가능성이 높다는 것을 보여준다.** 주요 현지 VC로는 500 TukTuks, Ardent Capital, InVent 등이 있으며, 이들은 태국 스타트업 생태계의 성장에 중요한 역할을 하고 있다. 또한, 싱가포르와 인도네시아 등 주변국의 VC들도 태국 시장에 적극적으로 투자하면서 태국 스타트업들이 국제적인 지원을 받을 수 있는 기회를 확대하고, 글로벌 네트워크 형성에도 긍정적인 영향을 미치고 있다. 이러한 국제적 자금의 유입은 스타트업들이 더 넓은 시장에서 경쟁력을 확보하고 성장할 수 있는 중요한 원동력이 되고 있다.

투자자들의 다각화는 스타트업들이 다양한 산업 분야에서 기회를 찾고, 생태계 전반에 긍정적인 영향을 미치는 데 기여하고 있다. 태국 스타트업 생태계는 이제 단순한 빠른 성장에 그치지 않고, 수익성 중심의 지속 가능한 성장을 목표로 하고 있다. 태국의 스타트업들은 명확한 수익성 경로와 경쟁력 있는 비즈니스 모델을 구축하여 장기적인 성공을 추구하고 있으며, 이는 투자자들에게 긍정적인 신호로 작용하고 있다. 이러한 수익성 중심의 접근은 기업들이 안정적으로 성장할 수 있는 기반을 마련하고, 투자 회수 가능성을 높이는 데 중요한 역할을 한다.

M&A와 상장 기회

태국 스타트업 시장은 인수 합병(M&A)과 상장(IPO)을 통해 다양한 엑시트 기회를 제공하고 있다. 스타트업들은 혁신적인 솔루션과 인재를 필요로 하는 기업에 인수되거나, 태국 증권거래소(The Stock Exchange of Thailand)를 통해 IPO를 진행해 자금을 조달할 수 있다. 현재 스타트업의 IPO가 활발하지는 않지만, 향후 몇 년 내에 태국의 유니콘들이 상장하면서 엑시트 기회가 확대될 것으로 기대된다. 이는 태국 스타트업 생태계를 더욱 성숙하게 만들고, 글로벌 투자자들의 관심을 끌 것으로 예상된다.

태국 시장에서 스타트업 인수 합병에 가장 활발한 회사는 라인이다. 라인은 2017년 개발 스타트업 DGM59와 2018년 이커머스 스타트업 셀수키(Sellsuki)를 인수했다. 이어서 라인맨은 2020년 식당 리뷰 스타트업 웡나이와 합병해 배달 서비스와 레스토랑 리뷰를 통합한 강력한 플랫폼으로 성장했다. 2023년에는 레스토랑 POS 스타트업 푸드스토리와 결제 서비스 래빗 라인페이를 인수하며 푸드테크 및 결제 서비스 분야에서 주요 사업자로 자리 잡았다. 이러한 인수와 합병을 통해 라인맨은 태국의 푸드테크 생태계를 선도하고 있다.

라인 외에도 여러 스타트업 인수 합병 사례가 있다. 2023년, 태국 피자헛과 타코벨 운영사인 토레센 타이 에이전시(Thoresen Thai Agencies)는 물류 스타트업 **스쿠타(Skootar)의 지분을 대부분 인수**했다. 2019년에는 디지털 패션 스타트업 포멜로(Pomelo)가 **룩시(Looksi, 구 Zalora Thailand)를 인수**해 룩시의 소셜 미디어 채널과 플랫폼을 통합하며 독립적인 운영을 중단했다. 2017년에는 핀테크 스타트업 OPN(구 오미세)이 온라인 결제 플랫폼 **페이스바이(Paysbuy)를 인수**해 결제 서비스 역량을 강화했다. 2016년에는 **웹 뉴스 포털 사눅(Sanook)**이 중국 기술 기업 텐센트(Tencent)에 49.92%의 지분을 매각하며 글로벌 파트너십을 확대했다. 2015년에는 **부동산 포털 디디 프로퍼티(DD Property)**가 싱가포르 기업 프로퍼티구루(PropertyGuru)에 인수되며 아세안 부동산 시장에서 입지를 강화했다.

태국의 M&A 시장은 코로나19 팬데믹을 거치며 큰 변화를 겪었다. 2019년 태국 M&A 거래 규모는 약 93억 달러(한화 약 12조 3천억 원)에 달했다. 그러나 2020년 초 코로나19의 영향으로 M&A 활동은 급격히 둔화되었고, 2020년 2분기에는 거래 규모가 크게 줄어들어 많은 기업이 불확실한 시장 상황에서 거래를 연기하거나 취소했다. 2022년 1분기에는 오미크론 확산과 원자재 및 에너지 가격 상승으로 인해 투자 규모가 감소했다. **현재 태국 M&A 시장은 회복세를 보이고 있으며, 특히**

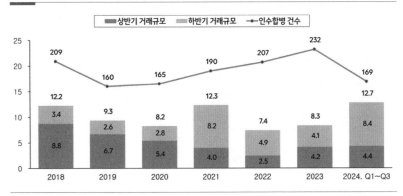

자료: KPMG Thailand

디지털 및 헬스케어 부문에서의 거래 증가가 시장 회복의 신호로 작용했다.

2024년 태국의 M&A 시장은 여전히 활발한 모습을 보이고 있다. 2023년 상반기 42억 달러(약 5조 5천억 원) 규모의 M&A 거래 대비 2024년 상반기에는 거래액이 44억 달러(약 5조 7천억 원)로 증가했다. 2024년의 주요 거래로는 센트럴 그룹(Central Group)이 오스트리아 기반 지주회사인 시그나 프라임 셀렉션 AG(Signa Prime Selection AG)로부터 카데베(KaDeWe) 빌딩을 약 11억 달러(한화 약 1조 4천억 원)에 인수한 건이다. 센트럴 그룹은 이전에 시그나와 함께 독일 내 3개의 고급 백화점을 운영하는 카데베 그룹에 공동 투자했으며, 이번 인수를 통해 시그나가 소유하던 부동산의 지분을 확보했다.

두 번째로 큰 거래는 MUFG 그룹이 어센드 그룹(Ascend Group)에 1억 9천 5백만 달러(한화 약 2,570억 원)를 투자한 건이다. 이러한 추세는 태국 기업들이 국내 시장에 집중하면서도 해외에서도 적극적으로 거래를 추

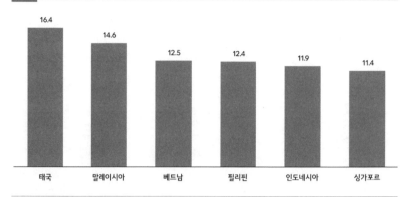

주가수익률(Price-to-Earning Ratio)

태국 16.4
말레이시아 14.6
베트남 12.5
필리핀 12.4
인도네시아 11.9
싱가포르 11.4

※2023년 8월 기준, 각 국가별 주요 증권거래소 기준

자료: BCG

진하고 있음을 보여준다. 또한 자산 관리자와 전략적 투자자들이 저평가된 자산을 인수하려는 기회를 계속해서 모색하고 있음을 시사한다.

2025년 이후에도 태국 M&A 시장은 지속적인 성장이 기대된다. 중소기업과 사모펀드들이 어려운 상황에서 벗어나기 위해 인수 기회를 더 많이 창출하려는 경향이 강해지면서 M&A 활동이 더욱 활발해질 것으로 보인다. 태국 중앙은행이 금리를 인하하고 경제 환경이 안정화된다면 기업들은 더욱 공격적인 인수 전략을 펼칠 수 있을 것이다. 특히 디지털 기술 분야의 혁신은 새로운 투자 기회를 제공할 것으로 예상되며, 이는 태국이 아세안 지역에서 중요한 M&A 허브로 자리잡는 데 기여할 것이다. 이러한 변화는 태국 경제의 회복력과 기업들의 전략적 민첩성을 더욱 강화할 것이다.

상장(IPO)은 창업자가 경영권을 유지하면서 외부 자금을 유치할 수 있는 중요한 엑시트 방법이다. 태국 증권거래소(SET)는 다른 아세안 국가들과 비교했을 때 높은 기업 가치와 활발한 거래량을 자랑한다. **보스**

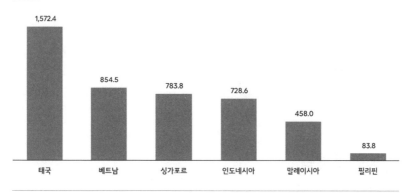

※2023년 8월 기준, 각 국가별 주요 증권거래소 기준   자료: BCG

턴 컨설팅 그룹의 분석[11]에 따르면, 2023년 8월 기준 평균 주가수익비율 (PE)은 **16.41배로, 말레이시아**(14.61), **베트남**(12.54), **인도네시아**(11.93)**보다 높다.** 또한, 30거래일 평균 거래액이 약 15억 7천만 달러(한화 약 2조 850억 원)로, 베트남의 약 8억 5천만 달러(한화 약 1조 1,300억 원)보다 높은 수준이다. 이는 투자자들에게 높은 유동성을 제공하며, 태국을 매력적인 투자처로 만든다.

    태국에는 중소기업을 대상으로 한 대체 투자 시장인 MAI(Market for Alternative Investment)도 있다. MAI는 한국의 코스닥과 유사한 시장으로, 태국 증권거래소의 상장 기준을 충족하지 못하는 소규모 기업들에게 자금 조달 기회를 제공한다. 중소기업과 스타트업을 위한 이 증권 거래소는 상장 조건이 비교적 유연하다. 상장을 원하는 기업은 최소 자본금 요

---

11   Benjamin Fingerle, Hanno Stegmann, Wing Vasiksiri, and Johannes von Rohr, "Firming up Thailand's startup ecosystem", Boston Consulting Group, December 2023.

건이 없지만, 사업 운영에 충분한 자본이 필요하며, 외국 기업의 경우 등록 자본의 51% 이상을 태국 국적 주주가 보유해야 한다. 2019년에는 한국계 건축 설계 및 시공업체인 카즈(CAZ)가 MAI에 성공적으로 상장한 사례가 있다.

방콕의 매력

방콕은 스타트업 창업에 매력적인 도시로, 아세안 지역에서 여러 두드러진 장점을 갖추고 있다. 방콕은 아세안 소비 테스트베드 역할을 하며, 살기 좋은 환경, 뛰어난 접근성, 비용 효율성, 그리고 숙련된 인재 풀을 바탕으로 스타트업 창업에 최적의 조건을 제공한다. 이러한 요소들은 방콕이 아세안 지역에서 창업과 확장을 위한 최적의 출발점임을 입증한다.

방콕은 아세안 소비 시장의 중심이다. 태국의 수도이자 가장 큰 도시인 방콕은 약 1,000만 명의 인구를 가진 거대한 소비 시장이다. 방콕에서의 성공은 태국 전체 7,000만 인구뿐만 아니라 인근의 다른 아세안 소비 시장으로 확대하기에도 용이하다. 글로벌 소비재 회사인 네슬레(Nestlé)와 유니레버(Unilever)가 방콕을 테스트베드로 활용하고 있는 대표적인 소비재 회사이다.

네슬레는 방콕에 네슬레 인도차이나(Nestlé Indochina) 지역 본부를 두고 있으며, 다양한 제품을 테스트하고 있다. 네슬레는 태국 내 7개의 공장을 운영하며, 인근 국가인 미얀마, 캄보디아, 라오스로 수출을 통해 방콕에서 성공적으로 테스트한 결과를 바탕으로 아세안 시장으로 확장하고 있다. 방콕의 소비자 반응을 기반으로 제품을 개선하고 마케팅 전략을 조정하여 아세안 시장으로 확대를 추진하고 있다.

유니레버(Unilever) 또한 방콕을 테스트 베드로 활용하여 다양한 소비자 제품을 시장에 성공적으로 도입한 사례가 있다. 예를 들어, 브리즈 엑셀(Breeze Excel)이라는 세탁 세제를 홍보하기 위해 진행한 'Torture Test' 캠페인은 주목할 만하다. 이 캠페인은 방콕 소비자들에게 오염된 티셔츠를 박스를 보내고, 박스를 열면 "한 번의 세탁으로 얼룩을 제거할 수 있는 자신감"이라는 태그라인이 적혀 있어 소비자들이 직접 제품을 사용해 보도록 유도했습니다.

이 혁신적인 마케팅 전략은 소비자 반응을 실시간으로 확인할 수 있는 기회를 제공하며, 이를 통해 유니레버는 판매량을 증가시키고 브랜드 인지도를 높이는 데 성공했다. 이 캠페인은 Cannes Lions에서 금상을 수상하기도 했으며, 방콕이 글로벌 브랜드들이 제품을 테스트하고 시장에 진입하기 위한 이상적인 장소임을 보여준다.

유니레버는 방콕에서의 성공적인 테스트 결과를 바탕으로 아세안 시장 전역으로의 확장을 도모하고 있다. 방콕은 다양한 문화와 소비자 행동이 혼합된 도시로, 이러한 특성은 유니레버가 새로운 제품과 마케팅 전략을 시험하는 데 매우 유리하다. 방콕에서 얻은 데이터와 인사이트는 아시아 다른 국가로의 진출 시 중요한 참고 자료로 활용되고 있다.

둘째, **방콕은 살기 좋은 도시로 평가받고 있다.** 방콕은 물가 수준, 안전성, 생활의 질 등 다양한 지표에서 아세안 다른 지역과 비교할 때 우수한 조건을 갖추고 있으며, 이는 방콕이 창업과 거주에 매력적인 도시임을 의미한다.

방콕은 생활비가 적정한 수준으로 유지되어 있어 살기 좋은 도시로 평가된다. 방콕은 서울에 비해 훨씬 저렴한 생활비를 제공하며, 아세안의 다른 주요 도시들과 비교했을 때에도 적정한 수준의 생활비를 유지하고 있어 생활의 질과 비용의 균형이 잘 맞는 도시이다.

리빙코스트(LivingCost)의 분석[12]에 따르면, 방콕의 전체 생활비는 서울에 비해 약 32% 저렴하며, 특히 임대료는 34.4%, 외식 비용은 35.8% 더 저렴하다. 예를 들어, 방콕에서 저렴한 식당에서의 식사 비용은 약 105.5 바트(약 4,352원)로, 서울의 평균 11,000원에 비해 매우 경제적이다. 주거 비용 또한 방콕의 도심 내 1베드룸 아파트 평균 임대료가 약 19,366 바트(약 80만 원)로, 서울의 평균 125만 원과 비교했을 때 큰 차이를 보인다.

방콕은 다른 아세안 국가들의 수도들과 비교했을 때도 여전히 합리적인 생활비를 제공한다. 쿠알라룸푸르, 자카르타, 하노이와 비교했을 때 방콕의 생활비가 다소 높지만, 방콕이 제공하는 생활의 질과 다양한 편의 시설은 이러한 비용 차이를 상쇄한다.

또한, **방콕은 다른 아세안 주요 수도들과 비교해도 상대적으로 안전한 도시이다.** 넘비오(Numbeo)의 2024년 분석[13]에 따르면, 방콕의 범죄지수는 39.8로, 마닐라(64.7), 쿠알라룸푸르(61.8), 자카르타(52.7), 호치민시(51.9)보다 낮다. 이는 방콕이 다른 도시들에 비해 비교적 안전하다

---

12   "Bangkok vs Seoul – Cost of Living Comparison", Livingcost, October 10, 2024.

13   "Asia: Crime Index by City 2024", Numbeo, https://www.numbeo.com/crime/region_rankings.jsp?region=142&title=2024.

는 것을 보여준다.

방콕에서 폭력 사건은 드물다. 특별한 도발 없이 일어나는 폭력은 더욱 희귀하다. 방콕의 주민들은 갈등 상황에서도 서로 돕는 성향을 가지고 있다. 이러한 공동체 정신과 활기찬 문화는 방콕을 방문객에게도 따뜻하고 안전한 도시로 느끼게 한다. 환영하는 분위기와 편리한 인프라는 일상의 작은 순간에도 방문객들이 안전하게 문화를 즐길 수 있도록 돕는다. 방콕은 그 활기와 따뜻함으로 모두에게 긍정적인 인상을 남기는 도시이다.

또한, **방콕은 다양한 국제학교와 높은 수준의 의료 시설을 갖추고 있어 매력적인 선택지로 평가된다.** 방콕의 국제학교들은 다양한 커리큘럼과 높은 교육 수준을 제공하며, 아세안 국가들 중에서도 두각을 나타내고 있다. 대표적인 학교로는 방콕 방콕파타나국제학교(Bangkok Patana School), NIST국제학교, 방콕 국제학교(International School Bangkok, ISB) 등이 있으며, 영국식, 미국식, 국제 바칼로레아 프로그램을 운영하고 있다. 특히 ISB는 세계적으로 인정받는 교육 프로그램과 우수한 시설을 자랑한다. 방콕의 국제학교들은 학비가 높지만, 교육의 질과 다양한 과외 활동 덕분에 많은 외국인 가족들에게 인기가 많다.

방콕의 의료 수준도 아세안 국가들 중에서 높은 편에 속한다. 방콕에는 JCI(Joint Commission International) 인증을 받은 병원이 20개 이상 있으며, 이는 태국이 의료 관광의 중심지로 주목받는 이유 중 하나이다. 예를 들어, 시라랏병원(Siriraj Hospital)은 130년 이상의 역사를 지닌 태국에서 가장 오래된 병원으로, 최첨단 의료 장비와 다양한 전문 진료 센터를 통해 국내외 환자들에게 신뢰받는 의료 서비스를 제공하고 있다. 반면, 필리핀의 마닐라와 인도네시아의 자카르타는 의료 인프라와 접근성에서 상대적으로 부족한 평가를 받고 있다. 이러한 점에서 방콕은 아세안 지역 내에서 의료 서비스 품질이 우수한 도시로 자리 잡고 있다.

방콕은 아세안 시장의 중심지로서 전략적인 위치와 뛰어난 교통 인프라를 갖추고 있어 **인접 국가로의 확장이 용이**하다. 방콕은 세계 여러 주요 도시와의 항공 접근성이 우수하며, 편리한 물류 인프라를 통해 기업들이 초기부터 아세안 시장에 진출할 수 있는 기반을 제공한다. 이러한 교통 및 물류 환경은 아세안 국가로의 비즈니스 확장을 고려하는 기업들에게 큰 장점이다.

방콕은 세계적인 관광지로서 매년 수백만 명의 방문객을 유치하고 있다. 이는 트래블테크 산업을 포함한 관광 관련 기술 스타트업, 숙박, 체험 서비스 분야에서 창업 기회를 제공하며, 방콕의 경제적 매력을 높이고 있다. 관광업의 성장과 다양한 문화적 배경은 창업자들이 글로벌 시장 접근성을 확보하고 현지 및 국제적 네트워크를 확장하는 데 유리한 환경을 제공한다.

방콕은 다양한 문화가 융합된 도시로서 외국인 창업자들에게 우호적인 환경을 조성하고 있다. 특히, 관광객을 대상으로 한 글로벌 시장 접근성은 우수하여 국제적인 비즈니스 기회를 창출할 수 있는 좋은 기반을 제공한다. 이러한 특징들은 방콕이 아세안 지역에서 창업과 비즈니스 확장을 고려하는 기업들에게 매우 매력적인 도시임을 보여준다.

마지막으로 **방콕은 고용 비용 측면에서도 매우 유리하다.** 방콕은 아세안 국가들과 비교했을 때 고용 비용 측면에서 창업에 매우 유리한 도시이다. 방콕의 평균 월 임금은 약 25,000 바트(약 720달러)로, 아세안 주요 국가들의 수도와 비교해 경쟁력이 있다. 예를 들어, 말레이시아 쿠알라룸푸르의 평균 월 임금은 약 1,200달러이며, 싱가포르는 4,500달러에 달한다. 이러한 임금 차이는 방콕이 창업자들에게 인건비 부담을 줄이면서도 우수한 인재를 고용할 수 있는 매력적인 도시임을 보여준다.

특히 초기 자본이 제한된 스타트업에게 낮은 고용 비용은 중요한 요소이다. 방콕은 다양한 인재풀을 보유하고 있어 기술 분야부터 서비스업까지 다양한 산업에서 인력을 쉽게 확보할 수 있다. 이러한 환경은 방콕을 아세안 지역 내 창업과 비즈니스 확장을 위한 이상적인 도시로 만든다.

◆

이제 방콕은 단순한 관광지 이상의 가치를 지니고 있다. **방콕은 아세안 지역의 디지털 혁신 허브로 자리 잡으며, 스타트업 생태계의 중심지로 급부상하고 있다.** 정부의 강력한 지원 정책, 빠르게 진전되고 있는 디지털 전환, 풍부한 벤처 자금, 다양한 엑시트 기회, 그리고 전략적 위치로 인해 방콕은 스타트업이 성공할 수 있는 최적의 조건을 갖추고 있다. 이러한 요소들은 방콕을 혁신과 성장을 꿈꾸는 창업자들에게 필수적인 장소로 만들어주고 있다.

지금이야말로 방콕에 주목하고, 미래를 위한 발걸음을 내디딜 때이다. 방콕에서의 도전이 아세안 전체로의 확장과 성장을 위한 발판이 될 수 있다.

치앙마이와 푸켓, 그리고 디지털 밸리

방콕 외의 태국에서 일과 삶의 균형을 찾고 새로운 모험을 꿈꾼다면, 치앙마이, 푸켓, 그리고 디지털 밸리 타일랜드가 바로 당신을 위한 곳이다. 이 세 도시는 창업자와 디지털 노마드들에게 자유롭고 높은 삶의 질을 동시에 제공하는 매력적인 목적지이다. 각기 다른 매력을 지닌 이들 도시는 태국의 새로운 디지털 혁신과 자유로운 생활을 체험할 수 있는 기회를 선사한다.

치앙마이는 태국의 문화와 전통이 살아 숨 쉬는 북부의 중심지로, 저렴한 생활비와 활기찬 디지털 커뮤니티가 결합된 안정적이고 창의적인 생활 환경을 제공한다. 반면, 푸켓은 열대의 아름다움과 해변의 여유를 갖춘 남부의 낙원으로, 일하면서도 마치 매일이 휴가인 듯한 느낌을 준다. 디지털 밸리 타일랜드는 첨단 기술의 중심지로, 미래를 꿈꾸는 창업자들에게 완벽한 환경을 제공한다. 이 세 도시는 창업자와 디지털 노마드들에게 있어 꿈의 라이프스타일을 실현할 수 있는 최적의 목적지이다.

치앙마이와 푸켓

치앙마이와 푸켓은 디지털 노마드들의 천국이다. 이 두 도시는 각기 다른 매력으로 전 세계 원격 근무자들을 끌어들이고 있다. 치앙마이는 문화와 전통이 살아 숨 쉬는 북부의 중심지이며, 푸켓은 에메랄드빛 해변이 펼쳐진 남부의 낙원이다. 두 도시 모두 디지털 노마드들이 꿈꾸는 이상적인 환경을 제공한다.

치앙마이는 태국 북부의 문화 중심지로서, 저렴한 생활비와 풍부한 문화 유산이 결합된 매력을 지니고 있다. 이 도시는 약 5,000명의 디지털 노마드들이 활동하는 세계 10대 디지털 노마드 도시 중 하나이다. 치앙마이의 매력은 단순한 비용 절감을 넘어선다. 이곳에서는 100개 이상의 불교 사원과 활기찬 야시장, 그리고 울창한 산악 지대를 경험하며 일과 삶의 완벽한 균형을 찾을 수 있다.

이 도시의 코워킹 스페이스 문화도 그야말로 세계적이다. Punspace, CAMP, Alt_ChiangMai 같은 다양한 공간들은 고속 인터넷, 회의실, 커뮤니티 이벤트를 제공한다. 이러한 공간들은 단순한 작업 공간을 넘어 글로벌 네트워킹의 허브 역할을 한다. 매주 열리는 SEO, 디지털 마케팅, 소프트웨어 개발 관련 밋업은 지식 공유와 협업의 장이 된다. 그리고 이 모든 것이 월 20만 원 내외의 합리적인 가격에 가능하니, 경제적 부담은 거의 없는 셈이다.

이와 함께, 치앙마이에서의 생활비는 놀랍도록 저렴하다. 월 평균 약 100만 원 정도이다. 이처럼 저렴한 생활비 덕분에 디지털 노마드들은 더 적은 수입으로도 높은 삶의 질을 누릴 수 있다. 게다가 치앙마이는 태국에서 가장 안전한 도시 중 하나로 꼽힌다. 안전하고 편안한 환경은 장기 체류를 계획하는 디지털 노마드들에게 매력적이다.

또한, 태국 정부는 2024년 7월부터 디지털 노마드를 위한 '데스티네이션 태국 비자(DTV)'를 시행했다. 이 비자는 한국인을 포함한 전 세계 디지털 노마드들에게 최대 1년간 태국에서 머물며 원격으로 일할 수 있는 기회를 제공한다. 10,000바트(약 40만 원)의 수수료로 신청할 수 있으며, 5년 유효한 복수 입국 비자로 180일 체류 후 추가로 180일 연장이 가능하다. 이 비자는 치앙마이를 포함한 태국의 아름다운 환경에서 장기 체류하며 일할 수 있는 혜택을 누리게 한다.

이와 더불어, 치앙마이의 스마트 시티 프로젝트는 그야말로 흥미진진하다. 이 프로젝트는 치앙마이가 미래 지향적인 도시로 변모하는 데 핵심적인 역할을 하고 있다. 이 프로젝트는 스마트 환경, 스마트 에너지, 스마트 경제, 스마트 모빌리티, 스마트 피플, 스마트 리빙, 스마트 거버넌스 등 7대 핵심 분야를 중심으로 진행되고 있다. 특히 치앙마이 대학교에서 진행하는 스마트 시티 클린 에너지 프로젝트는 12MW 용량의 태양광 발전 시스템을 설치하여 도시의 지속 가능성을 높이고 있다. 이를 통해 치앙마이는 친환경적이고 효율적인 도시로 거듭나고 있으며, 블록체인, 인공지능(AI), 사물인터넷(IoT), 차량-그리드(V2G) 기술을 활용해 에너지 관리의 효율성을 더욱 높이고 있다.

이뿐만 아니라, 치앙마이는 창업가들에게도 천국이다. 태국 정부의 전폭적인 지원을 받으며 동남아시아의 주요 스타트업 허브로 성장하고 있는 이 도시는 매년 열리는 Startup Thailand 행사로 수천 명의 기업가와 투자자들을 불러모은다. 이 행사는 스타트업들이 자신의 아이디어를 발표하고, 투자자들과의 네트워킹 기회를 가지며, 글로벌 시장으로 진출할 수 있는 발판을 마련해 준다. 농업 기술, 헬스케어, 교육 분야에서 두각을 나타내고 있는 스타트업 생태계는 디지털 노마드들에게도 새로운 비즈니스 기회를 제공하고, 다양한 산업에서 혁신을 추구하는 이들에게 매우 매력적인 환경을 제공한다.

반면에, 푸켓은 태국 최대의 섬으로, 30개의 아름다운 해변과 연중 따뜻한 날씨를 자랑한다. 이곳은 단순한 휴양지가 아니라, 디지털 노마드들에게 완벽한 작업 환경을 제공한다. 해변가 카페에서 노트북을 펴고 일하면서 에메랄드빛 바다를 감상할 수 있는 경험은 푸켓만의 매력이다. 뿐만 아니라 다양한 해양 활동, 골프 코스, 인근 섬으로의 당일 여행은 푸켓의 여가 시간을 더욱 특별하게 만든다.

푸켓 역시 코워킹 문화 면에서 치앙마이에 뒤지지 않는다. Let's Work Coworking Space와 같은 공간들은 고품질 시설을 합리적인 가격에 제공한다. 특히 많은 코워킹 스페이스가 리조트나 해변과 가까워 일과 휴식을 동시에 즐길 수 있다는 점이 매력적이다. 푸켓의 코워킹 공간들은 종종 피트니스 시설이나 수영장도 함께 제공하여 디지털 노마드들의 건강한 라이프스타일을 지원한다.

푸켓은 치앙마이에 비해 생활비가 다소 높지만, 여전히 서구의 대도시에 비하면 매우 저렴하다. 월 평균 생활비는 약 130만~200만 원 정도로, 고급 리조트와 해변 근처 숙소, 다양한 레저 활동을 즐기는 데 충분한 금액이다. 높은 생활 수준과 풍부한 여가 활동을 고려하면 이는 매우 합리적인 비용이다.

그러나 푸켓의 매력은 여기서 끝나지 않는다. '블루 존' 프로젝트는 푸켓을 세계에서 가장 건강한 장수 지역 중 하나로 만들기 위한 계획이다. 또 다른 흥미로운 점은 푸켓의 '스마트 관광' 이니셔티브로, AI와 빅데이터를 활용해 관광객들에게 개인화된 경험을 제공하는 것을 목표로 한다.

푸켓 또한 스마트 시티 프로젝트를 야심차게 진행하고 있다. 태국 정부로부터 1억 바트(약 37억 원)의 예산을 배정받아 추진 중인 이 프로젝트는 1,000개의 무료 Wi-Fi 핫스팟 설치, 실시간 교통 신호 장치 도입, 범죄 및 화재 예방을 위한 CCTV 설치 등 다양한 계획을 포함하고 있다. 이를 통해 푸켓은 관광객과 주민들의 삶의 질을 크게 향상시키고 있다.

푸켓은 해양 보존과 지속 가능한 관광에도 큰 관심을 기울이고 있다. 'Go Green' 캠페인을 통해 플라스틱 사용을 줄이고 해변 청소 활동을 정기적으로 실시하고 있다. 이러한 노력은 푸켓의 아름다운 자연환경을 보존하는 데 큰 도움이 되고 있으며, 환경에 관심 있는 디지털 노마드들에게 큰 호응을 얻고 있다.

치앙마이와 푸켓은 각각의 매력으로 디지털 노마드들을 매료시키고 있다. 치앙마이는 문화적 깊이와 저렴한 생활비로, 푸켓은 열대의 아름다움과 활기찬 라이프스타일로 사람들을 끌어들인다. 두 도시 모두 빠르게 발전하는 디지털 인프라와 스마트 시티 프로젝트를 통해, 일과 삶의 균형을 추구하는 현대의 디지털 유목민들에게 이상적인 목적지가 되고 있다. 이 두 도시는 단순한 관광지를 넘어 글로벌 인재들의 창의적인 허브로 진화하고 있으며, 앞으로도 계속해서 발전하며 디지털 노마드들의 천국으로 자리매김할 것이다.

디지털 밸리 타일랜드

2024년 6월, 태국 촌부리 주에 혁신의 새 역사가 시작됐다. **AIS Evolution Experience Center(AIS EEC)가 공식적으로 문을 열며 태국의 디지털 혁명에 새로운 동력을 불어넣었다.** 통신사 AIS는 이번 프로젝트에 대규모 투자를 단행하며, 자사의 5G 기술 선두 주자로서의 입지를 더욱 확고히 하고자 했다. 단순한 기술 개발을 넘어, 디지털 생태계를 조성해 태국 경제의 장기적 성장을 이끄는 심장부로 자리 잡겠다는 목표가 담겨 있다.

방콕 중심 시암역에서 디지털 밸리까지의 여정은 태국의 현재에서 미래로의 여행을 상징한다. 약 100km 떨어진 촌부리 주 스리라차 지구까지 자동차로 1시간 30분가량 소요되며, 동부경제회랑(EEC)의 핵심 지역에 위치해 있다. 번화한 도심을 지나 방콕-촌부리 고속도로를 따라가면, 점차 현대적 건축물과 첨단 산업단지가 모습을 드러낸다. 그리고 마지막 커브를 돌면 태국의 실리콘 밸리로 불리는 디지털 밸리 타일랜드가 눈앞에 펼쳐진다.

디지털 밸리 타일랜드는 혁신의 중심지로, 미래 도시를 연상케 한다. 유리와 철골로 구성된 현대적인 건축물이 하늘로 솟아있으며, 녹색 공간이 조화를 이뤄 쾌적한 환경을 제공한다. 디지털 스타트업 지식 교류 센터를 중심으로, 디지털 혁신 센터, 디지털 에듀테인먼트 콤플렉스 등 다섯 개의 주요 건물이 배치되어 있다. 산책로를 따라 걸으며 곳곳에서 펼쳐지는 첨단 기술 시연과 스타트업들의 열띤 논의를 엿볼 수 있다. 밤에는 LED 조명으로 물들어 살아 숨 쉬는 듯한 도시의 모습을 선사한다.

2019년에 시작된 이 프로젝트는 2025년 완공을 목표로 하고 있으며, 총 40억 바트(약 1,400억 원)의 예산이 투입됐다. 디지털 경제 진흥청(Depa)이 주도하는 이 프로젝트는 태국을 동남아시아 디지털 혁신 허브로 자리 잡게 하려는 국가적 야망을 담고 있다. 이는 태국의 디지털 산업을 판교처럼 성장시키려는 계획의 일환이다. 디지털 밸리 타일랜드는 태국 버전의 실리콘 밸리로, 기술과 창업, 글로벌 기업과 지역 스타트업이 융합하는 중심지로 키우고자 한다.

프로젝트에는 다양한 글로벌 기업들이 참여해 태국의 디지털 생태계를 강화하고 있다. AIS는 5G 네트워크와 디지털 플랫폼을 제공하며, 화웨이는 AI 및 클라우드 개발 센터 설립을 계획 중이다. Gulf, Singtel, AIS의 협력으로 구축될 GSA 데이터센터와 오라클 클라우드의 참여는 이 프로젝트의 기술적 깊이를 더하고 있다. 각 기업은 자사의 전문성을 발휘하며 시너지를 창출하고, 디지털 밸리의 경쟁력을 높이는 데 기여하고 있다.

태국 정부는 이번 프로젝트를 통해 디지털 콘텐츠, 애니메이션, 게임, e스포츠 등 여러 산업이 융합된 생태계를 만들어 국가 경쟁력을 강화하고자 한다. 디지털 밸리는 단순히 기술 혁신의 공간을 넘어, 수출 증대와 디지털화를 통해 태국 경제의 새로운 성장 동력이 될 것으로 기대를 모으고 있다. 2025년까지 약 2만 개 이상의 디지털 일자리 창출이라는 목표도 설정돼 있다.

디지털 밸리의 핵심은 인재 양성이다. AIS EEC는 5G 기술 교육의 중심지로, 태국 전역에서 유망 인재를 끌어들인다. 화웨이의 AI 및 클라우드 개발 센터는 실질적인 첨단 기술 교육을 제공하며, 디지털 스타트업 지식 교류 센터는 창업자들에게 네트워킹과 협력의 기회를 제공한다. 이러한 프로그램은 태국의 인재 풀을 확대하고, 글로벌 경쟁력을 갖춘 전문가를 배출하는 데 중요한 역할을 한다.

디지털 밸리의 또 다른 특징은 개방성과 협력이다. 글로벌 기업뿐 아니라 태국 내 중소기업과 스타트업 모두 이 생태계에서 함께 성장할 기회를 갖는다. 정부와 민간, 학계와 산업계 간의 긴밀한 협력은 이 프로젝트의 가장 큰 강점 중 하나다. 이러한 상호작용은 혁신 속도를 높이고, 글로벌 디지털 경제에서 태국의 경쟁력을 크게 향상시킬 것이다.

디지털 밸리는 단순한 산업 단지를 넘어, 창업자들의 꿈을 현실로 만드는 공간이 될 것이다. 풍부한 네트워킹 기회와 첨단 인프라는 이곳이 아세안 지역에서 가장 매력적인 디지털 허브로 자리 잡게 하고 있다. 디지털 경제의 심장부에서 창업자는 혁신을 주도하는 주역으로 성장할 수 있다. 최첨단 기술, 글로벌 협력, 정부의 전폭적인 지원 아래, 이곳은 동남아시아의 디지털 혁신을 이끄는 중심지로 자리 잡고 있다. 마치 한국의 판교와 같이 지역 경제와 기술 산업의 허브로 성장하며, 디지털 경제의 새로운 패러다임을 창출할 것으로 기대되고 있다.

11

타일랜드 4.0을 선도하는
5대 투자 테마

태국 스타트업 시장은 현재 투자자들에게 매우 매력적인 시기이다. 코로나19 이후 태국의 스타트업 생태계는 빠르게 안정화되었으며, 태국 정부는 디지털 전환에 박차를 가하고 있다. 정부의 강력한 지원과 산업 변화는 스타트업 생태계에 유리한 환경을 조성하고 있으며, 이는 태국이 아세안의 테크 허브로 자리 잡는 데 중요한 역할을 하고 있다.

이러한 배경 속에서, 태국의 디지털 전환과 지속 가능한 성장이 예상되는 미래 핵심 투자 분야로 **핀테크, 물류, B2B 마켓플레이스, 헬스케어, 딥테크** 등 다섯 가지 테마를 제안한다. 이들 분야는 혁신과 경제적 기회를 창출함으로써 태국의 발전을 가속화할 것이다.

해당 테마를 선택한 이유는 태국 정부의 디지털 전환과 스마트 기술 도입을 위한 강력한 정책과 지원, 그리고 기후 변화 대응의 시급성 때문이다.

먼저 태국 정부의 '타일랜드 4.0' 정책은 디지털 경제 전환을 위해 금융 인프라 개선을 주요 목표로 하고 있다. 디지털 결제 시스템 확대, 핀테크 스타트업 육성, 오픈 뱅킹 추진, 디지털 가상 은행 도입, 데이터 활용 확대, 현금 사용 감소 등을 통해 금융 서비스의 효율성을 높이고 혁신을 촉진하고 있다. 이러한 노력은 금융 환경을 현대화하고 경제 전반에 걸쳐 새로운 비즈니스 기회를 창출하는 데 기여하고 있다.

디지털 전환이 가속화되면서 이커머스가 더욱 발전하게 되고, 이에 따라 신속하고 정확한 배송 서비스에 대한 고객들의 니즈는 지속적으로 증가할 것이다. 이러한 변화는 물류 인프라의 혁신을 요구하며, 스마트 물류 시스템 및 자동화된 창고 관리 기술의 도입이 필수적이 될 것이다. 더 나아가, 효율적인 배송 네트워크 구축과 데이터 분석을 통한 최적의 배송 경로 설정이 중요해지고 있으며, 이를 통해 고객 만족도를 높이는 동시에 운영 비용을 절감할 수 있을 것이다.

또한, 제조업과 농업 분야에서 저출산과 고령화로 인한 노동력 감소 문제를 해결하기 위해서는 스마트 기술 도입이 필수적이다. 제조업과 농업은 태국 GDP에서 각각 약 25%와 8%를 차지하고 있다. 하지만 노동 가능 인구 중 농업이 차지하는 비중은 약 30%로, 천만 명 넘는 노동자가 농업에 종사하고 있다. 따라서 AI 기반 스마트 기술 도입은 노동력 부족 문제를 해결하고 생산성을 높이며, 비용 절감을 통해 국가 전반의 경제적 경쟁력을 크게 강화할 수 있다.

마지막으로, 기후 변화는 태국에 빈번한 홍수와 가뭄, 농업 생산성 감소 등의 문제를 초래하고 있다. 기후 변화로 인해 태국은 전례없는 가뭄을 겪고 있다. 이러한 이상 기후는 농업에 직접적인 영향을 미쳐 주요 농작물인 쌀의 생산량이 10~40% 이상 감소할 가능성[14]이 높다. 태국의 물 부족 문제는 점점 더 심각해지고 있다. 세계은행에 따르면, 기후 변화로 인한 홍수와 가뭄이 계속되면 2050년까지 태국의 GDP가 최대 15% 감소할 수 있다고 경고[15]하고 있다. 이러한 위기 속에서 재생 에너지, 탄소 배출 감소, 지속 가능한 농업 기술을 개발하는 AI 기반 딥테크 스타트업들은 태국과 아세안 지역에서 매우 중요한 역할을 맡게 될 것이다. 딥테크 분야에 대한 투자는 지속 가능한 미래를 보장하는 동시에 높은 수익을 기대할 수 있는 기회를 제공할 것이다.

핀테크

태국의 핀테크 시장은 디지털 결제를 중심으로 성장해 왔다. 트루머니와 Opn은 태국 소비자들의 결제 요구를 충족하며 빠르게 성장해 유니콘 기업으로 자리 잡았다. 트루머니는 간편한 디지털 결제 솔루션을 제공해 일상적인 결제를 더 편리하게 만들었고, Opn은 소매업체와 온라인 비즈니스의 결제 과정을 간소화하여 시장 점유율을 확대했다. 태국 정부도 디지털 결제의 발전을 선도했다. 태국 중앙은행이 도입한 프롬프트페이(PromptPay)는 빠르고 안전한 결제 수단을 제공하여 현금 사용을 줄이고 디지털 결제의 확산을 촉진했다.

---

14 Apinya Wipatayotin, "Climate change 'threatens food security'", Bangkok Post, May 6, 2024.

15 Richard Friend and Pakamas Thinphanga, "Tackling Thailand's water problems", Bangkok Post, August 5, 2023.

No.	스타트업	설립	서비스	설명	투자연도	투자단계	투자금액	주요 투자자
1	Abacus Digital	2017	디지털 대출	MoneyThunder 플랫폼을 태국에서 250만 명의 대출 소외 계층에 서비스를 제공하는 것을 목표로 함. 2천만 회 이상의 앱 다운로드를 기록했으며, AI와 머신러닝 기반 대출 심사 진행 중임	2021 2022	Series A Series B	$12M $20M	Openspace, Vertex Vertex
2	Monix	2020	디지털 대출	SCB와 중국 Abakus 그룹의 합작법인이며, FINNIX 앱을 통한 AI 기반 대출 플랫폼으로 저신용자 대출 서비스를 제공 중임. 65만 명 이상의 사용자에게 약 4억 5,800만 달러의 대출을 진행함	2020 2023	Series A Series B	비공개 $20M	SCBX, Abakus SCBX, Lombard Asia
3	Sunday	2017	인슈어테크	160만 명 고객과 9만 개의 기업 고객 대상으로 건강보험, 상해보험, 자동차보험 등을 제공 중임. |AI 기반의 원격 진료와 사전 진단을 통해 개인화된 서비스를 지원 중임	2019 2020 2021	Series A Series A Series B	$11M $9M $45M	Quona, Vertex SCB 10X, Vertex, 라인벤처스 Tencent, Z 벤처 캐피탈
4	Rabbit Care	2013	인슈어테크	보험 및 금융 상품 비교 플랫폼으로, 자동차, 건강, 생명 보험 상품을 태국 및 베트남, 말레이시아 등 4백만 명 이상의 고객에게 제공 중임. 보험 프리미엄 총액이 30억 바트(약 1,000억 원)를 초과하고 있음	2015 2020 2022	Series A Series B Series C	$10M $15M $23M	VGI 삼성 생명, 한국투자파트너스 Winter Capital, VGI
5	Finnomena	2016	디지털 투자 및 자산 관리	60만명 투자자 대상 약 30억 바트(약 1,200억 원) 자산을 관리하고 있으며, 뮤추얼펀드, 주식 등 다양한 투자 종목 정보와 전략을 제시하고, 포트폴리오 설계 및 관리 도구를 제공 중임	2016 2017 2020 2023	Seed Series A Series B Series B+	비공개 $3.2M $10M $5.5M	500 TukTuks Benchachinda Openspace, Gobi Openspace, Gobi

자료: tracxn, 보도기사

태국 정부는 현재 디지털 가상 은행에 집중하고 있으며, 2024년에 가상 은행 라이센스를 신청받아 2026년 공식 런칭을 목표로 하고 있다. 디지털 가상 은행은 전통 은행에 접근하기 어려운 계층에게 금융 서비스를 제공하고, 제조업, 농업, 서비스업 등 다양한 산업의 디지털 전환을 가속화하려는 목적이 있다. 기존 은행보다 운영 비용이 낮고 서비스 효율성이 높아 금융 시스템의 전반적인 효율성을 증대시킬 수 있다. 또한, 디지털 금융 혁신을 통해 태국 금융 산업의 국제 경쟁력을 강화하고, 글로벌 금융 허브로 자리매김하려는 목표도 있다.

태국의 핀테크 시장은 그동안 결제 인프라 확산에 중점을 두어왔지만, 앞으로는 금융 서비스의 디지털 전환이 더욱 가속화될 것이다. 대출, 보험, 투자 및 자산 관리, 그리고 선구매 후지불(Buy Now Pay Later, BNPL) 등 다양한 핀테크 산업에서 혁신이 기대되며, 디지털 자산관리와 소액 대출 서비스의 확대는 금융 서비스 접근성을 크게 높일 것으로 보인다. 이러한 변화는 주로 태국의 다양한 스타트업들이 이끌고 있다.

대출 부문에서는 **아바쿠스 디지털**(Abacus Digital)과 **모닉스**(MONIX)가 AI 기술을 기반으로 소액 대출과 대출 심사 과정을 혁신하여 시장을 개척하고 있다. 아바쿠스 디지털은 태국 시암커머셜은행(SCB)의 스핀오프 자회사로 2017년 설립된 이후 현지 소비자에게 맞춤형 대출 서비스를 제공하고 있다. 모닉스는 SCB은행과 중국 핀테크 스타트업 아바쿠스(Abakus)와의 합작 법인이다. 이들은 특히 금융 소외 계층에게 접근 가능한 금융 서비스를 제공함으로써 금융 포용성을 확대하고 있으며, 비대면 대출 신청과 신속한 대출 승인 절차를 통해 사용자 경험을 개선하고 있다. 이를 통해 더 많은 사람들이 빠르고 편리하게 금융 서비스를 이용할 수 있도록 지원하고 있다.

보험 부문에서는 **선데이**(Sunday)와 **래빗 케어**(Rabbit Care)가 디지털 보험 솔루션을 통해 소비자의 접근성을 높이고 있으며, 고객 맞춤형 보험 상품과 간편한 가입 절차를 통해 더 많은 소비자들이 쉽게 보험을 이용할 수 있도록 돕고 있다. 특히, 삼성생명이 래빗 케어에 전략적 투자를 하여 파트너십을 강화하면서 양사 간의 협력이 더욱 강화되고 있다.

자산 관리 부문에서는 **피노메나**(Finnomena)가 맞춤형 포트폴리오와 디지털 자산 관리를 통해 시장을 선도하고 있으며, 투자자들이 더 효율적으로 자산을 운용할 수 있도록 25개 은행의 뮤추얼 펀드 수익률 비교,

전세계 주식 추천 등 다양한 금융 교육 콘텐츠와 분석 도구를 제공하여 금융 지식을 확대하고, 보다 체계적이고 효과적인 자산 관리 전략을 수립할 수 있도록 지원하고 있다.

물류

태국 물류 산업은 이커머스의 급격한 성장과 디지털 전환에 힘입어 빠르게 발전하고 있다. 2023년 태국 이커머스 시장 규모는 약 220억 달러(원화 약 29조 원)로 추정되며, 연평균 16%의 성장이 예상[16]된다. 이러한 성장은 소비자 편의성에 대한 요구와 기업 간 효율적인 거래 시스템 도입이 주요 요인이다. 이에 따라 물류 수요도 증가하고 있으며, 이를 충족하기 위해 네트워크 확장과 인프라 투자가 필수적이다.

이러한 변화에 발맞추어 태국의 물류 스타트업들도 활발히 성장하고 있다. 대표적인 기업으로는 프레시 익스프레스(Fresh Express), 딜리버리(Deliveree), APX, 기즈틱스(Giztix), 마이클라우드 풀필먼트(MyCloud Fulfillment) 등이 있다. 이들 기업은 기술 혁신과 높은 서비스 품질을 통해 시장에서 경쟁력을 강화하고 있다. 특히 프레시 익스프레스는 유니콘 기업으로 도약하며, 태국 물류 산업의 잠재력을 증명하고 있다. 이들은 물류 프로세스를 최적화하고 지속 가능한 운영 모델을 도입하여 산업 전반에 긍정적인 영향을 미치고 있다.

---

16   "e-Conomy SEA 2023", Google, Temasek, Bain & Company.

딜리버리(Deliveree)는 태국에서 온디맨드 물류 솔루션을 제공하며, 다양한 차량 옵션을 통해 고객의 물류 요구를 유연하게 충족시키고 있다. 이 회사는 효율적인 배송과 경쟁력 있는 가격을 바탕으로 빠르게 성장하고 있다. 현재 태국, 인도네시아, 필리핀에서 3,000대 이상의 화물 트럭을 운영하며 연간 1억 건 이상의 배송을 처리하고 있다. 실시간 배송 추적 서비스도 제공하여 고객 만족도를 높이고 있다.

APX는 기술 중심의 물류 플랫폼으로, 물류 운영의 투명성과 효율성을 높이는 데 주력하고 있다. APX는 실시간 데이터 분석을 통해 최적의 물류 경로를 제시하며, AI 기반 화물 관리 시스템을 통해 트럭 적재 계획을 최적화한다. 또한, 항공 및 해상 화물 관리, 통관, 창고 및 유통, 주문 처리 등 종합적인 물류 솔루션을 제공하여 고객에게 높은 수준의 서비스를 제공하고 있다.

기즈틱스(Giztix)는 디지털 물류 플랫폼으로, 고객이 온라인에서 쉽고 빠르게 물류 서비스를 예약하고 관리할 수 있도록 돕는다. 다양한 물류 업체와의 파트너십을 통해 최적의 운송 솔루션을 제공하며, 이를 통해 물류 산업의 디지털화를 선도하고 있다. 맞춤형 물류 솔루션을 제공함으로써 배송 효율성을 높이고 있으며, 현재 1,000개 이상의 고객을 확보하고 있다. 매일 1,000톤 이상의 화물을 처리하며, 다양한 운송 수단을 통해 신뢰성 높은 물류 서비스를 제공하고 있다.

마지막으로 마이클라우드 풀필먼트(MyCloud Fulfillment)는 전자상거래 판매자를 위한 풀필먼트 서비스를 제공한다. 이를 통해 중소 전자상거래 기업들은 재고 관리와 물류 프로세스를 효율적으로 처리하며, 운영 비용을 절감하고 경쟁력을 높일 수 있다. 이 회사는 기술 혁신과 높은

No.	스타트업	설립	서비스	설명	투자연도	투자단계	투자금액	주요 투자자
1	Flash Express	2017	물류 서비스 플랫폼	현재 10,000명 이상의 직원과 2,500개 이상의 픽업 센터를 운영 중으로, 매일 백만 개 이상의 소포를 처리하며, 고객에게 신속한 익일 배송 및 다양한 물류 솔루션을 제공 중임	2021 2021 2022	Series D Series E Series F	비공개 비공개 $447M	SCB 10X, PTT SCB 10X, Chanwanich Buer, Alibaba, SCB 10X
2	Deliveree	2015	물류 서비스 플랫폼	태국, 인도네시아, 필리핀에서 3,000대 이상의 화물 트럭을 운영 중이며, 연간 1억 건 이상의 배송을 처리 중임. 실시간 배송 추적 서비스를 제공 중임	2017 2020 2022	Series A Series B Series C	$14.5M $18.5M $70M	Gobi, Asia Summit Genesis Alternative Gobi, Spilventures
3	APX	2020	물류 서비스 플랫폼	AI 기반 화물 관리 시스템으로 트럭 적재 계획을 최적화 중임. 항공 및 해상 화물 관리, 통관, 창고 및 유통, 주문 처리, 키팅, 공동 포장 등 종합적인 물류 솔루션을 제공하고 있음	2023 2023	Seed Seed	비공개 비공개	ORZON, iSeed iSeed, ADB
4	Giztix	2015	물류 서비스 플랫폼	1,000개 이상의 고객을 확보하고 있으며, 매일 1,000톤 이상의 화물을 처리 중임. 픽업 트럭과 같은 다양한 운송 수단을 통해 고객에게 효율적이고 신뢰성 높은 물류 솔루션을 제공 중임	2016 2017 2021	Seed Series A Series B	비공개 $1.65M $10M	500 Global, KK Fund AddVentures Bualuang Ventures
5	MyCloud Fulfillment	2014	풀필먼트 서비스	일일 최대 100,000건의 주문을 처리할 수 있는 능력을 갖추고 있으며, 15,000평방미터 이상의 창고와 200,000개 이상의 SKU를 관리하며 500개 이상의 고객사에 서비스를 제공 중임	2018 2020 2021	Seed Series A Series B	$144K $2M $7.4M	Digital Ventures N-Vest, SCB 10X JWD, SCB 10X

자료: tracxn, 보도기사

서비스 품질을 바탕으로 전자상거래 업체들이 더 나은 고객 경험을 제공할 수 있도록 지원하고 있다.

이들 스타트업은 모두 물류 효율성을 개선하고 신속한 배송 서비스를 제공하는 데 주력하고 있다. AI 기술과 혁신적인 플랫폼을 활용해 운송 과정을 최적화하고, 고객의 다양한 요구를 충족시키며 물류 산업의 효율성과 신뢰성을 높이는 데 기여하고 있다. 또한, 지속 가능한 물류 시스템을 구축하고, 데이터 기반 의사결정을 통해 예측 가능한 물류 서비스를 제공하고 있다. 이를 통해 고객의 만족도를 높이고, 물류 산업 전반의 경쟁력을 강화하는 데 중요한 역할을 하고 있다.

B2B 마켓플레이스

태국에서 B2B 마켓플레이스가 성장하는 이유는 디지털 서비스에 대한 수요 증가와 기업들이 비용 절감 및 공급망 효율화를 추구하고 있기 때문이다. 특히, 중소기업들은 디지털 플랫폼을 통해 더 많은 비즈니스 기회를 창출하고, 거래의 투명성과 신뢰성을 높이고 있다. 전통적인 식재료, 건설 자재, 청소 용역 등 다양한 분야에서도 소비자와 공급자를 연결하는 디지털 서비스에 대한 수요가 꾸준히 증가하고 있다.

B2B 마켓플레이스 부문에서는 프레시켓(Freshket), 빌크(Builk), 원스탁홈(OneStockHome), 시크스터(Seekster), 호가나이스(Horganice)와 같은 스타트업들이 주목받고 있다. 이들은 각각의 산업 내에서 혁신적인 솔루션을 제공하며, 태국 내 B2B 시장의 디지털 전환과 효율성 증대에 기여하고 있다.

프레시켓은 농부, 유통업체, 식당을 연결하는 식재료 거래 플랫폼으로, 공급망의 투명성과 효율성을 높이며 농부들의 수익성 개선에 기여하고 있다. 이 플랫폼은 재료 픽업, 포장, 창고 관리, 배송까지의 전 과정을 온라인으로 통합 관리하고 있으며, 이를 통해 운영 비용을 줄이고 시간 효율성을 극대화하고 있다. 또한, 데이터 분석을 통해 수요 예측을 개선하여 공급과 수요 간 불균형을 최소화하고 있다. 이러한 통합된 관리와 데이터 기반 접근은 고객들이 보다 안정적이고 효율적으로 재료를 공급받을 수 있도록 돕는다.

빌크는 건설 자재와 서비스 거래 플랫폼을 통해 건설업체들이 필요한 자재를 신속하고 경제적으로 확보할 수 있도록 지원한다. 아세안 지

No.	스타트업	설립	서비스	설명	투자연도	투자단계	투자금액	주요 투자자
1	Freshket	2016	식재료 유통 플랫폼	Freshket은 태국의 농부, 식품 공급업체, 레스토랑을 연결하는 온라인 B2B 마켓플레이스로, 재료 픽업부터 포장, 창고 관리, 배송까지 전 과정을 온라인으로 통합 관리함. 월 평균 290만 달러의 소비자 주문을 처리 중임	2020 2022 2022	Series A Series A Series B	$3M 비공개 $23.5M	Openspace ORZON PTT, OpenSpace
2	Builk	2009	건설 비용 관리 소프트웨어 플랫폼	건설 산업을 위한 온라인 비용 관리 소프트웨어 플랫폼으로, 아세안 지역 3만개 이상의 건설회사가 이용 중임. 프로젝트 비용 통제, 온라인 견적 요청 및 구매 주문 시스템, 송장 및 영수증 관리 등의 서비스를 제공 중임	2013 2018 2021	Seed Seed Series B	비공개 비공개 비공개	500 Global AddVentures Beacon VC
3	OneStock Home	2009	건자재 유통 플랫폼	건축 자재를 위한 온라인 유통 플랫폼으로, 건설용 철강, 지붕 타일, 경량 벽돌, 석고 보드, 인조 목재 자재, PVC 파이프 실린더 등을 취급하고 있음	2017	Seed	비공개	SCB 10x
4	Seekster	2015	온디맨드 서비스 플랫폼	청소, 가사 도우미, 전기 및 배관 수리, 에어컨 설치 및 수리 등 개인 및 기업 고객 대상 다양한 생활 서비스를 제공 중임. 엄격한 신원 확인 과정을 바탕으로 품질 관리 및 평점 시스템을 운영 중임	2017 2022	Seed Series A	$451K $2.3M	dtac, SCB 10x TRUE Digital
5	Horganice	2015	임대 공간 관리 플랫폼	2만명 이상의 임대인 대상으로 청구서 관리, 온라인 임대 계약, 택배 관리, 데이터 분석 등 다양한 기능을 제공 중임. 연간 약 60억 바트(약 2억 달러)의 임대료 수금을 지원 중임	2019	Seed	비공개	Beacon VC

자료: tracxn, 보도기사

역의 3만 개 이상의 건설회사가 이 플랫폼을 이용하고 있으며, 프로젝트 비용 통제, 온라인 견적 요청 및 구매 주문 시스템, 송장 및 영수증 관리 등의 서비스를 제공한다. 또한, 건설 현장 관리에 필요한 실시간 모니터링 기능을 도입하여 자재 사용 상황을 효율적으로 추적하고, 잠재적인 문제를 사전에 식별할 수 있도록 돕는다. 이 같은 접근은 건설 프로젝트의 전반적인 효율성을 높이는 데 크게 기여하고 있다.

원스탁홈은 빌크와 경쟁하면서 건설 자재 구매를 위한 디지털 플랫폼을 제공하여, 건설업자들이 다양한 공급업체로부터 자재를 쉽게 비교하고 구매할 수 있도록 돕는다. 이를 통해 자재 비용 절감과 공급망 투명성을 높이고 있으며, 건설용 철강, 지붕 타일, 경량 벽돌 등 다양한 자재를 취급하고 있다. 또한, 고객 맞춤형 가격 비교 도구와 자재 배송 추적 기능을 제공하여 건설업자들이 더욱 효율적으로 프로젝트 일정을 관리할 수 있도록 지원하고 있다. 이러한 접근은 고객의 구매 결정 과정을 단순화하고 프로젝트의 일관성을 유지하는 데 기여하고 있다.

시크스터는 청소, 가사 도우미, 전기 및 배관 수리, 에어컨 설치 및 수리 등 개인과 기업 고객을 대상으로 다양한 생활 서비스를 제공한다. 이 플랫폼은 엄격한 신원 확인 과정을 거쳐 품질 관리와 평점 시스템을 운영함으로써 서비스의 신뢰성을 높이고 있다. 또한, 고객 맞춤형 서비스 패키지와 예약 관리 기능을 통해 사용자 경험을 향상시키고 있으며, 고객 피드백을 반영하여 지속적으로 서비스 품질을 개선하고 있다. 2022년에 트루 디지털(True Digital)이 시크스터의 지분 68%를 확보하면서 기업의 성장과 시장 확장에 중요한 전환점을 마련했다. 이는 시크스터가 더욱 확장된 서비스를 제공하고, 고객 만족도를 높이는 데 중요한 역할을 하고 있다.

마지막으로 **호가나이스**는 임대 부동산 관리 솔루션을 제공하여 부동산 소유주와 관리자가 임대 프로세스를 디지털화하고, 임대료 징수와 세입자 관리를 효율적으로 수행할 수 있도록 지원한다. 또한, 자동화된 임대료 청구와 알림 시스템을 도입하여 임대 관련 작업의 효율성을 크게 향상시키고 있다. 이를 통해 부동산 소유주는 시간과 비용을 절감하고, 세입자와의 커뮤니케이션을 더욱 원활하게 할 수 있다. 이러한 기술 기반 솔루션은 임대 관리의 모든 과정을 간소화하고, 부동산 관리의 효율성을 높이는 데 기여하고 있다.

이들 스타트업은 각 산업에 특화된 솔루션을 제공함으로써 태국 내 B2B 거래의 디지털 전환을 가속화하고 있다. 이러한 태국 B2B 마켓플레이스의 성장은 효율성, 비용 절감, 투명성 강화를 추구하는 기업들의 요구에 부응하며 이루어졌다. 각 스타트업은 혁신적인 기술과 서비스로 시장의 문제를 해결하고 있으며, 이는 국가 경제의 디지털 전환을 촉진하고 있다. 앞으로도 디지털 플랫폼 기반의 비즈니스 모델은 더욱 확대될 것으로 보이며, 이러한 발전은 태국 산업 전반에 걸쳐 긍정적인 변화를 가져올 것이다. 디지털화된 B2B 솔루션은 기업의 운영 효율성을 극대화하고, 경쟁력을 높이는 중요한 도구로 자리매김하고 있다.

헬스케어

태국의 의료 관광 수요 증가와 맞물려 헬스케어의 디지털화는 효율성과 접근성을 높이는 핵심 요소로 자리 잡고 있다. 특히 의료 서비스 제공의 투명성과 효율성을 높여 환자 경험을 향상시키며, 소외된 지방 지역에도 의료 서비스를 제공할 수 있어 중요한 역할을 하고 있다. 디지털 솔루션을 제공하는 스타트업들은 이러한 수요에 대응하여 태국 헬스케어 산업에서 안정적인 수익과 지속 가능한 성장 기회를 창출하고 있으며, 의료의 질을 향상시키기 위한 다양한 혁신적 접근을 도입하고 있다.

태국 헬스케어 디지털 솔루션 산업에서 주목받는 스타트업으로는 에이치디(HD), 닥터 에이투지(Doctor AtoZ), 직닥(ZeekDoc), 우카(Ooca), 닥터 락사(Doctor Raksa)가 있다. 이들 외에도 의료기기 개발, AI 기반 진단 솔루션, 원격 의료 모니터링 등 다양한 헬스케어 분야에서 혁신적 솔루션을 제공하는 스타트업들이 등장하며, 헬스케어 산업의 발전에 중요한 역할을 하고 있다.

에이치디는 환자들이 온라인으로 병원을 비교하고 예약할 수 있도록 지원하는 헬스케어 플랫폼이다. 이 플랫폼은 의료 비용의 투명성을 높여 환자들이 더 나은 결정을 내릴 수 있게 돕는다. 2023년 기준으로 에이치디는 태국 전역의 500개 이상의 병원 및 클리닉과 협력하고 있으며, 30만 명 이상의 환자가 이 플랫폼을 통해 의료 서비스를 이용했다. 시장 가격보다 15~20% 저렴한 가격으로 수술 서비스를 제공하여 의료 비용 절감에 기여하고 있다.

닥터 에이투지는 의료 전문가와 환자를 연결하는 디지털 헬스케어 플랫폼으로, 특히 의료 접근성이 낮은 지역의 환자들에게 원격 진료를 제공해 시간과 비용을 절감하는 데 중요한 역할을 한다. 2023년까지 100만 건 이상의 온라인 진료가 이루어졌으며, 태국 전역에서 3,000명 이상의 의사와 200만 명 이상의 사용자를 보유하고 있다. 이 플랫폼은 건강 정보 관리와 병원 간 정보 전달 등 다양한 의료 솔루션을 제공하고 있다.

직닥은 환자들이 온라인으로 전문의를 예약할 수 있도록 지원하는 플랫폼으로, 사용자가 자신의 건강 문제에 적합한 전문의를 쉽게 찾을 수 있게 돕는다. 직닥은 태국 내 다양한 의료 기관과 파트너십을 맺고 있으며, 1,000개 이상의 의료 기관과 협력하여 매월 10,000건 이상의 예약을 처리하고 있다. 이 플랫폼은 의사, 클리닉, 병원 검색 기능과 더불어

No.	스타트업	설립	서비스	설명	투자연도	투자단계	투자금액	주요 투자자
1	HD	2019	의료 서비스 중개 플랫폼	병원 및 수술 예약 중개 마켓플레이스로, 1,800개 이상의 의료 제공업체와 연결되어 있고, 30만 명 이상의 환자들이 접근성 높고 저렴한 의료 서비스와 수술을 받았음. 시장 가격보다 15%~20% 낮은 가격으로 수술 서비스를 제공 중임	2023 2023 2024	Series A Series A Series A	$6M 비공개 $5.6M	Partech Partners, MVP FEBE Ventures SBI, 교보증권
2	Doctor AtoZ	2018	의료 서비스 중개 플랫폼	태국 전역에서 3,000명 이상의 의사와 200만 명 이상의 사용자를 보유하고 있으며, 매월 평균 50,000건 이상의 의료 상담을 중개 중인 서비스임. 고객 건강 정보 관리 및 병원간 건강 정보 전달 등 의료 솔루션 제공 중임	2019	Seed	$0.4M	Invent
3	ZeekDoc	2015	병원 예약 플랫폼	지역별 의사, 클리닉, 병원을 검색할 수 있는 온라인 플랫폼으로, 온라인 예약이 가능하며, 의사들은 예약 관리, 환자 선별, 일정 조정, 보고서 생성을 자동으로 도와주는 플랫폼을 제공함	2017	Seed	비공개	Spark
4	Ooca	2016	원격 상담 서비스	온라인 정신과 상담 서비스 플랫폼으로, 화상 상담을 통한 진료, 스트레스 테스트, 진료 예약 등의 서비스를 제공함. 쉐브론, 타이오일, 케이뱅크 및 4대 회계 컨설팅펌 등 다양한 기업들에게 서비스 제공 중임	2023	Series A	비공개	DMBS
5	Doctor Raksa	2016	원격 상담 서비스	원격 의료 플랫폼으로 1,000명 이상의 의사와 연결되어 있으며, 월평균 30,000건 이상의 온라인 상담을 중개하며, 태국 전역에서 50만 명 이상의 사용자를 확보 중임. 스킨케어, 피임약, 개인 위생용품 등 약품 판매 서비스도 제공 중임	2021년, 싱가프로 스타트업 Doctor Anywhere에게 인수			

자료: tracxn, 보도기사

의료진 일정 관리와 환자 관리 등을 자동화하는 도구도 제공한다.

우카는 정신 건강 상담 서비스를 제공하는 디지털 플랫폼으로, 사용자가 온라인으로 정신과 전문의나 상담사와 쉽게 연결될 수 있도록 한다. 이 플랫폼은 정신 건강에 대한 인식을 높이고, 상담 접근성을 향상시키는 데 기여하고 있다. 2023년 기준으로 50,000명 이상의 사용자들에게 정신 건강 서비스를 제공했으며, 다양한 기업들과 협력해 직원들의 정신 건강을 지원하고 있다. 우카는 화상 상담, 스트레스 테스트, 진료 예약 등의 서비스를 통해 사용자들의 정신적 웰빙을 돕는다.

닥터 락사는 원격 진료 및 약물 배송 서비스를 제공하는 플랫폼으로, 환자들이 집에서 편리하게 진료를 받고 처방약을 받을 수 있도록 돕는다. 2023년 기준으로 20만 명 이상의 사용자가 등록되어 있으며, 매월 20,000건 이상의 원격 진료를 처리하고 있다. 닥터 락사는 1,000명 이상의 의사와 연결되어 있으며, 태국 전역에서 50만 명 이상의 사용자가 이용 중이다. 스킨케어, 피임약, 개인 위생용품 등 다양한 약품도 판매하며, 2021년에는 싱가포르 스타트업 닥터 애니웨어(Doctor Anywhere)에 인수되었다.

이들 스타트업은 태국 헬스케어 산업에 특화된 디지털 솔루션을 제공함으로써 의료 서비스의 접근성과 효율성을 높이는 데 기여하고 있다. 이러한 헬스케어 디지털 솔루션의 성장은 의료 서비스의 질을 향상시키고, 더 많은 사람들에게 의료 서비스를 제공하며, 국가 경제의 디지털 전환을 촉진하고 있다. 앞으로도 디지털 헬스케어 솔루션은 더욱 확대될 것으로 예상되며, 이러한 발전은 태국 헬스케어 산업 전반에 긍정적인 변화를 가져올 것이다.

딥테크

태국의 딥테크(Deep Tech) 스타트업 시장은 기술 혁신과 성장 가능성으로 주목받고 있다. 이들 딥테크 스타트업은 첨단 기술을 통해 태국 산업 전반에 긍정적인 변화를 만들어내고 있다. AI, 빅데이터, 사물인터넷(IoT) 등의 기술을 활용해 기업 문제뿐만 아니라 농업 및 환경 오염 문제까지 해결하며, 산업 전반의 지속 가능성과 효율성을 높이고 있다.

No.	스타트업	설립	서비스	설명	투자연도	투자단계	투자금액	주요 투자자
1	Amity	2012	기업형 AI 솔루션	기업 고객 대상 AI 챗봇, 화상미팅, 그룹채팅, 고객 분석 툴 등 직장 협업 솔루션을 제공하며, 태국 내 50여개 기업들에게 서비스 중임. 일본, 미국, 남미, 유럽 시장으로 진출 중임	2024	Series C	$60M	Insight Capital, SMDV
2	SERTIS	2014	기업형 AI 솔루션	AI, 머신러닝 기술을 활용하여 얼굴 인식, 매장 진열대 관리, 에너지 관리 등 기업형 AI 솔루션을 제공 중이며, 예측 유지보수, 품질 관리, 공정 최적화 및 스마트 그리드 등 다양한 분야로 확장 중임	2023	Seed	$3.5M	비공개
3	Rikult	2015	스마트팜 (예측)	AI 기반 스마트 농업 시스템을 개발하고 있으며, 작물 모니터링, 관개 시스템 자동화, 병해충 예측 등의 서비스를 제공 중임. 2023년 기준으로 약 5,000헥타르 이상의 농지에서 솔루션을 사용 중임	2018 2018 2020	Seed Seed Seed	비공개 비공개 비공개	Bualuang, Krungsri Chanwanich, dtac Chivas Venture
4	Easy Rice	2019	스마트팜 (쌀검사)	AI 기반 쌀 검사 솔루션을 통해, 쌀 품질 및 품종 순도 검사의 정확도를 높여 비용 효율성을 제고 중임. 2022년 아시아-태평양 ICT 얼라이언스 어워드에서 산업 응용, AI 부문, 그리고 스타트업 부문 3개의 상을 수상함	2022	Seed	비공개	Accelerating Asia
5	ETRAN	2017	전기 오토바이 개발	태국 최초의 전기 오토바이인 마이라(Myra)를 개발한 스타트업으로 2024년에는 방콕시와 협업하여 소형 전기 쓰레기 수거 트럭을 개발하였음. 2023년에는 1,000대 이상의 전기 오토바이를 보급하였음	2017 2021	Seed Series A	$86K $3.5M	Digital Ventures N.D. Rubber

자료: tracxn, 보도기사

대표적인 태국의 딥테크 스타트업으로는 아미티(Amity), 서티스(Sertis), 리컬트(Rikult), 이지라이스(EasyRice), 이트란(ETRAN)이 있다. 이들 스타트업은 각기 다른 분야에서 첨단 기술을 활용해 중요한 문제들을 해결하고 있다. 또한, 로봇과 드론을 포함한 다양한 딥테크 업체들도 등장해 혁신적인 기술로 산업 전반의 문제 해결에 기여하고 있다.

아미티는 실시간 협업과 고객 참여를 위한 AI 기반 디지털 솔루션을 제공하는 스타트업이다. 이 솔루션은 소셜 기능을 다양한 애플리케이션에 쉽게 통합할 수 있어 기업들이 고객 참여를 강화하고 커뮤니티를 구축하는 데 도움을 준다. 아미티의 기술은 전 세계 수백 개의 애플리케이션에 통합되어 사용자 경험을 개선하고 있으며, 일본, 미국, 남미, 유럽 등 해외 시장으로도 활발히 진출하고 있다.

서티스는 AI와 머신러닝 기술을 활용해 데이터 분석과 예측 솔루션을 제공하는 스타트업이다. 서티스는 제조업과 금융 산업에서 데이터 기반 의사결정을 지원하며, 운영 효율성을 높이고 비용 절감에 기여하고 있다. 예측 유지보수 솔루션을 통해 제조업체의 설비 가동 시간을 최적화하고 생산성을 높이며, 얼굴 인식, 매장 관리, 에너지 관리 등 다양한 AI 솔루션을 제공해 사업 영역을 확장하고 있다.

리컬트는 농업 분야에서 AI와 빅데이터를 활용한 스마트 농업 솔루션을 제공하는 스타트업이다. 리컬트는 농부들이 작물 생육 상태를 모니터링하고, 기후와 토양 데이터를 분석해 맞춤형 농업 솔루션을 제공함으로써 농업 생산성을 높이고 자원 낭비를 줄이며 지속 가능한 농업을 실현하고 있다. 현재 태국 내 약 5,000헥타르 이상의 농지에서 리컬트의 솔루션이 사용되고 있다.

이지라이스는 AI와 머신러닝 기술을 통해 쌀 품질을 분석하고 관리하는 솔루션을 제공하는 스타트업이다. 이지라이스는 이미지 분석 기술로 쌀 품질을 자동으로 판별해 농업인과 식품업체들이 품질 관리를 효율적으로 할 수 있도록 지원한다. 이 기술은 검사 정확도를 높이고 검사 시간을 단축해 쌀 공급망의 효율성을 향상시키고 있다. 2022년, 이지라이스는 아시아-태평양 ICT 얼라이언스 어워드에서 산업 응용, AI, 스타트업 부문에서 우수한 성과를 인정받았다.

이트란은 친환경 전기 이륜차와 삼륜차를 개발하는 스타트업으로, 도시의 대기 오염 문제 해결에 기여하고 있다. 이트란은 전기차를 통해 온실가스 배출을 줄이고 친환경 교통 수단 보급을 확대하고 있다. 태국 최초의 전기 오토바이인 마이라(Myra)를 개발했으며, 방콕시와 협력해 소형 전기 쓰레기 수거 트럭을 개발했다. 또한, 2023년에는 1,000대 이상의 전기 오토바이를 보급해 친환경 교통 수단 확대에 기여하고 있다.

태국의 딥테크 스타트업 생태계는 정부 지원과 민간 투자가 결합해 빠르게 성장하고 있다. 이러한 성장세는 태국이 기술 중심 경제로 전환하는 데 중요한 원동력이 되며, 딥테크의 발전은 산업 전반의 효율성을 높이고 새로운 기회를 창출하는 데 기여하고 있다. 앞으로 태국의 딥테크 스타트업들은 혁신적인 기술을 바탕으로 글로벌 시장에서 경쟁력을 갖추고 더 많은 산업 문제를 해결해 나갈 것으로 기대된다.

다섯 가지 테마는 태국 정부의 '타일랜드 4.0' 정책과 가속화된 디지털 전환 트렌드와 맞물려 앞으로도 경쟁력을 더욱 강화할 것으로 예상된다. 이러한 투자 영역에는 인공지능(AI), 빅데이터, 스마트 제조, 그린 테크놀로지 등 다양한 기술이 포함되며, 각각의 기술이 경제 성장에 기여하고 있다. 이들 분야는 아직 초기 단계에 있지만, 투자자들에게 장기적인 안정성과 높은 수익 잠재력을 제공하는 중요한 기회를 창출할 것으로 기대된다.

현재 태국의 스타트업 생태계는 투자하기에 매우 유리한 시기에 접어들고 있다. 엑셀러레이터 프로그램, 정부 지원 펀드, 벤처 캐피털 등을 통해 다양한 스타트업에 투자할 수 있는 기회가 제공되고 있으며, 현지 네트워킹 이벤트와 기술 박람회를 활용해 직접적인 투자 기회를 모색하는 것도 효과적이다. 태국은 아세안의 테크 허브로 자리 잡기 위한 준비를 마쳤으며, 이러한 성장 흐름에 참여하는 것은 미래 성장을 위한 전략적으로 중요한 선택이 될 것이다.

태국의 AI 혁명:
아세안 AI 허브로의 진화

태국인들은 자신들을 대나무에 비유하곤 한다. 대나무는 유연하면서도 강인하다. 비바람 속에서도 꺾이지 않는 생명력. 태국인들은 대나무처럼 변화무쌍한 세계의 흐름에 맞추어 유연하게 적응하지만, 그 뿌리는 언제나 깊이 자리 잡고 있다. 외부의 변화에 흔들리면서도 본질을 잃지 않는 모습, 그것이 바로 태국인의 정신이다.

한국인의 눈에 대나무는 때로 부정적으로 비칠 수 있다. 흔들리며 뿌리내리지 못하는 것처럼 보이는 모습은 결정적인 순간에 확고하지 못하고 자주 입장을 바꾸는 듯하다. 그러나 그 속에는 자신을 지키려는 결연한 의지가 숨어 있다. 흔들리지만 꺾이지 않는다는 것은 단순히 약한 바람에 휘둘리는 것이 아니다. 생존을 위한 전략적인 지혜를 뜻한다.

태국의 대나무 외교는 나약함의 상징이 아니다. 그것은 강한 자들 사이에서 자신의 목소리를 잃지 않으려는 강인한 의지의 표현이다. 태국은 강대국들 사이에서 균형을 맞추며 자신을 지키기 위해 유연하게 대처

해왔다. 제1차 세계대전 당시 태국은 연합국에 가담해 식민지화의 위협을 피하고자 했고, 제2차 세계대전 때도 일본의 압박 속에서 기민하게 자신의 이익을 지켰다. 전쟁의 소용돌이 속에서도 방향을 바꾸며 생존을 모색했지만, 결코 꺾이지 않았다. 이는 태국이 대나무처럼 유연하면서도 강한 이유를 잘 보여준다.

미중 디지털 패권 시대, 태국은 중국과 미국 사이에서 교묘한 줄타기를 하고 있다. 외교적 균형을 유지하기 위해 끊임없이 전략을 수정하며, 각 상황에 맞는 유연한 대응을 모색한다. 강한 바람에도 휘청이지 않고 자신의 위치를 지키는 대나무처럼, 태국은 변화무쌍한 국제 정세 속에서도 자신의 이익을 지키기 위해 꾸준히 노력하고 있다. 이는 단순한 균형 맞추기를 넘어, 자국의 주권과 경제적 안정을 유지하려는 치밀한 계산과 결단력을 필요로 하며, 동시에 끊임없이 변화하는 국제 환경에 적응하려는 의지를 반영한다.

화웨이의 광폭 횡보

태국 정부는 중국 화웨이에 대한 미국의 따가운 시선을 개의치 않는 모습이다.

화웨이의 태국 투자는 2019년에 본격적으로 시작되었다. 당시 미국은 화웨이를 블랙리스트에 올리고 강력한 제재를 가하고 있었다. 2018년 3월부터 미국은 중국산 수입품에 관세를 부과하며 기술 패권 전쟁을 본격화[17]했다. 4월에는 중국 통신 장비와 첨단 기술 품목에 25% 관세를 부과했고, 2019년 5월에는 트럼프 전 대통령이 화웨이의 정보 통신 기술 사용 금지 명령을 내리며 제재가 본격화[18]되었다. 이러한 조치는 '중국의 불공정 무역 관행 대응'과 '국가 보안'이라는 두 가지 이유에서 비롯되었다. 화웨이가 국가 기밀을 유출할 수 있다는 우려 때문이었다.

그러나 **2019년, 태국 정부는 미국의 제재를 무릅쓰고 화웨이와 손을 잡았다. 화웨이는 아세안 최초의 5G 테스트 기지를 태국에 구축하며 협력을 강화했다.** 2019년에는 태국의 주요 통신사 AIS가 화웨이를 5G 코어 네트워크 구축 사업자로 선정[19]하면서 본격적인 5G 인프라 구축이 시작되었다. 2021년에는 태국 국가방송통신위원회(NBTC)와 시리랏병원과 협력해 아세안 최초이자 최대 규모의 5G 스마트 병원을 개원했다. 2022년에는 국가 사이버 보안국(NCSA)이 화웨이와 사이버 보안 협력 양해각서(MOU)를 체결[20]하며, 사이버 보안 경쟁 프로젝트와 교육 과정을 통해 태국의 디지털 안전성을 높였다.

2023년에는 화웨이와의 협력이 더욱 확대되었다. **태국 정부는 AI 및 클라우드 기술 협력을 강화하기 위해 화웨이와 MOU를 체결하고, '클라우드 퍼스트 정책'을 발표[21]했다.** 2027년까지 아세안의 인공지능(AI) 허

---

17 Raymond Zhong, Paul Mozur, and Jack Nicas, "Huawei and ZTE Hit Hard as U.S. Moves Against Chinese Tech Firms", New York Times, April 17, 2018.

18 장성구, "미중 무역전쟁 6월 대격돌…중국, 미국산 제품에 맞불 관세", 연합뉴스, 2019/05/31.

19 "AIS Joins Huawei to Partnership 5G", AIS webpage, September 26, 2019.

20 "Huawei Thailand Cybersecurity Excellence Award Given by Thai PM", Huawei webpage, August 23, 2022.

21 "Huawei and MDES Signed MoU, Establishing Thailand as a Regional AI Hub", Huawei webpage, December 18, 2023.

브로 성장하겠다는 목표를 세우고, 화웨이를 핵심 파트너로 선정해 클라우드와 AI 기술을 개발하며 480억 바트(약 1조 8천억 원) 규모의 AI 산업 성장을 목표로 삼았다. 또한, 5만 명의 AI 전문 인력을 양성해 AI 생태계를 조성하고 아세안의 AI 중심 국가로 자리매김하려 하고 있다.

태국이 화웨이를 택한 가장 큰 이유는 앞선 5G 기술과 가격 경쟁력 때문일 것이다. 화웨이는 2021년 세계 통신장비 시장에서 약 30%의 점유율로 압도적인 1위[22]를 차지하고 있으며, 5G 관련 특허를 2,570건 보유[23]하고 있어 경쟁업체인 중국 ZTE, 미국 퀄컴, 인텔 등을 크게 앞선다. 화웨이는 여타 경쟁업체에 비해 가격은 저렴하면서 성능은 1.5배 이상 뛰어난 통신장비를 공급하고 있다.

그러나 더 중요한 이유는 화웨이가 태국을 외면하지 않고 오랜 시간 공들이며 투자했기 때문이다. **태국이 군사 쿠데타 이후 미국과 관계가 소원해지면서 외국 투자자 유치에 어려움을 겪는 동안, 화웨이는 태국에 적극적으로 손을 내밀었다.** 화웨이는 2020년 태국의 첨단 산업 경제 특구인 동부경제회랑(EEC)에 2,250만 달러(약 252억 원)를 투자[24]해 대규모 클라우드 데이터센터를 구축했다. 알리바바, 텐센트, 징둥닷컴도 EEC에 투자를 약속하며 현지에서 중국 기업들의 영향력을 확대했다. 또한, 화웨이는 아세안 시장에 고객지원 네트워크를 마련해 애프터서비스에

---

22 Zhao Shiyue, "Huawei Remains Top Global Player in Telecom Equipment", China Daily, March 17, 2022.

23 "China Mobile (Shanghai) and Huawei Launch First 5G Digital Indoor System in Shanghai's Hongqiao Railway Station", Huawei webpage, February 18, 2019.

24 Komsan Tortermvasana, "Huawei Investing B700m in New Data Centre in Thailand", Bangkok Post, November 11, 2020.

서 서방 기업보다 우위를 점하고 있다.

1997년 외환 위기가 아시아 전역을 휩쓸던 시기, 태국은 무너지고 있었다. 거리에는 불안한 공기가 감돌았고, 사람들은 혼란 속에서 방향을 잃고 있었다. 한국 정부는 태국을 외면했고, 산업은행과 외환은행은 태국 정부의 만류에도 불구하고 완전히 철수했다. 반면, 일본의 은행과 대형 백화점들은 꾸준히 투자를 이어갔다. 사람들 마음속에 일본에 대한 친근함이 서서히 스며들었고, 제2차 세계대전 당시의 일본에 대한 반감은 거의 사라졌다. 일본은 그렇게 태국의 일상에 깊숙이 뿌리내리며 우호적인 이미지를 구축해 나갔다.

일본이 경기 침체로 주춤하는 동안 그 뒤를 중국이 이어나가기 시작했다. 태국이 군사 쿠데타로 외국 자본에게 외면받는 동안, 중국은 기술 투자로 태국을 파고들기 시작했다. 그 중심에는 화웨이가 있었다. 화웨이는 5G 기술 경쟁력과 과감한 투자를 통해 태국의 모바일 인프라를 장악해 나갔다. 태국의 가장 오래된 병원을 5G와 자율 주행 로봇으로 변모시키고, 클라우드 투자와 사이버 보안 교육을 통해 중국에 친화적인 인력을 양성해 나가고 있다.

﹤AI 시대, 아세안 시장의 새로운 가능성

태국을 포함한 아세안은 AI의 새로운 격전지로 떠오르고 있다. **각국의 AI 혁신 노력, 미국과 중국 빅테크의 진출, 그리고 복잡한 지정학적 상황이 맞물리며 이 지역의 AI 경쟁은 전 세계의 주목을 받고 있다.** 아세안의

AI 기술 발전은 단순히 경제적 측면을 넘어, 국가 간 기술 주도권을 잡기 위한 중요한 장으로 자리 잡고 있다.

아세안은 경제적으로 중요한 위치를 차지하고 있다. 아세안 개별 국가들의 특성은 상이하지만, 아세안 지역의 GDP 규모는 세계 5위에 달하며, 약 1.5억 명의 중산층은 미국 전체 인구의 3분의 2에 해당한다는 점에서 여전히 주목받고 있다. 중산층의 확대는 지역 경제의 안정성과 소비력을 높이는 중요한 요인으로 작용하고 있다. 2030년에는 인도네시아가 세계 4위의 경제 대국으로 성장할 것으로 예상되며, 태국, 말레이시아, 필리핀도 각각 GDP 1조 달러를 넘을 것으로 기대[25]된다. 이러한 경제 성장은 아세안의 글로벌 경제에서의 비중을 더욱 높일 것이다.

경제적으로 중요한 아세안은 글로벌 빅테크에게도 매력적인 시장이지만, AI 적용에는 여전히 어려움이 많다. **아세안에는 태국어, 말레이어, 인도네시아어 등 9개의 공식 언어가 있어 AI 모델에 다국어 지원이 필수적이다.** 하지만 대부분의 서구 AI 모델은 이 지역의 언어와 맥락을 충분히 반영하지 못하고 있다. GPT-3의 사전 학습 데이터에서 영어 비율은 93%[26]이고, 메타(Meta)의 라마 2(Llama 2) 모델의 훈련 데이터에서도 아세안 언어 비율은 0.5%에 불과[27]하다. 세계 인구의 8.45%를 차지하는 아세안을 고려할 때 이는 부족한 수준이다.

25 "GDP of 4 ASEAN nations to exceed $1 trillion by 2030", The Jakarta Post, April 14, 2016.

26 Rebecca L. Johnson et al., "The Ghost in the Machine has an American accent: value conflict in GPT-3", arXiv, March 15, 2022.

27 Yogesh Hirdaramani, "How ASEAN's first large language model will support businesses", GovInsider, February 23, 2024.

하지만 이러한 상황은 오히려 아세안 현지 기업들에게 기회를 제공하고 있다. AI 싱가포르는 공공 연구 기관과 AI 스타트업이 협력해 시-라이언 대형 언어 모델(Southeast Asian Languages In One Network, SEA-LION)을 개발했다. 이 모델은 훈련 데이터의 13%가 아세안 언어로 구성[28]되어 있어, 지역 문화를 더 잘 반영한다고 평가받고 있다. 태국의 자스민 그룹(Jasmine Group)도 한국 KT와 협력해 태국어에 특화된 LLM을 개발 중이며, 인도네시아의 스타트업 옐로우.ai(Yellow.ai)는 메타의 라마 2를 활용해 다양한 인도네시아 방언을 지원하는 모델을 구축하고 있다.

미국과 중국의 빅테크도 아세안 AI 시장에 적극적으로 진출하고 있다. 알리바바의 다모 아카데미(DAMO Academy)는 아세안 언어에 특화된 실LLM (SeaLLM)을 출시했으며, 마이크로소프트와 애플의 CEO들도 최근 아세안을 방문하며 시장 확대를 위해 노력하고 있다. 아마존 웹 서비스도 아세안에 데이터센터를 추가해 더 많은 기업들에게 클라우드 인프라를 제공하고 AI 혁신을 지원할 계획이다.

미국과 중국 정부 역시 아세안의 AI 환경에 점점 더 깊이 관여하고 있다. 중국은 중국-아세안 인공지능 협력 포럼을 개최하고, 광시성에 AI 혁신 센터를 설립해 100개 이상의 프로젝트를 추진하고 있으며, 아세안 국가들과의 기술 교류를 강화하고 있다. 미국은 구글과 협력해 메콩 삼각주 기후 변화 대응을 위한 AI 프로젝트를 시작하는 등 디지털 전략을 강화하고 있으며, 아세안 내 여러 국가들과 다양한 AI 기술 개발 및 적용에 대한 협력을 확대하고 있다.

---

28   ibid.

아세안 AI 시장은 이제 막 시작되었다. 이 지역에서 미국과 중국의 경쟁이 어떻게 전개될지는 중요한 교훈을 남길 것이다. **양국의 긴장 속에서도 아세안은 중립을 유지하며, 두 강대국의 기술을 균형 있게 활용해 자국의 이익을 극대화하려 한다.** 이러한 전략은 앞으로 다른 나라들이 지정학적 긴장을 헤쳐 나가는 방식에도 영향을 미칠 것이다. 특히 태국은 오랜 중립 외교의 강점을 바탕으로, 미중 패권 경쟁 속에서도 중립을 지키며 AI 강국으로 성장할 가능성이 높은 시장이다.

미국 빅테크의 투자

중국 화웨이가 태국 모바일 인프라에 대규모 투자를 시작하자, 태국 투자에 소홀했던 미국계 빅테크도 투자에 나서기 시작했다. 처음에는 미국 정부의 눈치를 보던 마이크로소프트, 구글, 아마존 웹 서비스(AWS) 등 글로벌 빅테크도 2024년 들어 본격적으로 투자 계획을 발표하기 시작했다. 태국 투자청 발표에 따르면 향후 데이터센터 투자 규모는 총 85억 달러(한화 약 11조 3천억 원)로, 이는 태국을 아세안의 디지털 허브로 만드는 데 중요한 역할을 할 것으로 기대된다.

2024년 5월, **마이크로소프트**는 Azure 클라우드 리전 건설 계획을 발표[29]했다. 이번 발표에서 정확한 투자 규모는 밝히지 않았지만, 태국 정

---

29 "Microsoft Announces Significant Commitments to Enable a Cloud and AI-Powered Future for Thailand", Microsoft webpage, May 1, 2024.

부와의 양해각서(MOU)를 통해 클라우드 및 AI 인프라를 구축하고 10만 명 이상의 태국인을 위한 AI 교육 기회를 제공하는 등 대규모 투자를 약속했다. 또한 이를 통해 태국의 디지털 전환을 가속화하고 기술 인력을 양성하려는 목표를 강조했다.

AWS 역시 마이크로소프트와 동일 시점에 태국에 새로운 데이터센터 설립 계획을 발표[30]했다. 싱가포르, 인도네시아, 말레이시아 다음으로 네 번째로 건립되는 이 프로젝트는 2025년 초 런칭을 목표로 하며, 2026년까지 10만 명 이상의 태국인을 대상으로 클라우드 기술 교육을 제공할 예정이다. AWS는 2037년까지 51억 5천만 달러(한화 약 6조 8천억 원)를 투자해 태국의 개발자, 스타트업, 기업, 공공 기관 등에게 더 나은 클라우드 컴퓨팅 자원을 제공하고, 이들이 애플리케이션을 운영하는 데 더 많은 선택지를 제공할 계획이다.

마지막으로 **구글**은 2024년 9월 태국에 약 10억 달러(한화 약 1조 3천억 원)를 투자해 데이터센터를 설립하고 클라우드 인프라를 확장할 계획을 발표[31]했다. 태국 첫 데이터센터의 위치는 촌부리로, 이곳은 방콕에서 약 80km 떨어진 태국 동부의 해안 도시다. 촌부리는 산스크리트어로 '물의 도시'를 의미하며, 파타야해변이 위치하고 있어 관광지로도 유명한 지역이다.

마이크로소프트, AWS, 구글의 데이터센터 투자 계획은 태국이 아시

---

30 Suchit Leesa-nguansuk, "AWS to Launch Data Centre Region Early Next Year", Bangkok Post, May 31, 2024.

31 Ryan Browne, "Google to Invest $1 Billion in Thailand to Build Data Center and Accelerate AI Growth", CNBC, September 30, 2024.

아의 주요 디지털 허브로 자리매김하고 있음을 명확히 보여준다. 특히 이번 투자는 태국의 혼란스러운 정치 상황에도 불구하고, 미국의 주요 빅테크들이 태국을 전략적으로 중요한 시장으로 판단하고 과감한 투자를 결정했다는 점에서 큰 의미가 있다.

2025년 1월, 중국 바이트댄스가 운영하는 동영상 플랫폼 틱톡이 태국에 5조 원대 투자를 결정했다. 태국투자청(BOI)은 틱톡의 38억 달러(약 5조 4,853억 원) 규모 데이터 호스팅 서비스 투자를 승인했다고 발표했으며, 이는 데이터를 안전하게 저장하고 관리하는 서비스를 의미한다. 이번 투자는 틱톡의 미국 사업 불확실성이 커지는 가운데 이루어졌다. 미 연방 의회가 이른바 '틱톡 금지법'을 통과시키며, 미국 기업에 사업권을 매각하지 않으면 현지 서비스가 금지될 위기에 놓였기 때문이다. 이에 틱톡은 새로운 돌파구로 태국을 전략적 거점으로 선택했다. 이번 투자로 태국은 디지털·AI 인프라를 한층 강화하는 동시에, 동남아시아 디지털 혁신 허브로 도약하려는 목표에 한 걸음 더 가까워질 것으로 기대된다.

태국의 대나무 외교는 미중 디지털 패권 경쟁 속에서도 놀랍도록 정교하게 작동했다. 강대국들 사이에서 유연하게 대응하며 균형을 유지하는 모습은 상대적으로 약소국인 태국에게 현명한 선택이었다. 이러한 외교적 결정은 태국의 자주성과 경제적 이익을 보호하는 동시에, 국제 무대에서 전략적 위치를 확보하는 데 큰 기여를 했다.

이제 **태국은 미국과 중국 빅테크의 투자를 동시에 유치하며 아세안 핵심 디지털 허브로 도약을 꿈꾸고 있다.** 이를 통해 태국은 디지털 이코노미의 중심지로 자리매김하고, 지역 내 기술 혁신을 선도하려는 목표를 강화하고 있다. 디지털 인프라를 확충하며 국가의 경쟁력을 높이는 과정에서, 태국은 AI 시대에도 자주성과 유연함을 바탕으로 미래를 개척하고 있다.

4부

태국 스타트업 생태계

유니콘으로 가는 길

13

여섯 명의 눈으로 바라본
방콕 스타트업 생태계

스타트업 생태계는 시간이 축적되어야 발전할 수 있다. 실리콘밸리의 시작은 1939년 휴렛과 팩커드의 창업으로 볼 수 있지만, 그 뿌리는 1891년 스탠퍼드대학의 설립으로 거슬러 올라간다. 스탠퍼드대학은 실용적 교육과 산학 협력을 강조하며, 오늘날의 실리콘밸리 문화를 형성하는 데 중요한 역할을 했다. 이러한 과정을 통해 실리콘밸리는 창의적이고 혁신적인 스타트업 환경을 구축하는 데 성공했다.

태국 최초의 코워킹 스페이스

태국 스타트업 생태계의 시작은 언제로 볼 수 있을까?

내가 만난 여섯 명의 전문가는 태국 스타트업 생태계의 시작을 **2012년 태국 최초의 코워킹 스페이스인 '허바(Hubba)'의 설립**으로 꼽았다.

2012년에 시작된 허바는 시간이 지나며 발전을 거듭했고, **2016년 무렵부터 대기업 CVC**(Corporate Venture Capital)가 잇따라 생겨나면서 태국 스타트업 생태계에 새로운 전기를 마련하게 되었다. **2017년에는 태국 최대 테크 콘퍼런스인 '테크소스 글로벌 서밋**(Techsauce Global Summit)'**이 개최**되면서 아세안 지역 투자자들의 관심을 끌기 시작했다. 우연히도 그때가 내가 태국 스타트업 생태계에 첫 발을 내디딘 시점이었다.

아마릿(에임) **차론판**(Amarit (Aim) Charoenphan)은 태국 스타트업 생태계를 이야기할 때 가장 자주 언급되는 인물 중 하나이다. 에임은 2012년에 방콕 최초의 코워킹 스페이스인 '허바(Hubba)'를 창업했다.

창업 계기에 대해 묻자, 에임은 2011년 7월부터 3개월간 태국 전역을 휩쓴 대홍수의 경험을 이야기했다. 많은 사람들이 발이 묶여 출근이 어려웠던 그 상황 속에서, 그는 코워킹 스페이스라는 아이디어를 떠올렸다. 에카마이에 있는 2층짜리 단독 주택을 개조해 그 꿈을 현실로 만든 것이다.

'허바'는 디지털 노마드들에게 새로운 가능성을 열어주었다. 당시 많은 디지털 노마드들은 주로 카페에서 일했지만, 에임은 네트워킹과 집적 효과의 중요성을 간파했다. 그는 창업을 꿈꾸는 사람들이 서로 정보를 나누고 토론할 수 있는 공간을 만들고자 했으며, 이를 위해 다양한 토론 세션과 컨퍼런스를 주요 요소로 삼았다.

에임은 이후 스타트업 생태계를 더욱 발전시키기 위해 다양한 활동을 이어갔다. 2014년에는 테크소스(techsauce.co)를 설립하여 여러 이벤트와 네트워킹을 기획했으며, 2015년부터는 매년 '태국 스타트업 생태계(Thailand Startup Ecosystem)' 보고서를 발간하며 생태계 정보를 제공하기 시

아마릿(에임) **차론판**(Amarit Charoenphan)

자료: 링크드인(@amaritcharoenphan)

작했다. 2017년부터는 '테크소스 글로벌 서밋(Techsauce Global Summit)'을 개최하여 아세안 전역의 창업 생태계 주요 인물들을 끌어들이기 시작했다.

에임은 현재도 스타트업 생태계의 발전을 위해 활발히 활동하고 있으며, 최근에는 다양한 국제 협업을 통해 태국 스타트업의 글로벌 진출을 적극적으로 지원하고 있다. 또한 그는 글로벌 무대에서 태국 스타트업의 입지를 강화하기 위해 여러 국제 컨퍼런스에서 연사로 참여하고, 창업가들을 위한 멘토링 프로그램을 운영하며 자신의 경험을 아낌없이 나누고 있다.

테크소스는 **오라눗**(미미) **러드수완키지**(Oranuch (Mimee) Lerdsuwankij) **가 공동 창업자이자 대표**로 이끌고 있다. 미미는 수줍지만 강한 미소로

오라눗(미미) 러드수완키지(Oranuch Lerdsuwankij)

테크소스의 비전을 전파하며, 태국 스타트업 생태계를 활성화하기 위해 꾸준히 노력해 왔다. 현재 테크소스 미디어의 CEO로서, 미디어 플랫폼을 통해 스타트업 뉴스를 전달하고, 컨설팅과 이벤트를 통해 스타트업 커뮤니티의 성장을 돕고 있다. 개인적으로도 수년간 '테크소스 글로벌 서밋'에 참석하며 다양한 인물들과 교류하고 많은 것을 배웠다. 미미는 이제 태국 스타트업 생태계에서 중요한 인물로 자리매김하고 있다.

'테크소스 글로벌 서밋'은 국내외의 다양한 파트너들과 함께 태국 디지털 이코노미의 지속 가능한 발전을 꿈꾸고 있다. 매년 개최되는 컨퍼런스를 통해 단순히 정보를 공유하는 것을 넘어, 미래의 리더를 교육하고 아세안 전역의 다양한 파트너들을 태국으로 끌어들이기 위해 협력하고 있다.

2023년, 테크소스는 태국을 '디지털 게이트웨이'로 만들겠다는 비전을 제시하며, 앞으로 3~5년 안에 태국을 아세안의 디지털 허브로 성장시키겠다는 목표를 세웠다. 이를 위해 공공과 민간 부문이 손을 맞잡아 태국 디지털 이코노미로의 투자를 촉진하고, 태국의 혁신이 글로벌 시장에서 빛날 수 있도록 노력하고 있다. 이 모든 과정은 태국이 디지털 중심지로 도약하는 모습을 지켜보는 이들에게 큰 기대와 감동을 준다.

태국 최초의 스타트업

태국 최초의 스타트업으로 많은 이들이 **욱비**(Ookbee)를 언급한다. 2010년에 시작된 욱비는 콘텐츠 서비스를 제공하며, 전자책(eBook)의 이름을 재조합해 '욱비'라는 브랜드를 만들었다. 이후 텐센트와의 합작 법인 설립 등 공격적인 확장을 이어갔고, 웹툰과 웹소설 서비스까지 제공하며 많은 이용자들에게 친숙한 플랫폼으로 자리매김했다.

욱비는 단순한 콘텐츠 플랫폼을 넘어, 창작자들과의 협업을 통해 지속적으로 콘텐츠를 확장하며 이용자들에게 더 다양한 경험을 제공하고 있다. 욱비는 창작자들에게 더 많은 기회를 제공하고, 그들이 자신의 작품을 더욱 널리 알릴 수 있도록 지원함으로써 창작 생태계의 성장을 도모하고 있다.

욱비는 **나타붓**(무) 퐁차로엔퐁(Natavudh (Moo) Pungcharoenpong)에 의해 창업되었다. 무는 태국 테크 업계에서 20년 넘게 활동 중인 창업가이자 영향력 있는 투자자이다. 그는 욱비의 창립자이자 CEO로, 텐센트, 소니

뮤직 글로벌, 스미토모 등 주요 기업들로부터 투자를 받았다.

또한 블록체인 기술 분야에서도 활발히 활동하며, 태국에서 인기 있는 암호 화폐 SIX Network의 공동 창립자이자 공동 CEO이다. 무는 500 툭툭(500 Tuktuks)와 오르존 벤처(ORZON Venture)의 창립자이자 펀드 매니저로, 태국에서 주요 VC 펀드를 운영하고 있다. 그는 '샤크 탱크 태국(Shark Tank Thailand)' TV 프로그램에서 투자자로 활동하며, 태국 스타트업 생태계의 성장을 지원하고 있다.

태국 최초 현지 벤처 캐피탈

2015년 무는 **크라팅 푼폴**(Krating Poonpol)과 함께 태국 최초 벤처 캐피탈 펀드인 '500 툭툭(500 TukTuks)'을 시작했다. 물론 이 전에도 앤젤 투자자나 패밀리 오피스 투자가 존재했으나, 태국 최초의 독립적이고 전문적인 벤처 캐피탈은 '500 툭툭'으로 보는 이가 많았다. 현재 이 펀드는 50여 개 이상의 태국 및 아세안 스타트업에 투자하고 있으며, 태국에 어떤 스타트업이 있는지 알고 싶다면 '500 툭툭'의 포트폴리오를 살펴보라는 조언을 들을 정도로 활발한 활동을 하고 있다.

500 툭툭은 초기 단계 스타트업에 투자하는 것을 목표로 하고 있다. 이 펀드는 실리콘밸리의 문제 해결 방식과 인재 육성 접근법을 태국에 도입하여 스타트업 창업자들이 경쟁력을 갖출 수 있도록 지원하며, 해외 투자자들을 태국으로 유치하는 것을 주요 사명으로 삼고 있다. 2024년까지 태국 50여 개의 스타트업에 투자했으며, 대표적인 사례로 포멜로(Pomelo), 피노메나(Finnomena), 프레시켓(FreshKet), 고와비(Gowabi)와 같은 기업들이 있다.

크라팅은 현재 카시콘 비즈니스 테크놀로지 그룹(Kasikorn Business-Technology Group, KBTG)의 그룹 의장으로, 카시콘은행의 정보 및 디지털 기술 그룹을 총괄하며 2,500명 이상의 직원을 관리하고 있다. 그는 카시콘은행의 상위 다섯 명의 경영진 중 한 명으로, 글로벌 AI, 웹3, 딥테크 스타트업에 투자하는 1억 달러 규모의 KXVC 펀드를 운영하고 있다.

크라팅은 2016년 태국 올해의 기업인으로 선정되었고, 2019년 세계경제포럼에서 'Young Global Leader'로 선정되었다. 또한 2020년 ASEAN

CIO50에서 4위, 2024년 The Asian Banker에서 '올해의 정보 및 기술 리더' 상을 받았다. 그는 Kauffman Fellowship Program에 참여한 첫 번째 태국인이기도 하다.

태국 최초 엑셀러레이터

'500 툭툭'이 주로 시드 단계 스타트업 투자에 집중했다면, **디텍 엑셀러레이트(DTAC Accelerate)**는 시드와 시리즈 A 단계 스타트업들의 엑셀러레이터 역할을 했다. 디텍은 노르웨이 텔레노어(Telenor) 통신사의 태국 자회사로, 디텍 엑셀러레이트는 2012년에 시작되어 8년 동안 약 60개 이상의 스타트업을 육성했다.

해당 스타트업은 '500 툭툭'의 포트폴리오와도 연결되기도 한다. 두 프로그램은 태국 스타트업 생태계에서 본격적인 데뷔와 성장을 위한 주요 관문으로 여겨졌다. 특히 초기 스타트업에게 필수적인 멘토링과 네트워킹 기회를 제공하며, 태국의 혁신적인 창업 문화 형성에 큰 기여를 했다.

디텍 엑셀러레이트는 **솜폿(멩) 찬솜분(Sompoat (Meng) Chansomboon)**이 매니징 디렉터로서 7년 동안 이끌었다. 이 기간 동안 멩은 초기 단계 스타트업을 누구보다 가까이에서 지원하며, 태국 스타트업 창업자들에게 친구이자 멘토로 자리매김했다. 멩은 태국 스타트업 생태계에서 매우 활발한 네트워킹 능력을 자랑하며, 거의 모든 태국 스타트업이 멩을 통해 연결될 수 있을 정도로 넓은 인맥을 보유하고 있다. 현재는 태국 쿠룽

자료: 링크드인(@sompoat-chansomboon-036704a0)

타이 은행(KrungThai Bank) 산하의 KT 벤처 캐피탈의 대표로 재직하며, 스타트업 생태계에 지속적으로 기여하고 있다.

태국 CVC의 선구자

폴 폴라팟 아크(Paul Polapat Ark)는 태국 스타트업 생태계를 위해 쓴소리를 마다하지 않는 어른이다. 폴은 오랜 해외 생활을 마치고 2015년에 고향인 태국으로 돌아와, 2016년부터 2020년까지 태국 최초 상업은행인 시암커머셜은행(Siam Commercial Bank) 산하의 기업형 벤처 캐피탈(Corporate

Venture Capital)인 '디지털 벤처스(Digital Ventures)'를 이끌었다. 2023년부터
는 기후 문제에 초점을 맞춘 초기 단계 벤처 캐피탈인 '래디컬 펀드(The
Radical Fund)'에서 파트너로 활동하고 있다.

폴과의 다양한 대화를 통해 태국 스타트업 생태계에 대한 그의 깊은
식견과 애정을 배울 수 있었다. 그는 매출이나 수익성에 크게 신경 쓰지
않던 태국 스타트업들에게도 격려와 함께 쓴소리를 아끼지 않았고, 여
성 창업자와 ESG의 중요성을 항상 강조했다. 특히 태국의 대기업과 그
들이 운영하는 CVC가 우수한 인재를 흡수하여 오히려 스타트업 생태계
에 부정적인 영향을 줄 수 있다는 그의 의견은 매우 흥미로웠다.

폴은 태국 스타트업 생태계가 경쟁력을 키우기 위해 변화해야 한다

고 강하게 주장했다. 그는 태국 특유의 비판 회피와 조화를 중시하는 문화가 창업자들에게 필요한 냉철한 피드백을 가로막고 있다고 지적하며, 이로 인해 스타트업이 성장하는 데 한계를 겪고 있다고 말했다. 창업자들이 더 강한 도전과 비판을 받아들여 회복력과 끈기를 기르고, 사업의 본질에 집중해야 한다고 강조했다. 폴은 이제 태국 스타트업 생태계가 초기 보호 단계를 벗어나, 시장의 혹독한 현실에 대비해야 할 때라며, 훈련용 보조 바퀴를 떼고 진정한 경쟁에 나설 준비를 해야 한다고 촉구했다.

진화 중인 방콕 스타트업 생태계

여섯 명의 전문가는 방콕 스타트업 생태계의 역사를 처음부터 함께 써 내려온 산 증인들이다. 그들은 각자의 자리에서 혁신과 변화를 이끌어 내며, 생태계가 성장하는 모든 순간을 온몸으로 경험하고 증명해 온 이들이다. 그들의 헌신과 열정은 이 생태계를 더욱 풍성하고 강하게 만들어왔다.

이들의 노력을 시작으로 방콕은 아세안 스타트업 생태계에서 주목받는 시장으로 빠르게 부상했다. 이제 더 많은 투자자들과 창업자들이 방콕에 깊은 관심을 가지며, 이곳은 그들의 꿈과 비전이 모여 새로운 가능성을 만들어내는 중심지로 자리매김하고 있다. 방콕은 창업자들이 자신의 꿈을 실현하고, 비전을 현실로 바꿀 수 있는 무대로 거듭나고 있다.

방콕 스타트업 생태계는 이제 막 걸음마 단계를 넘어섰다. '실리콘밸

리'의 80여 년 역사와 비교하면 '방콕 밸리'의 역사는 10여 년에 불과하다. 하지만 그 짧은 시간에도 불구하고, 방콕이 가진 가능성과 잠재력은 끝없이 펼쳐져 있다. 이곳에는 무수한 아이디어와 혁신이 움트고 있으며, 그 열정은 앞으로도 한계를 뛰어넘을 것이다.

내가 만나본 많은 이들은 방콕 스타트업 생태계에 대한 깊은 애정을 가지고 있었다. 그들의 열정은 주변 사람들에게 깊은 영감을 주었고, 그 에너지는 더 많은 사람들을 끌어들이고 있었다. 나 또한 그들 중 하나로서 방콕 스타트업 생태계의 성장과 발전을 가까이에서 지켜보며 깊은 감명을 받았다.

창업자들의 끊임없는 열정과 도전은 단순한 꿈을 넘어, 현실을 바꾸는 강력한 원동력임을 깨달았다. 그들의 노력은 개인의 꿈을 넘어, 방콕의 미래를 바꾸는 힘이 되고 있었다.

14

스타트업에서 스케일업으로

태국의 스타트업 생태계는 여전히 아세안(ASEAN) 이웃 국가들에 비해 뒤처져 있다. 싱가포르에는 약 4,000개, 인도네시아에는 1,500개, 베트남에는 970개의 스타트업이 펀딩을 받아 활동하고 있는 반면, 태국은 600여 개에 불과하다. 특히, 태국의 많은 스타트업이 여전히 초기 단계에 머물러 있는 것이 문제다. **2019년부터 2023년까지 펀딩을 받은 스타트업 중 57%가 시드(seed) 단계에 있으며, 18%가 시리즈 A 단계[1]에 있다. 이는 태국 스타트업 생태계가 아직 초기 단계에 머물러 있음을 보여준다.**

그럼에도 불구하고, 방콕의 스타트업 생태계를 발전시키기 위해 다양한 이해관계자들이 적극적으로 나서고 있다. 투자자들, 스타트업 미

---

1   Benjamin Fingerle, Hanno Stegmann, Wing Vasiksiri, and Johannes von Rohr, "Firming up Thailand's startup ecosystem", Boston Consulting Group, December 2023.

펀딩받은 스타트업 개수

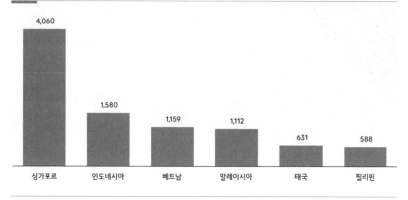

※2024년 10월 기준, 폐업/인수/합병 스타트업은 제외   자료: Tracxon

태국 단계별 스타트업 비중

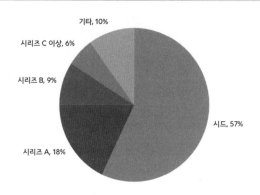

※2023년 8월 기준   자료: Tech in Asia, BCG

디어와 커뮤니티, 엑셀러레이터들이 스타트업의 성장을 지원하고 있으며, 정부 또한 다양한 지원책을 통해 생태계를 육성하고 있다. 특히 기업형 벤처 캐피탈(CVC)과 정부 기관 간의 협력은 스타트업들이 초기 단계의 도전들을 극복하고 성장할 수 있는 든든한 기반을 제공하고 있다.

스케일업은 창업 초기 단계와 성장 단계 사이에 존재하는 캐즘(Chasm)을 극복하고, 본격적인 성장 가도에 진입한 스타트업을 의미한다. 캐즘은 사업이 꽃을 피우기 전에 겪는 상당 기간의 침체 기간을 의미하며, 이러한 캐즘을 극복하기 위해서는 정부와 민간의 협력이 필수적이다.

방콕은 정부와 민간의 협력을 바탕으로 스타트업 생태계를 아세안의 선도적인 수준으로 끌어올리기 위해 지속적으로 노력하고 있다. 엑셀러레이터 프로그램의 확대, 기술 스타트업에 대한 투자 유치, 국제 네트워크 구축 등 다양한 전략을 통해 스타트업들이 자금을 확보하고 현지 시장에서 입지를 강화하며, 이를 발판으로 지역 및 글로벌 시장으로 확장할 수 있도록 지원하고 있다.

투자자

태국 최초 벤처 캐피탈인 500 툭툭 외에도, 다양한 투자자가 활동하고 있다. 특히 **크룽스리 피노베이트**(Krungsri Finnovate)는 가장 활발하게 활동하고 있는 기업형 벤처 캐피탈(CVC) 중 하나이다. 피노베이트는 태국 3대 은행 중 하나인 크룽스리은행(Krungsri Bank)의 기업 벤처 캐피털(CVC) 부문으로, 2016년에 설립되었다. 1억 5천만 달러(약 2,000억 원) 규모의 펀드를 운용하며, 주로 시드 단계부터 프리 시리즈 A 단계의 스타트업에 투자하고 있다.

투자 규모는 기업당 800만 바트에서 4,000만 바트(약 3억 원에서 16억 원)이다. 현재 약 30개의 스타트업에 투자하고 있으며, 그랩(Grab), 어센드 머니(Ascend Money), OPN과 같은 유니콘 기업뿐만 아니라, 농업 분야의 리컬트(Rikult)와 B2B CRM 솔루션 회사인 초코 CRM(Choco CRM) 등 유망한 태국 스타트업도 포트폴리오에 포함하고 있다.

크룽스리 피노베이트는 **샘 탄스쿨**(Sam Tanskul)이 이끌고 있으며, 그는 월드 비즈니스 아웃룩(World Business Outlook) 매거진에서 '2023년 태국 최고의 스타트업 벤처 캐피털 기업상'을 수상했다. 샘 탄스쿨은 방콕 스타트업 생태계에서 가장 활발하게 활동하는 전문가 중 한 명이다. 그는 태국의 스타트업 생태계 발전과 디지털 혁신을 위해 헌신하고 있으며, 방콕의 스타트업 생태계에서 반드시 만나봐야 할 중요한 인물로 꼽힌다.

아세안계 벤처 캐피탈 중 태국에 적극적으로 투자 활동을 하고 있는 투자자는 **오픈 스페이스**(Openspace)이다. 오픈 스페이스는 2014년에 싱가포르에서 설립된 아세안 중심의 벤처 캐피털 회사로, 인도네시아 고투 그룹(GoTo Group)의 초기 투자자로 잘 알려져 있다. 이 회사는 아세안 지역에서 약 50개의 스타트업에 투자했으며, 태국에서는 피노메나(Finnomena), 프레시캣(Freshket), 아바쿠스 디지털(Abacus Digital) 등에 투자했다.

오픈 스페이스의 태국 사무소는 **니차팟 아크**(Nichapat Ark)가 이끌고 있다. 니차팟은 태국 벤처 캐피털 협회(Thailand Venture Capital Association)의 디렉터로도 활동하며, 방콕 스타트업 생태계의 앰버서더로서 스타트업 창업자들에게 멘토링과 네트워킹 기회를 제공하고, 글로벌 투자자들과의 연결을 도모하고 있다. 또한 태국 스타트업들이 직면한 규제와 사업 확장 문제에 대해 조언하고, 정부와 협력하여 정책적 지원을 끌어내는

니차팟 아크(Nichapat Ark)

데에도 적극적으로 참여하고 있다. 이러한 공로로 니차팟은 2019년에 태국 총리상을 수상하기도 했다.

스타트업 미디어와 커뮤니티

다양한 스타트업 미디어와 커뮤니티 이벤트 역시 스타트업 생태계 발전에 중요한 역할을 하고 있다. **테크소스**(Techsauce)는 스타트업 관련 뉴스 보도, 커뮤니티 연결 디렉토리 제공, 태국 최대의 테크 이벤트 개최 등을 통해 스타트업 생태계에 활력을 불어넣고 있다. 이 같은 이벤트는 스타트업들에게 새로운 기술 동향과 시장 정보를 습득할 수 있는 기회를 제공하며, 네트워크를 확장하는 데도 도움이 된다.

스타트업 타일랜드(Startup Thailand)와 **트루 디지털 파크**(True Digital Park) 같은 커뮤니티들도 스타트업들이 정보를 공유하고 협력할 기회를 제공한다. 이들 커뮤니티는 창업자들이 직면한 문제를 함께 해결하도록 지원하며, 서로의 성공과 실패 경험을 공유함으로써 스타트업 생태계를 더욱 강화한다. **시암 파라곤 넥스트 테크**(Siam Paragon Next Tech)와 **SCBX**는 세미나와 워크숍을 통해 스타트업들이 전문성을 쌓고 네트워크를 확장하도록 돕는다. 이러한 지식 공유와 협력의 장은 스타트업들이 성장을 이루는 데 중요한 밑거름이 되고 있다.

엑셀러레이터

엑셀러레이터도 스타트업 성장에 중요한 역할을 하고 있다. 태국 최초의 엑설러레이트 프로그램인 DTAC 엑설레이트가 종료되었지만, 현재 10여 개의 엑셀러레이트 프로그램이 활발하게 운영되고 있다. 예를 들어, **트루 인큐브**(True Incube)는 트루 코퍼레이션(True Corporation)의 스타트업 인큐베이터로, 디지털 기술 분야의 스타트업들을 지원한다. 이 프로그램은 초기 자금 지원, 사무 공간 제공, 멘토링, 그리고 트루 그룹(True Group)의 광범위한 비즈니스 네트워크 접근 기회를 제공한다.

방콕은행 이노허브(Bangkok Bank Innohub)는 핀테크와 기술 스타트업에 초점을 맞춘 프로그램으로, 12주 동안 집중적인 멘토링과 네트워킹 기회를 제공한다. 이 프로그램은 방콕은행의 광범위한 고객 기반과 파트너 네트워크를 활용하여 스타트업들의 성장을 지원한다. 크룽스리은 행의 피노베이트도 엑셀러레이터 프로그램을 운영하고 있다.

스프린트 엑셀러레이터 프로그램(SPRINT Accelerator Program)은 태국 국립과학기술개발원(NSTDA)이 운영하는 프로그램으로, 과학 기술 기반의 스타트업들을 지원한다. 이 프로그램은 스타트업들에게 무료 공동 작업 공간과 실험실 접근을 제공하여 아이디어 검증과 제품 개발을 돕고 있다.

또한, **'AIS The Startup'**은 태국 최대 통신사인 AIS가 운영하는 프로그램으로, 통신 및 디지털 기술 분야의 스타트업들을 지원한다. 이 프로그램은 멘토링, 네트워킹, 그리고 AIS의 기술 인프라와 고객 기반을 활용할 수 있는 기회를 제공하고 있다.

라인 방콕 오피스에서 근무하면서 DTAC 엑셀러레이트와 크룽스리 은행의 엑셀러레이터 프로그램에서 많은 영감을 받았다. 자연스럽게 라인 메신저 플랫폼이 방콕의 초기 스타트업들을 어떻게 도울 수 있을지에 대한 고민으로 이어졌고, 그 결과 라인 태국 오피스 최초의 엑셀러레이터 프로그램인 **라인 스케일업**(LINE ScaleUp)을 설립하게 되었다. 이 프로그램은 라인 메신저 플랫폼을 활용해 스타트업들이 잠재 고객에게 쉽게 접근하고, 전략적 투자를 통해 다음 단계로 성장할 수 있도록 지원하는 것을 목표로 했다.

이 프로그램의 벤치마킹 대상은 중국의 위챗 미니프로그램이었다. 다양한 미니 프로그램을 분석한 결과, 태국의 여러 스타트업들이 라인 메신저 내에서 미니 프로그램처럼 생태계를 구축하면 큰 시너지를 낼 수 있을 것이라는 확신이 생겼다. 라인 스케일업 프로그램은 스타트업들의 성장을 돕기 위해 다양한 혜택을 제공했다. 예를 들어, 라인 메신저에서 고객과의 양방향 대화가 가능한 API를 무료로 제공하고, 기술 상담을 통해 제품과 서비스를 개선할 기회를 제공했으며, 최대 2천만 달러 규모의 사내 펀드를 통해 투자 기회를 마련해 스타트업들에게 새로운 가능성을 열어주었다.

라인 스케일업 프로그램은 여섯 개의 태국 스타트업들과의 실험적 협업을 통해 성과를 만들어갔다. 초기 스타트업들이 라인과 협력하며 성장하는 모습을 지켜보는 것은 개인적으로 매우 보람찬 경험이었다. 이러한 협업은 스타트업들의 성장을 촉진하는 것에 그치지 않고, 방콕 스타트업 생태계 전체의 발전에도 중요한 기여를 했다.

예를 들어, 시크스터(Seekster)는 라인 메신저를 통해 청소와 수리 서비스 예약 기능을 제공하여 고객들로부터 긍정적인 반응을 얻었고, 이를 바탕으로 B2B 시장으로도 확장했다. 고와비(Gowabi)는 온라인 뷰티 및 웰니스 예약 서비스를 라인 메신저를 통해 손쉽게 이용할 수 있게 하여 사용자 편의성을 높였다.

한편, 클레임디(Claimdi)는 라인 메신저를 통해 사고 발생 시 근처의 견인차를 신속히 호출하고, 보험 클레임을 빠르고 효율적으로 처리할 수 있는 시스템을 구축해 고객 만족도를 크게 향상시켰다. 피노메나(FINNOMENA)는 개인 투자자들을 위한 온라인 자산 관리 서비스를 제공하며, 라인 메신저를 통해 사용자들에게 자동 알림, 뉴스 요약, 자산 정보 요약 기능을 간편하게 제공함으로써 사용자 경험을 개선했다.

또한, 한국 유니콘 트립을 통해 한국의 성공적인 유니콘 기업들로부터 성장 경험을 공유하고 배울 수 있는 기회를 얻었다. 배달의 민족과 크래프톤 같은 유니콘 기업들을 방문해 이들의 비즈니스 모델과 조직 문화를 직접 체험하면서, 태국 스타트업들은 많은 영감을 받았다. 한국 투자자들의 피드백도 매우 인상적이었다. 처음에는 방콕 스타트업 생태계에 대해 낯설어했지만, 스타트업들의 피칭을 들으면서 점점 더 많은 관심을 가지게 되었고, 열정적으로 질문하고 답변을 주고받는 모습을 보였다.

〉 정부 기관 및 정책

정부 기관도 스타트업 생태계에서 중요한 역할을 담당하고 있다. 태국의 **디지털 경제 진흥 기구**(Digital Economy Promotion Agency, DEPA)는 국내 디지털 스타트업 생태계를 강화하고, 글로벌 확장을 지원하기 위해 다양한 프로그램을 운영하고 있다. DEPA의 주요 프로그램인 'DEPA 디지털 스타트업 펀드(D-startup)'는 초기 단계 스타트업에 최대 100만 바트(약 4,000만 원)의 자금을 지원[2]하며, 지금까지 약 160개의 태국 디지털 스타트업을 후원하여 150억 바트(약 6,000억 원) 이상의 수익을 창출[3]해왔다.

DEPA는 2024년까지 20개 이상의 추가 스타트업을 지원할 계획이며, 이를 통해 태국의 디지털 경제가 더욱 활성화될 것으로 기대하고 있다. 이러한 종합적인 지원 체계는 태국 스타트업의 혁신과 성장을 가속화하고 있으며, 투자자들에게 DEPA의 지원을 받는 스타트업들이 검증된 잠

---

2   Yong-Joon Bae, "Thai Government Unveils DEPA Digital Startup Fund to Propel Global Expansion", AsiaTechDaily, January 10, 2024.

3   "Thai government sets up 'angel fund' for new startups", The Nation, January 6, 2024.

재력과 높은 성공 가능성을 지니고 있음을 보여주는 중요한 지표가 되고 있다.

또한, DEPA는 아세안 지역의 차세대 디지털 허브로 자리 잡기 위해 '타일랜드 디지털 밸리(Thailand Digital Valley)'를 조성하고 있다. 타일랜드 디지털 밸리는 방콕에서 약 1시간 반 거리에 있는 촌부리에 위치하며, 총 10만 평방미터 규모의 다섯 개 주요 건물로 이루어진 디지털 경제의 핵심 프로젝트이다. 주요 건물 중 하나인 디지털 스타트업 지식 교류 센터는 2021년에 이미 완공되었고, 나머지 네 개의 건물은 2025년까지 완공될 예정이다. 이 프로젝트는 40억 바트(약 1,600억 원) 규모로, 2만 개 이상의 디지털 일자리를 창출[4]하는 것을 목표로 하고 있다.

이미 다양한 테크 회사들이 타일랜드 디지털 밸리에 참여하고 있다. AIS는 5G 기술을 통해 학습과 체험의 장을 제공하고 있으며, 화웨이는 인공지능(AI)과 클라우드 인재를 양성하기 위한 센터를 설립할 예정이다. 에릭슨, 시스코, 오라클도 함께 참여하여 디지털 혁신을 이끌어가고 있다. 태국 정부는 이 프로젝트를 통해 더 많은 외국 기업을 유치하고, 태국의 스타트업 생태계를 활성화하여 글로벌 혁신 허브로 성장시키기 위해 적극적으로 노력하고 있다.

태국의 국가혁신원(National Innovation Agency, NIA)은 2003년에 설립된 공공기관으로, 태국을 혁신 국가로 발전시키는 것을 목표로 한다. NIA는 '육성(Groom) - 지원(Grant) - 성장(Growth) - 글로벌(Global)' 전략

---

4   Nongluck Ajanapanya, "Digital Valley welcomes the AIS Evolution Experience Centre", The Nation, June 28, 2024.

을 통해 태국의 혁신 생태계를 강화하고 있다.

NIA의 지원은 단순한 자금 제공을 넘어, 종합적인 생태계 구축에 초점을 맞추고 있다. '기업 공동 투자' 제도를 통해 시드 단계부터 프리 시리즈 A 단계의 스타트업에 최대 1,000만 바트(약 40억 원)를 투자[5]했다. 지난 15년 동안 3,133개 이상의 혁신 프로젝트에 약 35억 8천만 바트(약 1,400억 원)를 지원하여 503억 바트(약 2조 원) 이상의 투자 가치를 창출했다. 또한, 10억 바트(약 400억) 펀드를 조성해 2027년까지 1만 개의 혁신 기업을 지원할 계획[6]이다. 특히 푸드테크, 스마트 농업, 헬스케어, 클라이밋 테크 분야의 스타트업 육성에 중점을 두고 있다.

NIA는 국제 협력을 통해 태국 스타트업의 글로벌 진출을 적극 지원하고 있다. 2024년 6월, NIA는 아시아 베를린 포럼과 협약을 체결하여 태국 AI 스타트업의 유럽 진출을 지원하기로 했다. 이를 통해 워크숍, 컨설팅 프로그램, 교환 방문 등 다양한 프로그램을 제공할 예정이다. 이에 앞서, 2024년 4월에는 한국의 와이앤아처(Y&Archer) 및 경기도경제과학진흥원과 MOU를 체결하여 한국과 태국 스타트업의 상호 진출을 지원하기로 했다.

NIA의 이러한 노력은 태국 스타트업 생태계의 글로벌 경쟁력을 높이고 있다. 최근에는 금융 지원 정책을 개편하여, 단순한 프로토타입 개발 지원에서 벗어나 스타트업과 중소기업의 시장 진출을 돕는 데 초점을 맞

---

5   Suchit Leesa-nguansuk, "NIA targets startups for global expansion", Bangkok Post, September 3, 2024.

6   Suchit Leesa-nguansuk, "National Innovation Agency mulls B1bn private equity trust", Bangkok Post, July 17, 2024.

추고 있다. 2024년에는 3억 바트(약 120억 원)를 할당하여 이들 기업을 지원하고 있으며, 2027년까지 이 예산을 100억 바트(약 4,000억 원)로 확대할 계획[7]이다. 이러한 NIA의 종합적인 지원은 투자자들에게 태국 스타트업 시장의 잠재력과 성장 가능성을 보여주는 중요한 지표가 되고 있다.

DEPA, NIA와 함께 **태국 투자청**(Thailand Board of Investment, BOI)도 현지 스타트업 생태계 발전에 큰 기여를 하고 있다. BOI는 1966년에 설립된 정부 기관으로, 태국의 산업 발전과 외국 투자 유치를 촉진하고 있다. BOI는 서울, 광저우, 상하이, 도쿄, 타이페이, 뭄바이, 파리, 프랑크푸르트, 뉴욕 등 14개 해외 지점을 운영하고 있다.

BOI는 외국인 투자자들에게 다양한 인센티브를 제공하며, 특히 소프트웨어와 디지털 서비스 부문에 특별한 혜택을 제공하고 있다. 임베디드 소프트웨어, 기업용 소프트웨어, 디지털 콘텐츠, 고부가가치 소프트웨어(빅데이터, 사이버보안, 산업용 소프트웨어 등) 분야에 100만 바트(약 4천만 원) 이상 투자 시 다양한 세제 혜택을 받을 수 있다. BOI 승인을 받은 스타트업은 100% 외국인 투자가 가능해, 일반적으로 49%로 제한되는 외국인 투자 한도를 초과하는 혜택을 누릴 수 있다.

BOI의 지원을 받기 위해서는 지정된 산업 분야에 해당해야 하며, 친환경 활동과 에너지 절약에 기여하는 사업이 우대된다. 승인 절차는 약 30일이 소요되며, 승인된 기업은 업종에 따라 최대 8년간 법인 소득세 면제, 기계 및 원자재 수입 관세 면제 등의 혜택을 받는다. 또한, 승인 기업

---

[7]   Alex Morgan, "NIA Reform: Thailand supports startups and SMEs market entry", Thaiger, October 18, 2023.

은 외화 송금, 외국인 노동자 고용, 비자 및 취업 허가의 신속한 처리 혜택도 제공 받는다. 특히, BOI의 '스마트 비자' 제도는 10대 미래 산업 분야(자동차, 전자, 의료·웰니스, 농업·생명과학, 식품, 로봇, 항공·물류, 디지털 경제, 바이오, 의료서비스) 전문가, 투자자, 기업가들에게 최대 4년간 유효한 비자를 발급을 지원해준다.

이러한 지원 정책은 외국인 창업자들이 태국에서 원활하게 사업을 시작하도록 돕고, 태국의 경제 성장과 기술 혁신에 기여하고 있다. 또한, 창업 생태계 활성화를 통해 일자리 창출과 지역 경제 발전을 촉진하며, 외국인들이 태국 시장에 진출할 수 있는 기회를 제공하고 있다.

태국의 기술 인프라도 스타트업 생태계 발전에 중요한 역할을 한다. 태국 정부는 인더스트리 4.0(Industry 4.0) 비전에 따라 디지털 ID, 오픈 데이터 등의 플랫폼을 도입해 디지털 이코노미 발전을 가속화시키고 있다.

태국의 **디지털 ID**(National Digital ID, NDID)는 2018년 태국 정부가 주도하여 시작한 프로젝트로, 국민에게 안전하고 유연한 본인 인증 방식을 제공하는 것을 목표로 한다. NDID 시스템의 핵심은 개인이 자신의 정보를 스스로 관리할 수 있도록 하는 '자기 주권(Self-Sovereign)' 개념에 기반하고 있다. NDID는 시민증(Citizen ID), 은행 계좌, 여권 번호, 세금 ID, 생체 정보 등 다양한 신뢰할 수 있는 신원 정보를 활용할 수 있도록 설계되었다.

태국의 NDID는 블록체인 기술을 활용한 분산 구조를 통해 보안성과 사용자 중심의 정보 관리를 실현하고 있다. 반면, 유럽연합의 eID는 다국적 환경에서의 상호운용성에 중점을 두고 있으며, 유럽 전역에서 전자 신분증과 인증 서비스를 표준화하여 회원국이 동일한 시스템을 사용할 수 있도록 만든 규정이다. 이는 각국의 주권과 법규를 존중하면서도 개인 정보 보호를 위한 장치를 마련하고 있지만, 국가 간 호환성 문제와 높은 구축 비용의 한계가 있다.

태국 NDID 시스템은 2018년 개발을 시작으로 2019년에 파일럿 테스트를 거쳐, 2020년부터 은행과 금융 기관을 중심으로 본격적인 서비스가 시작[8]되었다. 2021년 3월부터는 태국 국세청(Thailand Revenue Department)의 개인소득세 전자 신고 시스템에 적용되었으며, 2022년부터는 정부 전반의 서비스로 확대되었다. NDID 시스템에 대한 구체적인 투자 금액은 공개되지 않았으나, 태국 정부는 2016년부터 2021년까지 디지털 경제 발전을 위해 총 20억 달러(약 2조 6,000억 원) 이상을 투자했으며, 이 중 상당 부분이 NDID 시스템 개발에 사용된 것으로 추정된다.

NDID는 금융, 정부, 의료, 교육 등 다양한 분야에서 활용되고 있다. 금융 서비스에서는 계좌 개설, 대출 신청, 보험 가입 등에 사용되며, 정부 서비스에서는 세금 신고, 복지 혜택 신청, 운전면허 갱신 등을 지원한다. 의료 분야에서는 환자 신원 확인과 의료 기록 접근, 교육 분야에서는 학생 인증과 온라인 시험 응시에 사용된다. 2022년 기준 NDID를 통한 인증 서비스는 100개 이상으로 확대되었으며, 2025년까지 모든 정부 서비스와 주요 민간 서비스에 적용될 예정[9]이다. eKYC 방식을 통해 안면 인식과 비밀 번호만으로도 서비스를 이용할 수 있으며, 전자 서명을 통

---

8   Frank Hersey, "Thailand's blockchain digital ID infrastructure – an ecosystem in an ID ecosystem", BiometricUpdate, March 20, 2023.

9   Somruedi Banchongduang, "NDID bullish on outlook for identity verification", Bangkok Post, May 21, 2022.

해 쉽게 계약을 체결할 수 있다.

또한, **태국의 '오픈 정부 데이터(Open Government Data)' 이니셔티브**
는 2013년에 전자 정부청(EGA, 현 Digital Government Development Agency)
이 국가 중앙 오픈 데이터 포털인 오픈 정부 데이터센터(Open Government
Data Centre)를 운영하면서 본격적으로 시작되었다. 2015년, 태국 정부
는 첫 번째 오픈 데이터 전략을 발표하고 10가지 핵심 원칙을 제시했으
며, 2018년까지 2,000개 이상의 오픈 데이터셋을 제공하는 성과를 거두
었다. 이러한 노력의 결과로 2023년 기준 data.go.th에는 11,000개 이상의
오픈 데이터셋이 포함[10]되어 있다.

오픈 데이터는 정부 데이터의 투명성과 접근성을 높이고, 시민 참여
와 혁신을 촉진하며 경제적 가치를 창출하는 것을 목표로 한다. 이를 위
해 태국 정부는 오픈 정부 데이터 워킹 그룹(Open Government Data Working
Group)과 오픈 정부 데이터 위원회(Open Government Data Committee)를 설
립하였고, 2018년에는 오픈 정부 파트너십(OGP)에 참여하는 등 여러 이
니셔티브를 추진하고 있다. 또한, 오픈 정부 데이터 컨퍼런스, 국제 오픈
데이터의 날, 데이터 커뮤니티 참여 프로젝트 등을 통해 오픈 데이터 생
태계 전반에 대한 인식을 제고하고 있다.

태국의 오픈 데이터 정책은 다양한 법적 프레임워크와 규정을 바탕
으로 하고 있다. 1997년 정보 공개법(Official Information Act)을 시작으로,
2011년 내각 결의, 2019년 디지털 행정 및 서비스 제공법(Digitalisation of

---

10 "Empowering Thailand's digital government with open data", OpenDataInstitute, June 5,
    2024.

Public Administration and Services Delivery Act) 등이 이러한 정책의 근간을 이루고 있다. 이러한 법적 기반을 통해 정부 기관들은 데이터를 공개적으로 공유할 의무가 있으며, 오픈 데이터는 정부 성과 지표의 중요한 요소로 자리 잡았다.

오픈 데이터 정책은 스타트업과 해외 투자자에게도 중요한 기회를 제공한다. 공공 데이터를 통해 시장과 고객에 대한 조사를 효율적으로 진행할 수 있으며, 데이터 기반의 모바일 앱이나 데이터 분석 서비스 같은 새로운 비즈니스 모델을 개발할 수 있다. 또한, 정부와 공공기관이 보유한 데이터를 무료로 활용할 수 있어 초기 투자 비용을 절감할 수 있다. 이러한 접근은 특히 자금이 제한된 스타트업에게 큰 이점이며, 불확실성을 줄여 사업 모델을 구상하는 데 도움이 된다. 정부의 투명성을 높이는 오픈 데이터 정책은 해외 투자자들에게도 신뢰를 제공하며, 혁신 생태계를 조성하여 다양한 이해관계자 간 협력을 촉진한다. 이는 태국의 디지털 경제 성장과 글로벌 경쟁력 강화를 위한 중요한 기반이 되고 있다.

방콕의 스타트업 생태계는 다양한 이해관계자들의 협력을 통해 혁신을 추구하고 있다. 창업자, 투자자, 미디어, 엑셀러레이터, 그리고 정부 기관 등 여러 주체들이 각자의 비전을 공유하고, 이를 실현하기 위해 지속적으로 노력하고 있다.

이러한 협력은 방콕 스타트업 생태계를 더욱 강력하고 지속 가능한 생태계로 발전시키고 있으며, 방콕을 아세안 지역의 디지털 혁신 허브로 성장시키는 데 중요한 역할을 하고 있다. 특히, 창업 지원 프로그램과

액셀러레이팅 프로그램을 통한 인프라 확충과 네트워크 강화는 방콕 스
타트업들의 글로벌 경쟁력을 높이는 데 기여하고 있다.

15

태국
첫 유니콘의 탄생

첫 번째 유니콘을 향한 열망

유니콘은 상상의 동물이다. 태국은 2021년 첫 유니콘이 탄생하기 전까지 10년 동안 그 상상의 동물을 꿈꿔왔다. 싱가포르와 말레이시아의 그랩, 인도네시아의 고젝, 베트남의 VNG, 필리핀의 레볼루션 크래프티드 등 다른 아세안 국가에서 유니콘이 탄생할 때마다, 아세안 제2 경제 대국인 태국은 자존심에 상처를 입었다.

태국은 외형적으로 모바일 혁신에 유리한 환경을 가지고 있었지만, 현지 스타트업 생태계는 다른 나라들에 비해 뒤처져 있었다. 아세안 제2의 경제 대국으로서 1인당 국민소득은 약 7,000달러로 중진국 수준이고, 모바일 사용 시간은 전 세계에서 필리핀과 함께 1, 2위를 다툴 정도였다. 이는 태국 국민들이 모바일 기기를 일상적으로 많이 활용하고 있다는 것을 의미한다. 디지털 이코노미 규모 역시 빠르게 성장해 아세안에서 2위를 차지하고 있었으며, 이는 금융, 전자상거래, 서비스 등 다양한 분야에서의 디지털 전환을 반영한다.

그러나 태국의 디지털 이코노미 성장을 뒷받침하는 서비스는 대부분 글로벌 기업 또는 다른 아세안 국가의 사업자들에 의해 제공되고 있었다. 이는 현지 스타트업들이 경쟁력을 가지기 어렵게 만드는 요인이었다. 태국 스타트업들은 여전히 글로벌 기업에 비해 기술력과 자본에서 밀리며, 디지털 이코노미의 핵심적인 서비스 제공자로 자리 잡는 데 어려움을 겪고 있었다.

한 태국인 벤처 캐피탈 투자자는 스타트업 생태계가 발전하지 못하는 이유를 태국인들의 문제 대처 방식에서 찾았다. 태국인들이 자주 사용하는 표현 중 하나는 '사바이(สะ-บาย)'이다. 이는 '편안하다'라는 뜻으로, 일상생활에서 문제가 생겨도 **'사바이 사바이'**를 외치며 평안을 추구하는 경향이 있다.

그는 태국인들이 문제를 해결하는 방식에 대해 세 가지로 설명했다. 첫 번째는 문제가 발생하면 그것을 문제로 인식하는 자신의 생각을 문제로 여겨 '사바이 사바이'를 읊조리며 평정을 찾는 것이다. 두 번째는 다른 문제를 찾아 떠나는 것으로, 현재의 문제를 새로운 문제로 덮어버리는 방식이다. 이러한 태도는 문제가 심각하게 인식되지 않고 해결되지 않는 결과로 이어질 수 있다. 마지막으로야 그 문제를 진지하게 받아들이고 해결책을 찾는다.

이러한 접근 방식은 문제 해결의 우선순위를 뒤로 미루는 경향이 있어, 스타트업과 같이 빠르고 창의적인 문제 해결을 요구하는 환경에서는 부적합할 수 있다. 스타트업은 결국 일상의 작은 문제들을 해결하려

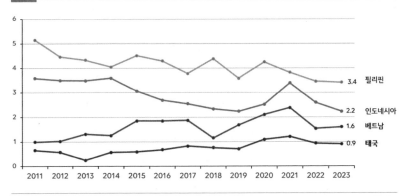

자료: 월드뱅크

는 노력의 산물이지만, 태국인들이 추구하는 삶의 철학과는 맞지 않는 다는 것이 그의 설명이었다.

그러나 태국인의 고유한 특성만으로 스타트업 생태계의 발전이 더 딘 이유를 설명하기에는 부족하다. 오히려 태국 경제가 아세안 어느 나라보다 안정적이어서 창업에 대한 관심이 적었다고 보는 것이 더 타당할 수 있다.

월드뱅크 데이터에 따르면, **2011년부터 2019년까지 태국의 평균 실업률은 0.6%로 완전 고용 수준에 가까웠다.** 같은 기간 동안 인도네시아는 4.3%, 베트남은 1.4% 수준이었다. 또한, 태국에는 테크 탤런트도 절대적으로 부족하다. 2020년 1월 기준으로 링크드인에 파이썬, 자바스크립트 또는 소프트웨어 엔지니어, 개발자를 직함으로 가진 이들은 인도네시아에 11만 명이 넘었으나, 베트남은 6만 9천 명, 태국은 5만 3천 명 수준이었다.

태국 스타트업 생태계의 많은 이들이 지적하는 가장 큰 문제는 테크

테크 탤런트 수

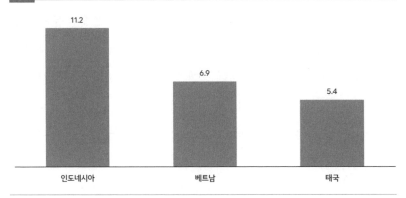

(단위: 만명)

※2020년 1월 기준, LinkedIn에서 소프트웨어 엔지니어 또는 파이썬/자바스크립트 등 개발자의 수

탤런트의 부족이다. 안정적인 경제 상황과 대기업이 인재를 모셔가는 현실, 그리고 테크 탤런트의 부족이 겹쳐 창업의 필요성을 느끼지 못하는 상황이 이어졌다.

창업하는 스타트업의 수가 적다 보니 펀딩 규모도 상대적으로 적었다. 2019년 기준[11]으로 인도네시아는 24억 달러(약 2조 7천억 원), 베트남은 2억 6천만 달러(약 3천억 원)였으나, 태국은 1억 1천만 달러(약 1,260억 원)로 베트남의 절반에도 미치지 못했다.

이러한 펀딩의 부족은 스타트업 생태계의 성장에 직접적인 영향을 미쳤다. 초기 단계에서 필요한 자금 조달이 어려워지면 스타트업이 혁신적인 아이디어를 실행하고 확장하는 데 한계가 생긴다. 또한 태국은 초기 자본을 지원할 수 있는 엔젤 투자자나 시드 단계 투자자 풀도 인도네시아나 베트남에 비해 적어, 초기 창업자들이 자금을 모으는 데 더욱

---

11   "Southeast Asia Tech Investment – FY 2020", Cento Ventures, March 26, 2021.

어려움을 겪었다.

결국 **태국에 오랫동안 유니콘이 없었던 이유는 구조적인 문제 때문이다.** 젊고 유망한 청년들이 스타트업 창업에 나서지 않았고, 이에 따라 펀딩 규모도 크지 않았다. 영어에 대한 익숙함도 부족하여 태국 내에서만 조언을 주고받는 폐쇄적인 상황이 이어졌으며, 인도네시아나 베트남처럼 미국에서 돌아온 교포(SEA Turtle)도 많지 않아 싱가포르 기반의 투자자들과의 접점도 부족했다.

결과적으로, 싱가포르를 중심으로 인도네시아와 베트남에 관심이 집중되었고, 태국은 늘 뒤처져 있었다. 또한 정부 차원의 적극적인 지원 정책이 부족했다는 점도 태국 스타트업 생태계의 발전을 저해하는 요인으로 작용했다. 다른 아세안 국가들이 창업 생태계를 활성화하기 위해 각종 세제 혜택과 규제 완화 정책을 시행한 반면, 태국 정부는 비교적 소극적이었다.

그러나 내가 만난 태국 스타트업 생태계에 몸담은 많은 이들의 열망은 뜨거웠다. 위워크(Wework), 허바(Hubba), 저스트코(Justco)와 같은 공유 오피스에는 눈빛이 반짝이는 인재들이 넘쳐났고, 20대 창업가들 중에는 외국에서 다양한 경험을 쌓아온 이들이 늘어나기 시작했다. 라인과 파트너십을 희망하는 창업가들은 적극적으로 고민과 시너지를 나누었다.

시드스터(Seedster)와 DTAC 엑셀러레이터와 같은 액셀러레이터는 다양한 스타트업 데모 데이와 피칭 대회를 열어 열정 있는 스타트업들과 만날 수 있는 장을 마련했다. 트루 디지털파크에서 만난 수많은 투자자들은 태국 스타트업에 대한 강한 믿음을 가지고 있었다. 외국에서 경험을 쌓고 태국으로 돌아온 선구적인 벤처 캐피탈 투자자들도 존재했고,

싱가포르 기반의 벤처 캐피탈들도 태국을 주목하기 시작했다. 긍정적인 메시지와 염원은 전염성이 강하다. 많은 이들의 꿈은 결국 태국의 첫 번째 유니콘에 대한 열망으로 이어졌다.

태국의 창업 생태계는 최근 몇 년 사이 긍정적인 변화의 징후를 보이기 시작했다. 다양한 창업 지원 프로그램과 엑셀러레이터가 등장하면서 초기 단계의 스타트업들이 자금과 네트워크를 확보할 수 있는 기회가 증가했다. 정부 역시 창업과 관련된 규제를 완화하고, 스타트업을 지원하기 위한 특별 자금을 마련하는 등 정책적 지원을 강화하려는 움직임을 보이고 있다.

또한 태국의 대기업들도 스타트업과의 협력을 확대하며, 혁신적인 기술을 받아들이기 위해 오픈 이노베이션을 추진하고 있다. 이러한 변화는 태국의 스타트업 생태계가 보다 경쟁력 있는 환경으로 성장하는 데 중요한 역할을 하고 있다.

유니콘이 될 확률은 1% 남짓에 불과하다. CBInsight의 2018년 보고서[12]에 따르면, 유니콘이 되는 스타트업은 시드 단계부터 총 6번의 투자를 받고, 중간에 실패할 확률도 67%에 달한다. 유니콘이 되지 못하고 중간에 인수 합병 등을 통해 마무리되는 경우도 30%에 가깝다. 이 모든 여정을 견디고 3~7년의 시간을 보내야 겨우 유니콘이 될 수 있다. **유니콘이 되기 위해서는 끊임없는 자금 조달과 전략적 파트너십 구축이 필요하다.**

---

12 "Venture Capital Funnel Shows Odds Of Becoming A Unicorn Are About 1%", CBInsights, September 6, 2018.

유니콘이 될 확률: 1% 내외

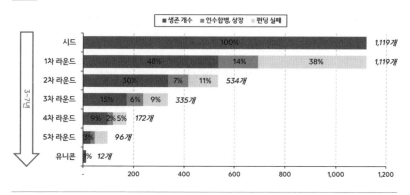

	■ 생존 개수	■ 인수합병, 상장	■ 펀딩 실패	
시드	100%			1,119개
1차 라운드	48%	14%	38%	1,119개
2차 라운드	30%	7%	11%	534개
3차 라운드	15%	6%	9%	335개
4차 라운드	9%	2% 5%	172개	
5차 라운드	3%	96개		
유니콘	%	12개		

※2008년~2010년 1,119개 스타트업 대상으로 시계열 추적한 결과　　　　　　　　　　자료: CBInsight

　　창업자들의 끈기와 혁신적인 문제 해결 능력도 중요한 요소로 작용한다. 태국의 상황을 고려할 때, 유니콘이 탄생하기까지 약 7년의 시간이 필요할 것으로 보았다. 대부분의 태국 스타트업이 2015년을 전후로 생겨나기 시작했으니, 단순 계산으로 보면 2015년부터 7년 후인 2022년 전후로 유니콘이 탄생할 것이라고 추론할 수 있다. 이러한 시간적 추정은 초기 창업 생태계의 구축과 안정적인 성장 단계에 진입하는 데 필요한 시간을 반영한 것이다.

　　추정은 틀리지 않았다. **2021년, 마침내 첫 번째 유니콘이 탄생했기 때문이다. 태국 스타트업 생태계에 몸담은 이들의 염원과 꿈이 마침내 실현된 것이다.** 이는 단순히 한 기업의 성공을 넘어서, 태국 전체 스타트업 생태계에 대한 자신감을 불어넣는 계기가 되었다. 첫 유니콘의 탄생은 다른 창업자들에게도 영감을 주었고, 태국의 젊은 기업가들이 새로운 도전을 하도록 장려하는 중요한 전환점이 되었다.

　　앞으로도 태국은 더 많은 유니콘을 배출하며 아세안 스타트업 허브로 자리매김할 잠재력을 가지고 있다. 이는 이제 시작일 뿐이며, 태국의 창업 생태계는 더욱 활기차고 역동적으로 변화할 것이다.

오랜 기다림의 결실

2021년, 태국에서 오랫동안 기다려온 유니콘 기업들이 탄생했다. 이 커머스 물류 회사 '**플래시 익스프레스**(Flash Express)'와 간편 결제 서비스 '**트루머니 월렛**(True Money Wallet)'을 운영하는 '**어센드 머니**(Ascend Money)'가 그 주인공이다. 2022년에는 음식 배달 및 생활 서비스 플랫폼 '**라인맨 웡나이**(LINE MAN Wongnai)'와 모바일 PG(Payment Gateway) 서비스를 제공하는 '**Opn**'이 유니콘 반열에 올랐다. 이들 기업은 물류, 결제, 배달 등 이커머스의 주요 분야에서 활동하며, 특히 플래시 익스프레스와 어센드 머니는 중국 알리바바와의 협력을 통해 글로벌 네트워크와 자본의 지원을 받아 빠르게 성장할 수 있었다.

태국 최초의 유니콘[13]은 이커머스 물류 서비스를 제공하는 '**플래시 익스프레스**'였다. 2021년 6월, 시리즈 D+와 시리즈 E 투자 라운드에서 총 1억 5천만 달러(약 2,000억 원)를 투자받아 기업 가치 10억 달러(약 1.3조 원)를 인정받으며 유니콘으로 등극했다. 이 유니콘의 탄생은 태국 물류 시장에 큰 전환점을 가져왔으며, 외국 기업이 주도하던 물류 시장에

---

13 Suchit Leesa-nguansuk, "Flash Group Becomes First Thai Unicorn: Startup Has a Goal to List as Leader in Asean", Bangkok Post, June 1, 2021.

서 로컬 기업이 주도적인 위치를 차지하는 계기가 되었다.

플래시 익스프레스의 성공은 다른 스타트업에도 긍정적인 자극을 주었고, 더 많은 혁신과 도전을 가능하게 했다. 플래시 익스프레스의 유니콘 등극은 태국 스타트업 생태계에 큰 놀라움을 안겼다. 이 회사는 2018년에 설립된 신생 기업으로 잘 알려지지 않았으며, 외부와의 교류도 많지 않았기 때문이다. 당시 현지에서는 케리 익스프레스(Kerry Express), 태국 우체국(Thailand Post), 싱가포르 기반 닌자밴(Ninja Van), 인도네시아 기반 J&T 익스프레스 등이 더 잘 알려져 있었다.

그러나 플래시 익스프레스는 실질적인 경쟁력을 지닌 회사였다. 15,000대의 배송 차량, 23개의 물류 센터, 1,300개의 물류 배급소를 운영하며 약 10,000개의 서비스 지점을 확보하고 있었다. 이는 태국 1위 물류 회사인 케리 익스프레스의 15,000개 지점과 비교할 만한 성장이었다. 2020년 케리가 태국 증권거래소에 상장된 이후, 플래시 익스프레스의 기업 가치를 1.3조 원으로 평가한 것은 그 성장 잠재력을 반영한 것이다.

공격적인 가격 전략은 플래시 익스프레스의 성공 요인 중 하나였다. 기존 사업자들이 제공하던 60바트(약 2,400원)과 비교해 저렴한 25바트(약 1,000원)으로 서비스를 제공하여 고객들의 큰 호응을 얻었고, 시장 점유율을 빠르게 확대할 수 있었다. 또한, 중국에 300여 명의 개발자를 두어 기술 경쟁력을 확보하며 서비스 품질을 높였다. 플래시 익스프레스는 당일 배송을 위해 지방으로 서비스를 확장 중이며, 주요 투자자 중 하나인 태국 1위 주유소 PTTOR와 협력해 서비스를 확대할 계획이다. 향후에는 간편 결제 서비스인 '플래시 페이(Flash Pay)'도 도입할 예정이다.

플래시 익스프레스의 유니콘 등극 과정은 흥미롭다. 이 회사는 중국

계인 콤산 리(Komsan Lee)와 알리바바에서 알리페이 및 클라우드 서비스 사업 경험이 있는 웨이지에 디(Weijie Di)가 공동 창업했다. 물류 사업에 대한 경험은 부족했지만, 중국의 산업 경험과 인사이트를 태국에 성공적으로 이식한 것이 성공 요인이었다. 알리바바 자회사인 라자다(Lazada) 쇼핑몰 근처에 물류 센터를 설립하고 초반부터 협력 관계를 구축하면서 성장의 발판을 마련했다.

초기에는 태국 투자자들보다는 중국 투자자들과 협력했다. 대표적인 투자자인 가오롱 캐피탈(Gaorong Capital)은 텐센트, 알리바바, 바이두 등 중국 주요 테크 기업의 창업자 및 경영진들이 참여한 벤처캐피털이다. 이들은 플래시 익스프레스의 B2B 서비스 이력과 인프라를 신뢰하고 투자에 참여했다. 이후 시리즈 D+ 라운드는 시암커머셜은행의 CVC

인 SCB 10X가 주도했으며, 시리즈 E 라운드에는 싱가포르의 Founder's Fund Buer Capital, 기존 투자자인 eWTP Capital, 태국 대기업들이 적극 참여했다.

두 번째 유니콘은 '**어센드 머니**'[14]이다. 2013년에 설립된 이 회사는 태국 2위 텔레콤 회사인 트루(True)에서 분사하여 설립된 기업으로, 태국 전자 지갑 1위인 '트루머니(True Money)'를 통해 간편 결제 및 송금 서비스를 제공한다. 어센드 머니는 특히 금융 접근성이 낮은 농촌 지역까지 서비스를 확장하여 더 많은 사람들이 디지털 금융 혜택을 누릴 수 있도록 중점을 두고 있다. 이를 통해 금융 포용성을 높이고, 경제 활동에 대한 접근을 확대하여 사회적 가치 창출과 성장에도 기여하고 있다.

트루는 태국 최대 재벌 그룹인 CP그룹의 자회사로, 어센드 머니는 든든한 지원을 받고 있다. 2021년 9월, CP그룹 외에도 알리바바 그룹의 알리페이와 미국 사모펀드 Bow Wave Capital이 1억 5천만 달러(약 2,000억 원)를 투자하면서 기업 가치를 1.3조 원 이상으로 평가받았다.

어센드 머니는 대기업의 지원을 받는 스타트업으로, 네이버가 네이버 페이를 별도 자회사로 만들어 외부 투자를 유치한 것과 유사한 형태로 운영된다. 반면, 플래시 익스프레스는 개인 창업자와 벤처캐피털의 투자를 통해 성장한 스타트업으로, 향후 벤처캐피털의 투자 회수가 이루어질 경우 태국 스타트업 생태계에 긍정적인 영향을 미칠 것으로 기대된다.

---

14 Deepti Sri, "Ant-backed Ascend Money Becomes Thailand's First Fintech Unicorn", TechInAsia, September 27, 2021.

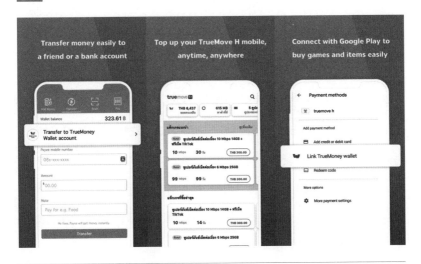

자료: 트루머니 웹페이지

세 번째 유니콘은 '라인맨 웡나이'[15]이다. 2022년 싱가포르 국부펀드 GIC가 주도한 2억 6천 5백만 달러(약 3,500억 원) 규모의 투자 라운드를 통해 유니콘이 되었다. 라인맨 웡나이의 모회사인 라인, 대만 모바일(Taiwan Mobile), BRV 캐피탈 매니지먼트, PTT 오일&리테일 비즈니스 등도 시리즈 B 라운드에 참여하여 기업 가치를 10억 달러 이상으로 끌어올렸다. 라인맨 웡나이는 음식 배달, 식당 리뷰, 생활 편의 서비스를 결합한 플랫폼으로, 코로나19 팬데믹 동안 폭발적인 수요 증가로 빠르게 성장했다. 라인맨 웡나이는 태국에서 음식 배달, 식당 리뷰, 생활 편의 서

---

15 Gabriel Budi Sutrisno, "Foodtech Firm Line Man Wongnai Joins Thailand's Unicorn Club", TechInAsia, September 26, 2022.

비스를 통합하여 고객에게 다양한 서비스를 제공하고 있다.

네 번째 유니콘인 **Opn**(구 Omise)은 2013년 준 하세가와(Jun Hasegawa) 와 에즈라 돈 하린수트(Ezra Don Harinsut)가 공동 창업한 태국의 핀테크 스타트업이다. 이 회사는 온라인 결제 게이트웨이와 금융 서비스 플랫 폼을 제공하며, 아세안 지역의 디지털 결제 시장에서 빠르게 선두 주자 로 성장해 왔다. Opn의 주요 서비스에는 온라인 결제 처리, 전자 지갑, 블록체인 기반 금융 솔루션 등이 포함되며, 태국을 비롯해 일본, 싱가포 르, 인도네시아, 말레이시아, 필리핀, 베트남 등에서도 사업을 확장하고 있다. 현재 Opn은 7,000개 이상의 상인들에게 서비스를 제공하고 있으 며, 500명의 직원들이 함께 일하고 있다.

2022년 Opn은 JIC Venture Growth Investments, MUFG Bank, Mars Growth Capital 등으로부터 1억 2천만 달러의 시리즈 C+ 투자를 유치하 며 기업 가치를 10억 달러 이상으로 끌어올려 유니콘 기업의 반열에 올 랐다. 이 투자는 Opn의 기술 개발과 사업 확장에 중요한 기반이 되었으 며, 회사가 새로운 시장에 진출할 수 있는 발판을 마련해 주었다.

마지막으로 태국 최대 가상 자산 거래소 중 하나인 '**비트커브**(Bit- kub)'를 언급할 필요가 있다. 비트커브는 태국인 탑 지라윳(Topp Jirayut Srupsrisopa)이 창업한 회사로, 2021년 11월 시암커머셜은행의 CVC인 SCB 10X가 기업 가치를 350억 바트(약 1.3조 원)으로 평가하며 51% 지분 을 인수하면서 유니콘 반열에 올랐다.

비트커브는 태국 최대 가상 자산 거래소로, 블록체인 기술을 기반으 로 다양한 디지털 자산 거래 서비스를 제공한다. 특히, 비트커브는 태국 내 가상 자산 생태계를 발전시키기 위해 적극적인 기술 도입과 규제 준수를 통해 신뢰성을 확보했으며, 이러한 점이 투자자들에게 긍정적으로 평가받았다.

그러나 2022년 8월 SCB 10X는 암호 화폐 시장의 변동성으로 인해 기업 가치 재검토를 발표했고, 2023년 8월에는 공식적으로 비트커브 인수를 철회[16]했다. 이후 비트커브는 IPO를 계획하고 있으며, 최고경영자 탑 지라웃은 태국 증권거래소 상장을 통해 자금을 확보하려는 전략을 세웠다.

태국 유니콘 기업의 탄생 배경에는 중국계 자본의 적극적인 투자가 있다. 플래시 익스프레스와 어센드 머니는 알리바바와 밀접한 관계가 있으며, 알리바바는 자회사 앤트 파이낸셜을 통해 주요 국가의 전자 결제 서비스에 투자하고 있다. 이러한 중국계 자본의 적극적인 투자 덕분에 태국 스타트업들은 기술 혁신과 시장 확대에 필요한 자원을 확보할 수 있었다.

특히 알리바바와 같은 대형 기업의 참여는 태국의 디지털 이코노미 발전에 큰 힘이 되었으며, 이는 스타트업 생태계의 성장에도 긍정적인 영향을 미쳤다. 아세안 이커머스 시장은 알리바바가 투자한 '라자다(Lazada)'와 텐센트가 투자한 'SEA그룹'의 '쇼피(Shopee)'가 주도하고 있으며, 결제 및 물류 분야에서도 중국계 자본이 중요한 역할을 하고 있다. 이러한 배경에는 중국 자본의 자원과 네트워크를 활용해 아세안 전역의 이커머스 생태계를 발전시키려는 전략이 있다.

---

16 "SCB Scraps Deal for Bitkub: Bank Says Country's Biggest Digital Asset Exchange Needs Time to Sort Out Regulatory Issues", Bangkok Post, August 25, 2022,

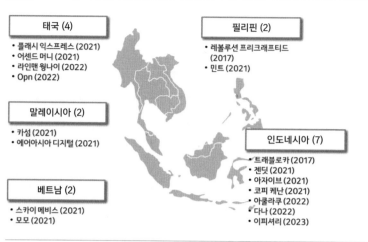

아세안 유니콘: 33개

태국 (4)
• 플래시 익스프레스 (2021)
• 어센드 머니 (2021)
• 라인맨 웡나이 (2022)
• Opn (2022)

말레이시아 (2)
• 카섬 (2021)
• 에어아시아 디지털 (2021)

베트남 (2)
• 스카이 메비스 (2021)
• 모모 (2021)

필리핀 (2)
• 레볼루션 프리크래프티드
(2017)
• 민트 (2021)

인도네시아 (7)
• 트래블로카 (2017)
• 젠딧 (2021)
• 아자이브 (2021)
• 코피 케난 (2021)
• 아쿨라쿠 (2022)
• 다나 (2022)
• 이피셔리 (2023)

싱가포르 (16)
• 쉬인 (2018)
• 트랙스 (2019)
• 하이얼루트 (2020)
• 팻스냅 (2021)
• 모글릭스 (2021)
• 앰버 그룹 (2021)
• 매트릭스포트 (2021)
• 카로 (2021)
• 볼트테크 (2021)
• 니움 (2021)
• 어드밴스 인텔리전스 그룹 (2021)
• 캐러셀 (2021)
• 닌자 밴 (2021)
• 원 (2021)
• 코다 페이먼츠 (2022)
• 크레디보 홀딩스 (2022)

※2024년 10월 기준   자료: CBIn

알리바바와 텐센트는 아세안의 스타트업 생태계를 선도하며 지속적으로 자본을 투입해 각국의 경제 발전에 기여하고 있다. 이번 태국 유니콘의 탄생은 중국 자본의 아세안 시장에 대한 관심이 태국으로 확대되는 신호로 볼 수 있으며, 이는 향후 태국 스타트업들이 더욱 글로벌한 무대에서 경쟁력을 갖추는 데 긍정적인 영향을 미칠 것이다.

태국의 유니콘 기업 등장은 새로운 시작을 알리는 신호이다. 이들 기업의 성장은 단순한 개별 기업의 성공을 넘어, 태국 경제와 사회에 긍정적인 변화를 가져올 가능성을 보여준다. 유니콘 기업들이 창출하는 고용과 경제적 파급 효과는 태국 경제의 회복과 지속 가능한 성장에 중요한 기여를 할 것이다. 태국 정부와 민간 부문이 협력하여 스타트업 생태계를 강화하고, 혁신을 촉진하는 지원이 지속된다면, 태국은 아세안의 스타트업 허브로 자리 잡을 수 있을 것이다.

유니콘 기업의 성장은 태국 스타트업 생태계가 점점 더 성숙해지고 있음을 보여준다. **앞으로 더 많은 혁신적인 스타트업이 태국에서 탄생할 가능성이 크며, 이를 위해 정부와 민간 부문 간의 협력, 자본 투자, 인프라 지원이 필수적이다.** 특히 글로벌 시장에서 경쟁력을 갖추기 위해 기술 개발과 인재 양성이 매우 중요하다. 태국은 이러한 기회를 통해 지속 가능한 성장과 혁신을 이루어야 하며, 이는 아세안 전체 스타트업 생태계에도 긍정적인 영향을 미칠 것이다.

외국인의 태국 스타트업 진출 전략

태국은 동남아시아의 유망한 창업 허브로, 외국인 창업자들에게 매력적인 기회를 제공하는 시장이다. 성공적인 스타트업 설립을 위해서는 철저한 시장 조사와 전략적 접근이 필수적이다. 태국의 산업 동향, 소비자 니즈, 경쟁 구도를 분석해 명확한 비즈니스 목표를 설정해야 한다. 법적·행정적 절차는 사업자 등록, 비자 및 워크 퍼밋 발급, 세금 신고 등을 포함하며, 초기 단계에서 전문 컨설턴트나 로펌의 지원을 받는 것이 효율적이다.

현지화와 네트워크 구축은 성공을 좌우하는 핵심 요소다. 사업에 적합한 오피스 위치를 선정하고, 현지 인재 채용 전략을 마련해야 한다. 태국 정부의 지원 프로그램을 적극 활용하고, 현지 기업과의 파트너십을 통해 시장 내 입지를 강화할 필요가 있다. 마이뺀라이와 끄랭차이와 같은 태국 특유의 비즈니스 문화를 이해하면 신뢰 기반의 협업 관계를 구축하는 데 유리하다. 마지막으로, 리스크 관리 계획을 세워 변동성에 대비해야 한다. 태국은 가능성과 도전이 공존하는 시장이다. 철저한 준비와 현지화 전략으로 성공적인 창업을 이룰 수 있을 것이다.

① 시장 이해 및 초기 진출 전략 수립
② 법적/행정적 절차 준비
③ 오피스 위치 선정 및 현지 채용 전략
④ 정부 지원 프로그램 활용
⑤ 현지 파트너십 전략
⑥ 태국 현지 문화 이해
⑦ 리스크 관리

시장 이해 및 초기 진출 전략 수립

▌현지화 전략: 문화적 공감과 디지털 최적화

태국 시장에서 성공하기 위해서는 단순히 제품이나 서비스를 태국어로 번역하는 것에 그치지 않고, **문화적 감수성을 깊이 반영한 현지화 전략**이 필수적이다. 태국 소비자들은 '**겸손**'과 '**감사**'를 중시하는 문화를 가지고 있으며, 브랜드 커뮤니케이션에서도 이러한 가치를 자연스럽게 녹여야 신뢰를 얻을 수 있다. 이는 메시지의 내용뿐만 아니라 표현 방식에서도 중요하다. 예를 들어, 공격적인 광고보다는 **스토리텔링 방식**의 진심 어린 메시지가 태국 소비자들에게 더 효과적으로 다가갈 수 있다. 글로벌 스포츠 브랜드 나이키는 태국 시장에서 단순한 제품 광고가 아닌, 태국 청년들의 삶과 도전을 응원하는 감동적인 캠페인을 진행하며 높은 호응을 얻었다. 이러한 접근은 소비자와 브랜드 간의 정서적 유대를 형성하는 데 크게 기여한다.

태국은 **모바일 중심 시장**으로, 소비자들이 스마트폰을 통해 대부분의 시간을 **라인, 페이스북, 인스타그램 등 소셜 미디어 플랫폼**에서 보낸다. 이러한 행동 패턴을 분석해 **모바일 환경에 최적화된 UX/UI 설계**가 필수적이다. 예를 들어, 태국의 온라인 쇼핑 플랫폼 **쇼피**는 태국어를 기본 언어로 제공하며, 주요 할인 정보를 앱 화면 상단에 배치해 소비자들의 즉각적인 관심을 끌고 있다. 이와 함께 간단한 클릭 경로로 주요 기능에 접근할 수 있는 설계는 소비자 편의성을 높여 **구매 전환율**을 크게 개선시켰다. 글로벌 푸드 딜리버리 서비스 **그랩**은 태국어를 지원하는 앱 인터페이스와 **현지화된 프로모션**을 통해 시장에 성공적으로 안착했으며, 이는 현지 소비자들이 브랜드를 친근하고 신뢰할 수 있게 만드는 데 결정적인 역할을 했다.

태국 시장에서 **소셜 미디어 인플루언서**는 브랜드 신뢰를 구축하는데 가장 강력한 도구 중 하나다. 태국 소비자들은 인플루언서를 단순 광고 모델이 아니라 진정한 권위자로 간주하며, 이들의 리뷰와 추천이 구매 결정에 직접적으로 영향을 미친다. 글로벌 뷰티 브랜드 로레알은 태국 시장에서 로컬 뷰티 인플루언서를 활용해 최신 제품을 홍보하며 성공을 거뒀다. 로컬 인플루언서를 통해 제품의 사용 경험을 자연스럽게 전

달한 이 전략은 제품 인지도와 판매량 모두를 효과적으로 끌어올렸다. 특히 태국의 뷰티 산업에서는 유튜브 크리에이터들이 제품 리뷰를 통해 소비자 신뢰를 형성하고 있으며, 이를 통해 로컬 브랜드뿐만 아니라 글로벌 브랜드도 단기간에 높은 매출 증가를 달성하고 있다. 인플루언서 마케팅은 태국 소비자와의 신뢰를 바탕으로 브랜드 충성도를 형성하는 핵심 요소로 자리 잡고 있다.

▌ 디지털 고객의 접점 활용: 라인과 페이스북

태국은 스마트폰 보급률 95%에 달하는 디지털 강국으로, 하루 평균 5시간 이상을 모바일 기기 사용에 소비하는 모바일 중심 시장이다. 이러한 환경에서 **라인**은 태국 소비자와 브랜드 간의 주요 커뮤니케이션 도구로 자리 잡았으며, **페이스북**은 가장 강력한 마케팅 및 광고 플랫폼으로 활용되고 있다. 라인은 브랜드가 소비자와 직접 소통하거나 고객 서비스를 제공하는 데 사용되며, 페이스북은 제품 탐색, 리뷰 확인, 프로모션 공유 등 소비자 구매 여정의 핵심 단계로 기능한다. 예를 들어, 태국의 뷰티 브랜드 **스네일 화이트**는 라인을 통해 고객 맞춤형 프로모션 메시지를 발송하고, 페이스북에서 상세한 제품 사용법과 리뷰 콘텐츠를 제공함으로써 소비자 참여를 극대화했다.

태국 소비자들은 **가격 민감도**가 높아, 동일한 제품이라도 가격 비교를 통해 최선의 선택을 하려는 경향이 강하다. 이 과정에서 **소셜 미디어 인플루언서**의 추천은 구매 결정에 중요한 역할을 한다. 예를 들어, 태국 패션 브랜드 포멜로(Pomelo)는 로컬 인플루언서와 협업해 제품 리뷰와 사용 경험을 소셜 미디어에 공유하며 소비자 신뢰를 구축하고 매출을 크게 증가시켰다. 이는 특히 젊은 소비자층에서 더욱 효과적으로 작용하며, 브랜드와 인플루언서 간 협업의 중요성을 높이고 있다. 소비자들은 인플루언서를 단순 광고 모델이 아닌 **신뢰할 수 있는 권위자**로 인식하기 때문에, 브랜드가 인플루언서 마케팅을 통해 정서적 공감대를 형성하는 것이 필수적이다.

태국 시장에서 성공하기 위해서는 **데이터 기반의 맞춤형 디지털 마케팅 전략**이 요구된다. 기업은 소비자 행동 데이터와 플랫폼 사용 데이터를 분석해, 적시에 적합한 메시지를 전달할 수 있는 **정밀 타겟팅**을 실행해야 한다. 예를 들어, 라인을 통해 특정 고객 세그먼트를 대상으로 한 프로모션 메시지를 발송하거나, 페이스북 광고를 연령대와 관심사에 맞춰 노출시키는 방식은 매우 효과적이다. 동시에, **태국은 '겸손'과 '정중함'을 중시하는 문화적 특징이 강하기 때문에, 브랜드 커뮤니케이션에서도 이러한 가치를 반영**해야 한다. 글로벌 푸드 딜리버리 서비스 그랩은 태국 공휴일을 활용한 프로모션 캠페인과 고객 맞춤형 메시지를 통해 소비자와의 정서적 연결을 강화했으며, 이는 브랜드 충성도를 높이는 데 크게 기여했다. 단순히 제품의 우수성을 강조하기보다는, 브랜드가 소비자의 일상과 문화를 이해하고 있다는 메시지를 전달하는 접근이 장기적인 성공을 가져오는 핵심이다.

법적/행정적 절차 준비

▌비자 준비

태국에서 외국인 창업자는 **스마트 비자**(SMART Visa) 프로그램을 통해 비자 절차를 진행할 수 있다. 이 프로그램은 고숙련 전문가, 고위 임원, 투자자, 그리고 스타트업 창업자를 대상으로 최대 4년까지 체류 자격을 제공한다. 스타트업 창업자는 주로 <u>스마트 S 비자</u>(SMART S 비자)를 신청하며, 6개월, 1년, 2년의 기간 옵션을 선택할 수 있다. 스마트 S 비자를 신청하려면 태국 정부가 승인한 인큐베이션 프로그램 또는 액셀러레이터 프로그램에 참여하거나 벤처캐피털의 투자를 받아야 한다. 이는 태국 정부가 혁신적이고 신뢰할 수 있는 스타트업을 선별해 지원하려는 정책적 의도를 반영한다. 예컨대, 방콕에서 AI 기반 교통 최적화 솔루션을 제안한 창업자는 스마트시티 프로젝트와 연계된 혁신적 아이디어를 통해 비자를 승인받았다. 이는 태국의 경제 발전과 직접적으로 연결된 사업 계획이었기에 높은 평가를 받았다.

스마트 비자 신청 절차는 **온라인 예비 자격 심사**로 시작된다. 신청자는 태국 투자청(BOI) 웹사이트를 통해 필요한 서류를 제출하고, 자격 요건 충족 여부를 확인받아야 한다. 예비 심사에 통과한 이후에는 태국 대사관 또는 영사관을 방문하여 정식 비자를 신청한다. 이 과정에서 요구되는 서류로는 사업 계획서, 재정 증명서, 학위 증명서 등이 있으며, 특히 사업 계획의 구체성과 혁신성이 주요 평가 요소로 작용한다.

비자 발급 후에도 지속적인 관리가 요구된다. 스마트 비자 소지자는 매년 자격 요건 충족 여부를 보고하고, 사업 진행 상황과 성과를 문서로 제출해야 한다. 이를 단순한 행정 절차로 여기기보다는 태국 정부와의 전략적 커뮤니케이션 채널로 활용하는 것이 중요하다. 핀테크 스타트업을 창업한 한 외국인 기업가는 이러한 정기 보고를 통해 태국 금융당국과 긴밀한 관계를 구축했으며, 이를 기반으로 규제 샌드박스 프로그램에 참여하는 기회를 얻었다. 이를 통해 새로운 금융 서비스를 테스트하고 시장 내 입지를 확장하며 성공 가능성을 크게 높였다. 스마트 비자의 관리 과정을 전략적으로 활용하면 단순한 체류 자격 유지에서 벗어나, 사업 성장을 위한 중요한 기회로 활용할 수 있다.

▎태국 현지 법인 설립

태국에서 외국인이 현지 법인을 설립하는 과정은 세 단계로 이루어진다. 첫 단계는 회사 이름 예약과 발기인 및 주주 식별이다. 태국 상무부 사업개발부(DBD)에 회사명을 예약한 후, 최소 2명의 발기인과 주주, 1명의 이사를 지정해야 한다. 단, **외국인이 일반적으로 회사의 49%까지만 소유할 수 있다는 점을 유념해야 한다. 외국인 소유 지분을 100%로 유지하려면 외국인 사업 허가증(Foreign Business License)을 취득하거나 태국 투자청(BOI)의 승인을 받아야 한다.** 예를 들어, BOI 승인을 통해 제조업 기반 기업이 태국 동부경제회랑(EEC) 지역에 100% 외국인 소유로 진출한 사례가 있다. 이는 태국의 산업 정책에 부합하는 비즈니스 모델을 제시했기 때문에 가능했던 전략적 접근이었다.

두 번째 단계는 법적 문서를 준비하고 제출하는 과정이다. 회사 설립에 필수적인 협회 각서(MOA)를 작성하여 DBD에 제출해야 하며, 여기에는 회사 이름, 사업 목표, 등록 자본금, 발기인 명단이 포함된다. 이후 법정 회의를 통해 회사의 지분 구조를 결정하고 정관을 승인하며 이사회를 선출한다. 이 과정을 통해 법인이 공식적으로 등록되며, **전체 절차는 약 4~5개월이 소요된다. BOI 승인을 받는 경우 추가적으로 90일 이상 걸릴 수 있다.** 태국은 법적 투명성을 강조하기 때문에, 모든 문서와 과정에서 세부 사항이 명확히 작성되고 실행되어야 한다.

마지막으로, 법인 설립 후에는 필수 행정 절차를 완료해야 한다. 여기에는 법인 소득세 등록, 부가가치세(VAT) 등록, 기업 은행 계좌 개설 등이 포함된다. **태국의 고용 규정에 따라 외국인 1명을 고용하려면 최소 200만 태국 바트의 자본금을 확보**해야 하며, **외국인과 태국인 직원의 비율은 1:4를 유지**해야 한다. 이와 같은 규정은 단순한 행정적 요구를 넘어 태국의 경제 및 사회적 균형을 고려한 정책적 배경을 반영한다. 이러한 복잡한 과정을 성공적으로 관리하려면 현지 법률과 비즈니스 환경에 대한 깊은 이해가 필요하며, 전문 컨설턴트나 법률 전문가의 도움을 받는 것이 바람직하다. 태국의 법인 설립 절차는 단순한 등록이 아닌, 비즈니스 전략과 현지화 역량을 검증받는 과정이라고 볼 수 있다.

▌세금 체계

태국에서 사업을 시작하는 외국인 창업자는 먼저 **태국의 세금 체계**를 명확히 이해해야 한다. 개인소득세는 연간 소득에 따라 **0%에서 35%까지의 누진세율**이 적용된다. 주목할 점은 2024년부터 변경되는 **해외 원천**

소득 과세 정책이다. 이에 따라 태국 거주자(연간 180일 이상 체류)는 해외에서 발생한 소득을 태국으로 송금할 경우 과세 대상이 된다. 법인세는 일반적으로 순이익의 20%가 적용되지만, 중소기업에는 특별 세율이 적용될 수 있어 초기 단계 기업은 이를 적극적으로 활용해야 한다. 이러한 기본적인 세율을 이해하는 것은 재무 계획 수립과 세금 부담을 최소화하는 데 필수적이다.

외국인 창업자는 태국투자청(BOI)이 제공하는 **투자 인센티브**를 최대한 활용해야 한다. BOI는 첨단 기술, 재생에너지, 제조업 등 특정 산업 분야에 대해 법인세 면제, 기계 수입 관세 면제 등 다양한 혜택을 제공한다. 특히 **동부경제회랑**(EEC) **지역**에 투자할 경우, 추가적인 세제 혜택과 함께 첨단 인프라를 활용할 수 있는 기회가 제공된다. 또한, **지역 본부** (ROH) 설립은 외국인 창업자에게 매력적인 옵션이 될 수 있다. ROH는 관련 회사 및 지사에 제공하는 서비스 소득에 대해 **10% 법인세율**을 적용받으며, 외국인 직원은 개인소득세 면제 혜택을 받을 수 있다. 이러한 인센티브는 사업 운영 비용을 절감하고, 장기적으로 경쟁력을 확보하는 데 기여한다.

태국의 부가가치세(VAT)와 **원천징수세** 규정도 명확하게 이해해야 한다. VAT는 대부분의 상품과 서비스에 7%가 적용되며, 원천징수세는 외국 법인에 지급되는 배당금 **10%**, 이자 **10~15%**, 로열티 5~15%가 적용된다. 세금 관련 규정은 복잡하고 빈번히 변경될 가능성이 있어, 현지 세무 전문가의 조언을 받는 것이 필수적이다. 또한, 태국 정부가 제공하는 **세금 공제 혜택과 인센티브 프로그램**을 지속적으로 모니터링하여 이를 사업에 적절히 반영하는 것이 중요하다. 이러한 접근은 세금 부담을 줄이는 동시에 재무적 성과를 극대화하는 데 핵심적인 역할을 할 것이다.

오피스 위치 선정 및 현지 채용 전략

▎ 오피스 위치 선정

방콕에서 오피스를 선택할 때는 **교통 접근성, 주변 인프라, 비즈니스 네트워킹 가능성**이 핵심 고려사항이다. **실롬-사톤(Silom-Sathorn) 지역은 방콕의 전통적인 비즈니스 중심지(CBD)로, 다국적 기업과 금융 기관이 밀집해 있어 네트워킹에 유리하다.** BTS 살라댕역과 MRT 실롬역 근처의 교통 편의성은 직원들의 출퇴근과 비즈니스 미팅을 용이하게 한다. 다만, 제곱미터당 500,950바트의 높은 임대료는 예산이 제한적인 기업들에게 부담으로 작용할 수 있다. 이에 반해, **수쿰빗(Sukhumvit)의 아속(Asok) 지역**은 BTS와 MRT가 교차하는 교통의 중심지로, 제곱미터당 500,750바트의 임대료로 접근성과 편의성을 모두 갖춘 합리적인 선택지이다.

새롭게 떠오르는 **라마 9-랏차다피섹(Rama 9-Ratchadaphisek) 지역은 방콕의 미래 비즈니스 허브**로 주목받고 있다. MRT 라마 9역을 중심으로 최신 인프라와 현대적인 오피스 빌딩이 들어서며 성장 가능성이 높은 기업들에게 매력적인 선택이 되고 있다. TG Tower와 같은 첨단 시설은 IT 및 스타트업 기업들의 요구를 충족시키기에 충분하다. 이 지역은 임대료가 제곱미터당 450~900바트로, 기존 비즈니스 중심지 대비 경쟁력이 있으며, 주변에 쇼핑몰, 레스토랑 같은 편의시설도 잘 갖추어져 있어 직원 복지 측면에서도 우수하다.

방콕 내 오피스 선택은 단순히 물리적 공간을 확보하는 것을 넘어 **기업 성장과 효율성을 극대화하는 전략적 결정**이다. 대중교통 접근성은 직원 출퇴근과 비즈니스 이동의 편리성을 보장하며, 주변 상권의 발달은 비즈니스 미팅과 직원 만족도를 동시에 충족시킨다. 또한, 태국 정부의 **동부경제회랑(EEC) 정책**은 제조업이나 R&D 중심의 기업에게 새로운 옵션을 제공한다. 세제 혜택과 첨단 인프라를 갖춘 **촌부리, 라용, 차청싸오 지역**은 글로벌 기업들에게 특히 매력적이다. 이처럼 방콕과 그 주변 지역의 오피스 선택은 기업의 장기적인 비즈니스 목표와 전략에 부합하는 방향으로 이루어져야 한다.

▌인력 채용 전략

태국의 테크 인재 시장은 **수요와 공급의 불균형**으로 인해 경쟁이 점점 치열해지고 있다. 매년 약 15,000명의 컴퓨터 공학 졸업생이 배출되지만, 이는 산업의 급증하는 수요를 충족하기에 턱없이 부족하다. 특히 **인공지능(AI), 데이터 분석, 사물인터넷(IoT)** 등 첨단 기술 분야의 전문 인재는 극히 희소하여, 실력 있는 개발자들의 연봉이 싱가포르의 60~70% 수준으로 상승하고 있다. 여기에 더해 **1~2년 주기의 잦은 이직**이 일반화되며 기업들은 인재 유치와 유지에서 이중의 어려움을 겪고 있다. 이러한 환경에서는 경쟁력 있는 보상 패키지뿐 아니라 지속적인 성장 기회와 강력한 조직 문화를 제공해야만 인재 유출을 방지하고 장기적인 인재 관리를 실현할 수 있다.

효과적인 인재 확보를 위해서는 **다각적인 채용 전략**이 필요하다. **JobsDB**, **LinkedIn**과 같은 글로벌 플랫폼은 국제적 인재 풀에 접근하기에 적합하며, **JobThai**와 같은 현지 특화 플랫폼은 로컬 시장에 강점을 보인다. 특히, **Getlinks**와 같은 스타트업 중심 채용 플랫폼은 혁신적인 기술 인재를 발굴하는 데 효과적인 채널로 주목받고 있다. 초기 단계의 기업은 프리랜서를 활용하여 유연성을 확보한 후, 점진적으로 정규직 팀을 구축하는 방식으로 리스크를 관리할 수 있다. 단, 태국 노동법에 따라 외국인 1명당 태국인 4명을 고용해야 하는 규정을 준수해야 하며, 이는 기업의 현지화 전략에서 중요한 요소로 작용한다. 이러한 규정을 고려한 고용 계획은 단순한 법적 요구를 넘어, 현지 사회와 경제에 대한 긍정적인 기여를 보여줄 수 있는 기회로 활용될 수 있다.

장기적인 관점에서는 **산학 협력과 인재 육성**이 가장 지속 가능한 접근법이다. 태국 정부의 **'타일랜드 4.0'** 정책은 IoT, AI, 로봇공학과 같은 첨단 기술 교육을 강화하고 있으며, 기업들은 이를 활용해 인턴십 프로그램과 산학 프로젝트를 통해 미래 인재를 조기에 발굴하고 육성할 수 있다. 예를 들어, 태국 국가전자컴퓨터기술원 (NECTEC)과의 협력은 첨단 기술 분야에서 전문 인력 양성과 기업의 기술 경쟁력 강화를 동시에 실현할 수 있는 효과적인 전략이다. 이러한 접근은 단순히 기업의 인재 확보 문제를 해결하는 데 그치지 않고, **태국 디지털 생태계의 발전**에 기여하며 기업의 장기적인 성장 기반을 다지는 중요한 역할을 한다.

정부 지원 프로그램 활용

▮ 태국투자청의 혜택

태국 정부는 태국투자청(BOI)을 통해 외국 기업에게 다양한 인센티브를 제공하며, 이를 통해 태국은 투자 친화적 환경을 조성하고 있다. BOI 인 증을 받은 기업은 **법인세 면제 또는 감면**, 외국인 노동자 고용 허가 간소화, 100% 외국인 소유의 토지 허가 등 실질적인 혜택을 받을 수 있다. 예를 들어, **태국의 동부경제회랑(EEC)** 지역에서 운영하는 첨단 기술 기업은 BOI의 특별 우대 정책으로 최대 8년간 법인세 면제를 받을 수 있다. 이러한 인센티브는 특히 디지털 기술, 스마트 농업, 의료 기술과 같은 **타일랜드 4.0 전략의 핵심 산업**에 집중되며, 외국 기업의 진출과 확장을 촉진하는 데 중요한 역할을 한다.

외국 기업들이 이러한 혜택을 효과적으로 활용하기 위해서는 **정확한 사전 준비와 현지 규제의 이해**가 필수적이다. 예를 들어, BOI 인증을 신청하려면 사업 계획서, 재무 예측, 그리고 해당 산업 분야에서의 기술 혁신 여부를 상세히 입증해야 한다. 이러한 과정을 통해 BOI는 기업이 태국 경제에 긍정적인 영향을 미칠 수 있는지 평가한다. 실제로, 일본의 제조업 기업 미쓰비시는 BOI 인증을 통해 전기차 제조 시설을 태국에 설립하며 세제 혜택과 인프라 지원을 활용해 초기 비용을 크게 절감했다. 이는 태국 정부의 정책이 외국 기업들에게 실질적인 진입 장벽을 낮추는 동시에, 특정 산업의 발전을 유도하고 있음을 보여준다.

그럼에도 불구하고, 외국 기업들은 태국에서의 **투자 제한과 노동법**

을 충분히 검토해야 한다. 태국은 특정 산업(예: 소매업, 미디어 등)에서 외국인 소유권을 제한하고 있으며, 외국인 근로자의 비자와 워크퍼밋 발급에 엄격한 절차를 요구한다. 이러한 규제는 태국에서 사업을 운영하는 데 리스크로 작용할 수 있지만, 현지 로펌이나 전문 컨설팅 서비스를 활용해 효과적으로 관리할 수 있다. 예를 들어, 미국의 IT 기업 오라클은 현지 법인을 설립하며 규제 준수를 위해 현지 전문가와 협력해 초기 리스크를 최소화했다. 기업들은 BOI 혜택과 규제 환경을 철저히 분석하고, 이를 기반으로 전략적으로 접근함으로써 태국 시장에서의 기회를 극대화할 수 있다.

▌ 정부 지원 프로그램

태국은 **디지털 경제 진흥청(DEPA), 국가혁신청(NIA), 태국 투자청(BOI)**을 중심으로 외국인 창업자와 스타트업을 위한 종합적인 지원 정책을 운영하며, 동남아시아의 주요 스타트업 허브로 자리매김하고 있다. DEPA는 초기 단계 스타트업에 특화된 **'D-startup' 프로젝트**를 통해 최대 100만 바트의 자금을 지원하며, 디지털 산업 경쟁력 강화를 목표로 한다. 이 지원은 국가 서비스, 헬스케어, 관광, 농업, 교육, 금융, 스마트 시티 등 **8대 핵심 분야**를 대상으로 하며, 3년 이내에 설립된 개인 또는 기업이 자격 요건을 충족한다. DEPA의 엔젤 펀드 형태의 지원은 태국의 디지털 전환을 가속화하고, 초기 창업자들에게 필수적인 자금과 네트워크를 제공하는 데 초점을 맞추고 있다.

국가혁신청(NIA)은 스타트업의 글로벌 확장을 지원하기 위해 투자 메커니즘과 가속화 프로그램을 운영하고 있다. 특히 'Corporate Co-funding' 스킴은 시드 단계부터 프리 시리즈 A 단계의 스타트업에 최대 1,000만 바트를 투자하며, 5년 내 자금 반환 조건을 부여한다. 이는 태국 스타트업 생태계에 중요한 초기 자금을 공급하며, 식품 기술, 농업 기술, 건강 기술, 기후 기술 등 **4대 핵심 분야**를 중심으로 가속화 프로그램을 제공한다. 또한, NIA는 국제 파트너십을 통해 태국 스타트업의 해외 진출을 적극 지원하며, 글로벌 시장에서의 경쟁력을 강화하고 있다. 이러한 전략은 단순히 스타트업을 육성하는 데 그치지 않고, 태국의 혁신 생태계를 국제 무대에 연결하는 교두보 역할을 하고 있다.

태국 투자청(BOI)은 외국인 창업자들에게 매력적인 인센티브를 제공하며 태국 진출을 촉진하고 있다. BOI는 특정 산업 분야에 대해 법인세 면제, 100% 외국인 소유권 허용, 토지 소유권 부여, 비자 및 취업 허가 절차 간소화 등의 혜택을 제공한다. 특히 R&D 투자 기업에 대한 **추가 법인세 면제**는 주목할 만하다. 총 매출의 일정 비율(1~5%) 또는 2억 바트 이상을 R&D에 투자하는 기업은 1년에서 최대 5년간 추가적인 세제 혜택을 받을 수 있다. 이러한 정책은 외국인 투자자들에게 비용 절감과 시장 접근성을 동시에 제공하며, 태국을 첨단 기술과 혁신의 중심지로 발전시키는 기반을 마련하고 있다. 태국 정부의 이러한 다층적인 지원 정책은 단순히 창업을 장려하는 것을 넘어, 스타트업 생태계의 지속 가능성과 국제적 경쟁력을 높이는 데 결정적인 역할을 하고 있다.

현지 파트너십 전략

태국은 **관계 중심적 비즈니스 문화**를 가지고 있어 신뢰를 기반으로 한 **현지 네트워크 구축**이 성공의 핵심이다. 태국에서 비즈니스를 시작하려는 기업은 현지의 사회적, 문화적 맥락을 이해하고, 신뢰를 쌓는 데 집중해야 한다. 예를 들어, 일본의 자동차 제조사 **도요타**는 태국 진출 초기 현지 직원과 파트너와의 신뢰를 구축하기 위해 지역 사회 공헌 프로그램과 맞춤형 교육을 통해 강한 유대감을 형성했다. 이러한 접근은 단순히 사업 파트너를 확보하는 것을 넘어 장기적인 협력 기반을 마련하는 데 중요한 역할을 했다.

태국에서 성공적인 파트너십을 구축하려면 **'System of Trust'라는 독특한 비즈니스 문화**를 이해하는 것에서 시작해야 한다. 태국의 비즈니스 문화는 공식적인 협력 이전에 비공식적인 관계 형성과 네트워킹을 중요시한다. 외국인 창업자는 **테크소스 컨퍼런스나 태국 상공회의소(Thai Chamber of Commerce) 등 다양한 스타트업 커뮤니티 활동에 참여해 현지 비즈니스 커뮤니티와의 유대감을 형성해야 한다.** 이는 단순한 사교 활동을 넘어, 향후 비즈니스 협력의 기반이 되는 신뢰를 구축하는 중요한 과정이다.

태국에서의 주요 파트너십 유형으로는 **대기업과의 전략적 제휴, 유통 채널 파트너십, 기술 협력** 등이 있다. CP Group이나 Central Group과 같은 태국 대기업은 혁신적인 스타트업과 협력하여 새로운 기술과 솔루션을 도입하는 데 매우 적극적이다. 이러한 파트너십은 스타트업에게 **시장 접근성, 자금, 인프라**를 제공할 수 있는 중요한 기회가 된다. 다만,

태국의 규제 환경과 문화적 특성을 반영한 현지화 전략이 없다면, 초기 단계에서부터 갈등이나 실패로 이어질 가능성이 크다.

파트너십 계약 체결은 단계적으로 진행하는 것이 안전하다. 일반적으로 비밀유지협약(NDA)을 통해 초기 논의 내용을 보호한 후, 양해각서 (MOU)를 통해 협력의 기본 방향을 설정하고, 최종적으로 상세한 계약을 체결하는 방식이 선호된다. 이 과정에서 현지 법률 전문가의 조언을 받아 계약의 **법적 유효성**과 **보호 장치**를 확보해야 한다. 또한, 협력 과정에서 문화적 차이와 의사소통 문제를 최소화하기 위해 현지 직원이나 컨설턴트를 활용하는 것도 효과적인 방안이다. 나아가, 파트너십의 성과를 정기적으로 평가하고 필요 시 조정하는 유연성을 유지하는 것은 장기적인 성공을 보장하는 핵심 요소이다.

태국 현지 문화 이해

태국의 비즈니스 문화는 마이뺀라이(ไม่เป็นไร), 끄랭짜이(เกรงใจ), 피넝 (พี่น้อง)이라는 세 가지 주요 개념을 중심으로 형성되어 있다. **마이뺀라이는 태국인들의 평정심과 유연성을, 끄랭짜이는 상호 존중과 배려를, 피넝은 사회적 유대감과 계층 구조를 나타낸다.**

마이뺀라이는 '괜찮다', '문제없다'를 뜻하며, 유연성과 관용을 중시하는 태도로 비즈니스 상황에서도 즉각적인 대응보다는 여유를 가지고 대처하는 방식으로 나타난다. 이는 갈등 상황에서도 긴장을 완화하는 긍정적인 역할을 하지만, 효율성이 요구되는 상황에서는 오히려 속도

저하로 이어질 수 있다. **끄랭차이**는 상대방의 감정을 존중하고 불편함을 주지 않으려는 태도로, 직접적인 거절을 피하고 우회적인 표현을 사용하는 특징이 있다. **피녕** 문화는 연장자나 상급자를 존중하고 위계질서를 중시하며, 이러한 태도는 나이와 직급이 높은 사람의 의견을 중요시하는 태국의 비즈니스 환경에 깊이 뿌리내려 있다.

태국의 직장 문화는 강한 **위계 질서와 조화**를 기반으로 한다. 의사결정은 합의를 통한 접근 방식을 선호하며, 이는 팀워크와 포용적인 환경을 조성한다. 리더는 모든 관점을 경청하고 합의를 이끌어내며, 권위적인 방식보다는 조정자로서의 역할을 수행해야 한다. 또한, 태국에서는 간접적인 의사소통 방식이 중요하며, 직접적인 대립을 피하고 조화를 유지하는 것이 핵심이다. 예를 들어, 회의 중 의견 충돌이 발생하더라도 이를 비언어적 표현이나 완곡한 언어로 해결하는 경향이 있다. 외국인 창업자는 **과도한 손짓**이나 **발을 이용한 지시**가 태국 문화에서 무례한 행동으로 간주될 수 있음을 유념해야 한다. 이러한 비언어적 표현의 민감성은 외국인 리더가 효과적인 관계를 구축하고, 팀과의 신뢰를 유지하는 데 중요한 요소로 작용한다.

태국에서 성공적으로 비즈니스를 운영하려면, 문화적 특성을 이해하고 존중하는 태도가 필수적이다. 마이뺀라이 정신은 유연성을 제공하지만, 동시에 업무의 효율성을 저하시킬 가능성도 있으므로 이를 균형 있게 활용해야 한다. 또한, 끄랭차이 문화로 인해 직접적인 피드백을 받기 어려울 수 있으므로, 신뢰 관계를 구축하고 간접적인 의사소통 방식을 익히는 것이 중요하다. 피녕 문화에서는 상급자와 연장자를 존중하면서도, 창의성과 혁신을 촉진하기 위해 팀원들과의 수평적 소통을 동시에 유지해야 한다. 무엇보다 태국에서는 개인적 관계가 비즈니스 성공의 핵심이므로, 신뢰를 쌓는 데 시간을 투자하고 장기적인 관계를 구축하는 것이 성공적인 사업 운영의 기반이 된다. 예를 들어, 태국의 비즈니스 네트워크 행사나 사회적 모임에 적극적으로 참여하며 유대감을 형성하는 것은 비즈니스 기회를 창출하는 데 매우 효과적인 전략이 될 수 있다.

리스크 관리

▌ 개인 정보보호법

태국의 개인 정보보호법(PDPA)은 외국인 창업자들에게 법적 리스크 관리에서 중요한 고려 사항으로 자리 잡고 있다. 2022년 6월 1일부터 전면 시행된 PDPA는 태국 내 정보 주체의 개인 정보를 처리하는 모든 기업에 적용되며, 기업의 규모나 위치와 관계없이 법적 준수를 요구한다. 외국인 창업자는 개인 정보의 **수집, 사용, 공개, 전송**과 관련하여 명확한 법적 근거를 마련해야 하며, 정보 주체의 **명시적 동의**를 얻거나 PDPA가 규정한 예외 사유(예: 계약 이행, 법적 의무, 정당한 이해관계 등)에 해당하는 경우에만 처리가 가능하다. 이는 태국 시장 진출을 고려하는 기업들에게 준수 여부가 비즈니스의 신뢰성과 법적 안정성 확보에 필수적임을 의미한다.

PDPA 준수를 위해 외국인 창업자는 조직의 개인 정보 처리 방식을 전반적으로 재정립해야 한다. 이는 **개인 정보 보호 정책**의 수립, 처리 절차와 흐름의 재검토, 그리고 **정보보호 책임자(DPO)** 지정 등의 조치를 포함한다. 특히, PDPA는 **역외 적용**을 명확히 규정하고 있어, 태국 외 지역에서 사업을 운영하더라도 태국 내 정보 주체의 개인 정보를 처리한다면 PDPA를 준수해야 한다. 또한, 개인 정보가 태국 외 지역으로 전송되거나 처리되는 경우 태국 내 **법적 대리인**을 지정해야 한다는 점은 글로벌 비즈니스를 운영하는 기업들에게 중요한 의무로 작용한다. 이는 단순한 규제 준수를 넘어, 태국 고객의 신뢰를 확보하고 사업의 지속 가능성을 보장하는 핵심 전략으로 볼 수 있다.

PDPA를 위반할 경우 기업과 관련 책임자 모두에게 **중대한 법적 처벌**이 부과될 수 있다. 민사적으로는 실제 피해 금액의 최대 **2배**까지 배상 책임이 발생할 수 있으며, 행정적으로는 최대 **5백만 바트**의 과태료가 부과된다. 형사 처벌로는 최대 **1년의 징역**이나 **100만 바트의 벌금**, 또는 이 두 가지가 동시에 적용될 수 있다. 이러한 처벌은 기업뿐 아니라 **이사, 관리자, 권한을 위임받은 개인**에게도 직접적으로 적용된다. 따라서 외국인 창업자는 PDPA 준수를 위한 체계적인 준비와 지속적인 모니터링이 필수적이며, 이를 위해 현지 법률 전문가의 조언을 구하는 것이 바람직하다. 이는 태국에서의 성공적인 비즈니스 운영을 보장하기 위한 필수적이고 전략적인 선택이다.

▌지적재산권 보호

태국의 지적재산권 체계는 외국인 창업자들에게 사업 보호와 경쟁력

확보를 위한 필수적인 고려 사항이다. 태국 상무부 산하 지적재산국 (Department of Intellectual Property)은 특허법, 상표법, 저작권법을 관리하며, 이는 태국 지적재산권 보호의 근간을 이룬다. **태국은 선출원주의를 채택하고 있어, 상표나 특허를 먼저 등록한 자가 권리를 확보한다.** 이 때문에 외국인 창업자는 태국 시장 진출 시 지적재산권 등록을 신속히 진행해야 한다. 태국은 **특허협력조약(PCT)** 회원국으로, 국제 특허 출원이 가능하지만 현지 법규에 맞춘 세부 조정이 요구된다. 특히, 현지 규정에 따른 상표 등록과 특허 명세의 번역 및 적응은 철저한 준비를 필요로 한다.

지적재산권 보호를 위해 태국에서는 각 권리별로 적절한 등록 절차를 따라야 한다. 상표는 상무부 산하 상표국에, 특허는 특허청에 각각 출원하며, 저작권은 자동으로 보호되지만 추가적인 법적 보호를 위해 저작권청에 등록하는 것이 유리하다. 예를 들어, 상표 등록 시에는 로고의 색상, 치수, 소유권 증명, 상품 및 서비스 분류 등 상세한 정보가 요구되며, 외국인의 경우 태국어로 작성된 위임장을 통해 현지 대리인을 선임해야 한다. 특허 출원 시에는 발명의 상세한 설명, 청구항, 도면 등을 태국어로 제출해야 하며, 심사 대기 시간이 상당히 길 수 있다는 점을 고려해야 한다. 또한, 화장품, 의약품, 식품과 같은 특정 산업의 경우 태국 식품의약품안전청(FDA)의 추가적인 승인이 필요할 수 있으므로, 이를 사전에 확인하고 준비하는 것이 중요하다.

외국인 창업자는 태국에서 지적재산권을 효과적으로 보호하기 위해 몇 가지 전략적 접근을 고려해야 한다. 첫째, 태국 진출 전 **상표 및 특허 검색**을 통해 기존 권리와의 충돌을 방지해야 한다. 둘째, 지적재산권 침해에 대비한 **시장 모니터링**과 법적 대응 방안을 마련해야 한다. 권리 보호는 등록만으로 끝나지 않고, 침해 상황에서의 신속한 조치가 필요하다. 셋째, 태국의 지적재산권 법규는 지속적으로 변화하고 있으므로 최신 동향을 주시하고, 필요시 현지 법률 전문가의 도움을 받는 것이 필수적이다. 이러한 철저한 준비와 관리는 태국 시장에서의 사업 성공을 뒷받침하는 강력한 보호막이 될 것이다.

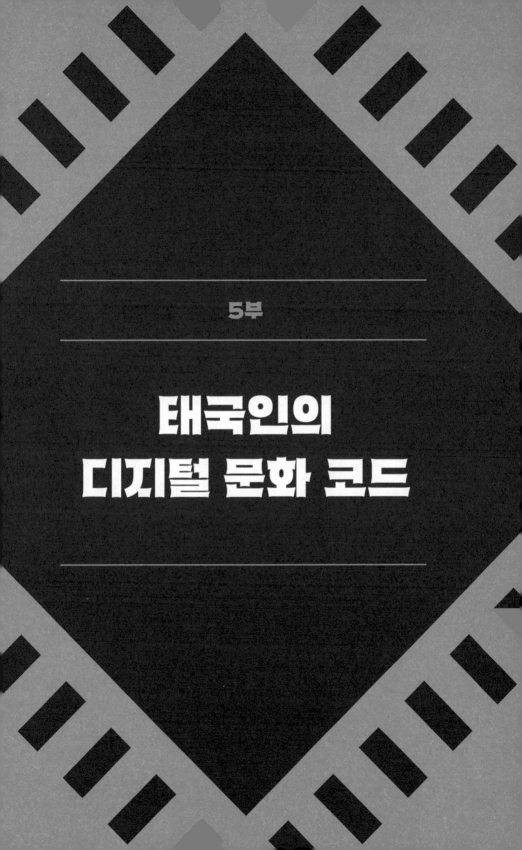

5부

태국인의
디지털 문화 코드

17

태국인의 반려 동물 사랑: 한국과 사회구조적으로 닮은꼴

방콕에서 함께 일하던 직원들의 평균 연령은 30세 전후였고, 대부분이 여성이었다. 그들과 친해지며 자연스럽게 그들의 일상을 알게 되었고, 태국과 한국의 라이프스타일이 비슷하다는 점이 눈에 띄었다. 많은 젊은이들이 결혼을 고려하지 않거나, 결혼 후에도 아이를 낳지 않는 경우가 많았고, 대신 개나 고양이와 같은 반려 동물을 기르는 모습은 인상적이었다.

반려 동물의 나라, 태국

태국은 흔히 '미소의 나라', '관광의 나라'로 알려져 있지만, **'반려 동물의 나라'라고 해도 과언이 아니다.** 길거리에서 반려견을 산책시키는 모습은 드물지만, 태국은 아세안에서 가장 큰 반려 동물 시장을 가지고 있으며, 펫푸드의 주요 수출국 중 하나다. 반려 동물 보험, 호텔, 장례식장과 같은 다양한 서비스가 활발하게 제공되고 있어, 태국은 진정한 반려 동물의 나라로 자리매김하고 있다.

유로모니터의 2022년 조사에 따르면 태국의 반려 동물 양육 가구 비율은 37%[1]로, 세 가구 중 한 가구 이상이 반려 동물을 기르고 있다. 같은 해 농림축산식품부 조사에 따르면 한국의 비율은 25.4%[2]로, 태국보다 낮았다.

태국에서는 반려견이 여전히 인기가 많지만, 최근에는 손이 덜 가는 반려묘의 수가 빠르게 증가하고 있다. 반려묘의 증가 이유는 도시화와 라이프스타일의 변화 때문이다. 바쁜 일상 속에서 관리가 덜 필요한 고양이가 선호되며, 고양이는 독립적인 성격으로 아파트나 작은 공간에서도 키우기 적합하다. 이러한 특성들이 반려묘의 성장 배경이 되고 있다.

반려 동물의 증가로 펫푸드 시장도 빠르게 성장하고 있다. 유로모니터에 따르면, 2023년 태국 펫푸드 시장 규모는 약 489억 바트(한화 약 1조 8,300억 원)로, 전년 대비 11% 증가[3]했다. 모르도르 인텔리전스(Mordor Intelligence)에 따르면, 태국 펫푸드 시장은 2029년까지 연평균 10% 이상 성장해 33억 5천만 달러(한화 약 4조 5천억 원)에 이를 것으로 예상된다. 또한, 한국에서 생산된 로열 캐닌 제품의 주요 수출국 중 하나가 태국이라는 점도 주목할 만하다.

---

1   "[태국] 펫푸드 시장 현황 및 트렌드", 한국농수산식품유통공사 KATI, 2024/05/16.

2   "2022년 동물보호에 대한 국민의식조사 결과 발표", 농림축산식품부, 2023/02/02.

3   한국농수산식품유통공사 KATI, ibid.

고령화와 저출산 문제

태국 반려 동물 시장의 성장 배경에는 태국이 겪고 있는 고질적인 사회 문제가 깊이 자리하고 있다. **태국은 한국처럼 고령화, 저출산, 1인 가구 증가라는 사회적 변화를 겪고 있으며, 이러한 변화는 마치 한국의 과거가 시간차를 두고 태국의 미래로 이어지는 듯하다.** 이러한 배경 덕분에 태국은 한국의 비즈니스 모델이 성공할 가능성이 높은 시장으로 평가된다.

태국의 고령화 문제는 서서히 드리워지는 황혼처럼 점점 뚜렷해지고 있다. 65세 이상 인구 비율이 14%를 넘으면 '고령사회'로 분류되는데, 태국은 2023년에 14.5%를 기록하며 고령사회에 진입했다. UN은 2030년까지 태국이 아세안 국가 중 가장 높은 노인 비율을 기록할 것으로 전망하고 있다.

고령화 문제는 태국 헬스케어 산업에 큰 기회를 제공한다. 태국은 아세안에서 두 번째로 큰 헬스케어 시장을 보유하고 있으며, 의료 관광 산업도 유망하다. 특히 방콕의 범룬그라드 국제 병원(Bumrungrad International Hospital)은 전 세계 환자들이 찾는 대표적인 의료 시설로, 태국 헬스케어 산업의 상징이다.

태국의 의료 서비스는 합리적인 비용에 고품질을 제공하는 것으로 평가된다. 이는 전문 의료 역량, 저렴한 장기 요양 비용, 정부의 지원, 그리고 우수한 의료 시설 접근성 덕분이다. 그 결과, 2021년 미국 존스홉킨스 대학교의 세계 보건안보 지수(Global Health Security Index)에서 태국은 195개국 중 5위, 아시아 1위를 기록했다.

태국은 세계적인 의료 관광지로 자리 잡고 있다. 국제보건연구센터(International Healthcare Research Center)의 의료관광산업지수에서 41개국 중 6위를 기록했고, 의료관광협회(Medical Tourism Association)는 태국을 세계에서 다섯 번째로 인기 있는 의료 관광지로 평가했다.

글로벌 리서치 시장 조사 업체 FMI(Future Market Insights)에 따르면, 2024년 태국 의료 관광 시장은 153.7억 달러(약 21조 원)로 추산[4]된다. 태국 정부는 비자 절차 간소화, 세제 인센티브, 체류 허가 연장 등 다양한 지원 정책을 펼치고 있으며, 이를 통해 2034년까지 연평균 성장률 15.7%로 661억 달러(약 90조 원) 규모로 성장할 것으로 예상된다.

또한, 솔로 이코노미(Solo Economy)의 부상은 반려 동물 산업뿐만 아니라 1인 주거 임대, 외식업, 여행, 홈퍼니싱 등 여러 산업에 걸쳐 구조적인 변화를 가져오고 있다.

1인 가구의 증가는 주거 임대 시장에 뚜렷한 변화를 일으키고 있다. 방콕에서는 소형 아파트와 스튜디오형 주택에 대한 수요가 급증하면서, 2023년 기준 방콕 도심의 스튜디오 아파트 임대료가 평균 5% 상승했다. 주요 부동산 개발업체인 'SC Asset'은 2024년까지 1인 가구를 위한 코리빙(co-living) 공간을 두 배로 확장할 계획을 발표했다. 이는 독립적인 생활을 추구하면서도 사회적 교류를 원하는 젊은 층의 수요를 충족시키기 위한 것이다. 방콕 도심에 커뮤니티 라운지, 공유 주방, 다양한 소셜 이벤트를 포함한 코리빙 공간을 제공하여 젊은 세대가 혼자이면서도 함께

---

4   "Thailand Medical Tourism Industry Outlook 2024 to 2034", Future Market Insights, https://www.futuremarketinsights.com/reports/thailand-medical-tourism-market.

하는 경험을 할 수 있도록 돕고 있다.

혼자 식사를 즐기는 문화도 방콕에서 점차 자리 잡고 있다. 특히 코로나19 이후, 외식업계는 혼밥 고객을 위한 맞춤형 서비스를 강화하고 있다. 예를 들어, 방콕의 인기 레스토랑 체인 **그레이하운드 카페**(Greyhound Café)는 1인 손님을 위한 전용 테이블과 소규모 요리 세트를 선보여 매출이 10% 증가했다. 또한, 모바일 주문 시스템을 도입해 혼자 식사하는 고객들이 더 편리하게 주문할 수 있도록 하여 고객 만족도를 높였다.

이 같은 흐름은 다른 외식업체에도 영향을 미쳤다. 샤브샤브와 BBQ 레스토랑 체인들도 1인용 메뉴와 개인석을 제공하기 시작했다. 예를 들어, '**Bar B Q Plaza**'는 1인 고객을 위한 컴팩트한 테이블과 개인 불판을 도입해 혼자서도 편안하게 BBQ를 즐길 수 있도록 하였으며, 이로 인해 혼밥 고객층의 방문율이 크게 증가했다. 이러한 변화는 태국 외식업계 전반에 걸쳐 혼밥 트렌드를 확산시키며, 외식의 새로운 기준을 만들어가고 있다.

1인 가구는 여행과 여가 활동에 적극적으로 소비하는 경향이 있다. 2022년 태국 관광청의 보고서에 따르면, 1인 여행객의 비중은 전체 여행객의 20%에 달했다. 이에 따라 이들을 위한 맞춤형 여행 상품이 빠르게 늘어나고 있다. 예를 들어, 여행사 **테이크미투어**(TakeMeTour)는 개인 맞춤형 일정 제공 서비스로 솔로 여행객들의 큰 호응을 얻고 있다. 고객의 취향에 따라 음식 탐방, 자연 탐험, 도시 투어 등 다양한 주제로 구성된 맞춤형 일정을 제공하며, 솔로 여행객들에게 큰 인기를 끌고 있다. 특히 젊은 세대는 혼자서도 편안하게 여행할 수 있는 안전하고 자유로운 여행 상품을 선호하고 있다.

이러한 수요에 맞춰 여러 여행사들이 1인 전용 패키지, 개인 가이드 서비스, 안전한 숙박 옵션을 포함한 상품을 출시하고 있다. 이러한 변화는 혼자 여행하는 이들이 더욱 쉽게 여행을 계획하고 즐길 수 있도록 돕고 있으며, 솔로 여행이 새로운 트렌드로 자리 잡는 데 큰 역할을 하고 있다.

작은 공간을 효율적으로 활용할 수 있는 가구에 대한 수요가 증가하면서 태국의 가구 시장도 급격한 변화를 겪고 있다. 태국 주요 도시의 도시화와 가처분 소득 증가로 삶의 질에 대한 소비자들의 관심과 수요가 높아지면서 홈퍼니싱 시장이 활성화되고 있다. 유로모니터에 따르면 태국 홈퍼니싱 시장[5]은 2023년에 약 1,540억 바트(약 5조 7,042억 원)의 매출을 달성할 것으로 예측되며, 2023년부터 2027년까지 연평균 성장률(CAGR) 5%를 기록하여 2027년에는 시장 규모가 약 1,820억 바트(약 6조 7,413억 원)에 이를 것으로 전망된다.

태국 내 34개의 오프라인 매장을 운영하는 대표적인 인테리어 업체인 **인덱스 리빙 몰(Index Living Mall)**은 공간 절약형 모듈 가구 라인을 출시하고, AI를 활용한 인테리어 추천 서비스를 도입해 고객들이 자신의 생활 공간에 맞는 가구를 쉽게 찾을 수 있도록 하고 있다. 예를 들어, 고객이 방의 크기와 스타일을 입력하면 AI가 가장 적합한 가구 조합을 추천해주는 방식으로, 소비자 만족도를 크게 높이고 있다.

이처럼 태국에서 1인 가구의 증가는 다양한 산업에 걸쳐 중요한 변화를 촉발하고 있다. 각 산업은 이러한 변화에 발맞추어 혁신적인 제품과

---

5 "커지는 태국 홈퍼니싱 및 가구 시장", KOTRA, 2023/11/06.

서비스를 선보이고 있으며, 이를 통해 지속적이고 견고한 성장이 이루어질 것으로 기대된다.

18

영화 〈배드 지니어스〉에 나타난 태국의 교육열

태국에서 출신 대학은 개인의 지위와 사회적 이동에 중요한 역할을 한다. 동문들 간의 강한 유대감은 서로 돕는 문화를 형성하며, 이는 사회 전반에 깊이 스며들어 상류층이나 전문 직종에서 큰 영향력을 발휘한다. 태국에서는 명문 대학에 진학하기 위한 사교육 열풍이 거세며, 성인 대상의 영어 교육도 활발하다. 방콕 시암 역 주변의 입시 학원들은 한국의 학원가처럼 붐비며, 영어 교육 기관들도 태국의 교육열을 잘 보여준다.

태국 직원들과 친해지면 자연스럽게 출신 대학 이야기가 나온다. 태국의 주요 대학으로는 쭐라롱콘대학, 마히돌대학, 탐마삿대학, 에이백대학이 있으며, 일부는 영국이나 미국 등 영어권 국가에서 학위를 취득하기도 한다. 이러한 학연은 중요한 사회적 네트워크로 작용하며, 이너서클에 들어가기 위한 교육열은 한국 못지않게 강렬하다. 좋은 학벌은 직업적 기회를 확대하고 사회적 지위를 높이는 수단으로 여겨지기 때문에 많은 젊은이들이 좋은 대학에 진학하려 노력한다.

영화 〈배드 지니어스〉에 드러난 교육열

2017년에 개봉한 영화 〈배드 지니어스〉는 태국의 교육열을 비판적으로 다룬 스릴러 영화다. 고등학생들의 시험 전쟁을 소재로 한 이 영화는, 시험 종료 5분 전 샤프심을 교체하는 순간의 긴장감을 극대화하며 시험장에서 벌어지는 학생들의 음모와 뒷거래를 흥미롭게 묘사한다. 이를 통해 태국의 전형적인 교육열, 학교에 스며든 자본주의 논리와 불평등을 비판적으로 보여준다. 이 영화는 큰 인기를 끌어 2020년에는 동일한 제목의 12부작 드라마로도 제작되었다.

영화는 '흙수저'와 '금수저'를 대비시키며 이야기를 전개한다. 주인공 '린'은 아버지의 설득으로 명문 고등학교에 전학을 가고, 그곳에서 만난 친구 '그레이스'와 부유한 '팟'의 제안으로 부정행위의 세계에 발을 들인다. 린은 부유한 친구들에게 돈을 받고 시험 정답을 공유하며, 또 다른 모범생 '뱅크'도 부정행위에 얽히게 된다. 이 이야기를 통해 태국 교육 시스템의 불평등과 자본주의적 폐해를 비판적으로 묘사한다. 나타우트 폰피리 감독은 실제 국제 시험 부정행위 사건을 모티브로 각본을 집필하여, 태국의 부패한 교육 시스템과 계급 불평등 문제를 효과적으로 담아냈다.

이 영화는 2017년 뉴욕 아시안 필름 페스티벌에서 심사위원상과 아시아 라이징스타상을 수상했다. 또한 판타지아 국제 영화제에서도 최우수 감독상을 수상했으며, 로튼 토마토에서 신선도 93%를 기록하며 작품성과 흥행성을 모두 인정받았다. 영화 속 라인 메신저로 소통하는 장면은 라인의 대중성을 엿볼 수 있게 하며, 이 영화는 태국의 교육열뿐만 아

영화 〈배드 지니어스〉(2017)

유튜브 영상 보기

니라 아시아의 교육 현실을 담아 많은 관객에게 공감을 얻었다.

태국 교육 제도의 특징

태국의 교육열은 한국과 매우 유사하다. **태국의 교육제도는 6-3-3-4년 구조로 한국과 동일하며, 유치원 3년과 초·중·고 교육 기간을 포함해 총 15년간 무상 교육이 제공**[6]된다. 그러나 교육열이 높은 가정들은 고액의 학비를 부담하면서도 자녀를 국제 학교에 보내기 위해 치열한 경쟁을 벌인다. 국제 학교의 학비는 연간 30만 바트에서 100만 바트에 이르며, 한

---

6   "Public Expenditure Tracking Survey (PETS) on the 15-Year Free Education Program: Kingdom of Thailand", UNICEF, June 2018.

화로 약 1,500만 원에서 4,000만 원에 해당한다.

태국의 학사 일정은 5월 중순에 시작해 이듬해 3월 초에 끝난다. 첫 번째 학기는 5월 초부터 10월 초까지 진행되며, 이후 2~3주간의 방학을 거쳐 11월 초에 두 번째 학기가 시작된다. 학년 말 기말고사는 보통 2월 말이나 3월 초에 실시된다. 학년이 5월에 시작하는 이유는 3월과 4월의 기온이 최고조에 달해 36°C에서 44°C에 이르는 무더위가 지속되기 때문이며, 이를 피하기 위해 학사일정을 조정한 것이다.

태국에서도 대학 서열화가 심하며, 좋은 대학에 가는 것이 계층 이동의 중요한 수단으로 여겨진다. 태국은 아세안 지역에서 싱가포르 다음으로 높은 대학 진학률을 보일 정도이다. 이로 인해 재수를 하는 경우도 많고, 대학 졸업 후 영국 등 해외에서 석사 학위를 취득하는 경우도 많다. 주요 대학으로는 **쫄라롱콘대학, 마히돌대학, 탐마삿대학, 까셋삿대학, 치앙마이대학, 수리나리대학, 송클라대학, 에이백대학, 킹몽콧공과대학** 등이 있다. 이들 대학은 한국의 주요 대학과 견줄 만한 위상을 자랑하며, 특히 의대나 공과대학 분야에서 강세를 보인다.

등록금은 국립대학의 경우 한 학기에 약 3만 바트(약 114만 원)에서 9만 바트(약 342만 원) 정도[7]이며, 사립 대학의 경우 약 50만 바트(약 1,900만 원)에서 70만 바트(약 2,660만 원) 수준[8]이다. 쫄라롱콘대학은 한국의 서울대에 비유될 정도로 태국 내에서 가장 명망 있는 학교다. 탐마삿대학과 까셋삿대학은 한국의 연세대와 고려대와 유사한 위상을 지니며,

---

7   https://studyabroadaide.com/list-cheap-universities-thailand

8   Bangkok University와 Stamford International University 기준

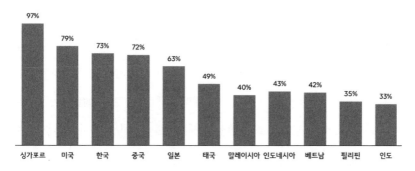

97%
79%
73%
72%
63%
49%
40%
43%
42%
35%
33%

싱가포르 미국 한국 중국 일본 태국 말레이시아 인도네시아 베트남 필리핀 인도

※2022년 자료 기준, 한국(2023년)/싱가포르/일본/필리핀(2021년 자료 기준)　　　　　자료: 월드뱅크, 한국교육개발원

마히돌대학은 의학 분야에 특화된 최고 명문 사립 대학이다. 치앙마이
대학은 태국 북부 지역의 최고 명문대이며, 에이백대학은 방콕 외곽에
위치해 영어로 모든 강의를 진행하는 특징이 있다.

　태국 입시의 가장 큰 특징은 대학마다 입학 사정 제도가 매우 복잡하
고 매년 전형이 바뀐다는 점이다. 따라서, 원하는 대학에 가기 위한 입시
전략이 중요하며, 대입 제도는 크게 대학 자체 전형과 국가 시험 및 고교
내신 성적을 합산하여 전형하는 방식으로 구분된다.

　대학 자체 전형은 주로 국립대학교나 의과대학, 기술대학 등에서 자
체적인 선발 기준을 정해 시행하며, 국가 시험과 고교 내신을 합산해 전
형하는 방식에서는 고교 내신 성적과 국가 공인 시험을 기반으로 진행된
다. 이러한 복잡한 입시 제도는 학생들과 학부모들에게 상당한 스트레
스를 주며, 이는 사교육 수요로 이어진다.

사교육 열풍

영화 〈배드 지니어스〉는 좋은 대학에 들어가기 위해 모든 수단과 방법을 동원하는 모습을 통해 태국 교육의 현실을 날카롭고 생생하게 드러낸다. 태국의 사교육 열풍은 한국과 닮아 있다. 오프라인 학원뿐만 아니라 카페 곳곳에서 책을 펴놓고 고군분투하는 청춘들의 모습은 낮은 학업 성취도와 공교육에 대한 신뢰 부족이 깊이 뿌리내린 결과이다.

공교육에 대한 불신은 학생들과 부모들을 사교육의 늪으로 몰아넣고 있다. 사교육 시장은 그 틈을 비집고 꾸준히 성장하고 있으며, 사교육에 대한 열기는 점점 더 뜨거워지고 있다. 이러한 치열한 경쟁은 국제 학업 성취도 평가(PISA) 결과에도 반영된다.

OECD가 주관하는 PISA 평가에서 태국은 독해, 수학, 과학 등 모든 영역에서 점수가 하락하고 있다. 2022년 평가 결과[9]에 따르면, 태국은 80개국 중 63위로 하위권에 머물렀으며, 독해는 64위, 수학과 과학은 각각 58위를 기록했다. 이러한 수치는 공교육과 사교육 사이에서 방황하는 학생들의 현실을 그대로 보여준다.

사교육 열풍 속에서 **온디맨드(OnDemand), 엔컨셉(EnConcept), 하이시티(HighCity), 브레인플러스(BrainPlus)** 같은 학원들이 태국 사교육의 중심에 있다. 온디맨드는 수학과 과학에서 두각을 나타내고, 엔컨셉은 영어와 언어 예술을 가르친다. 하이시티는 학생 개개인에게 맞춤형 입시 전

---

9   "PISA 2022 Results (Volume I): The State of Learning and Equity in Education, PISA", OECD, 2023, https://doi.org/10.1787/53f23881-en.

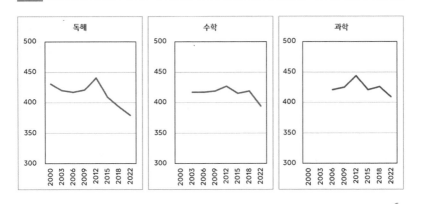

※PISA: Programme for International Student Assessment(PISA)   자료: OECD

략을 제공하며, 브레인플러스는 과학과 수학 교육에서 높은 성과를 자랑한다.

코로나19 이후 온라인 교육 시장도 급격히 성장했다. 오픈두리안(OpenDurian)과 스킬레인(Skillane) 같은 플랫폼들은 새로운 교육의 형태를 제시하고 있다. 오픈두리안은 수학, 공무원 시험, IELTS, 대학 수학 능력 시험 등 다양한 시험 강의를 제공하며, 스킬레인은 직장인을 위한 교육 프로그램과 6개월 단기 온라인 석사 과정을 통해 새로운 가능성을 열어가고 있다.

이 모든 변화 속에서 태국의 교육 양극화는 더욱 심화되고 있다. 사교육에 대한 의존이 커지면서 교육 기회의 불평등이 심화되고 있으며, 이는 더 큰 사회적 문제로 이어질 수 있다. 한국에서 느끼는 교육의 문제가 태국에서도 여실히 나타나고 있다.

에듀테크 시장의 기회

태국의 사교육 열풍과 영어에 대한 열기는 영화 〈배드 지니어스〉에서도 잘 드러난다. 좋은 대학에 들어가기 위해 수단과 방법을 가리지 않는 모습은 과장되었을지라도 태국 교육의 현실을 생생하게 반영한다. 이처럼 태국 교육의 구조적 모순은 사업적 관점에서는 기회이다. 앞으로 태국 교육 시장에서는 인강을 비롯한 사교육과 유학 대비 및 성인 대상 영어 교육이 더욱 성장할 가능성이 높다.

이러한 배경 속에서 **메가스터디, 비상교육, 매스프레소** 등 여러 한국 에듀테크 기업들이 이미 태국 교육 시장에 발을 들였다.[10] 메가스터디는 2019년 메가에듀테크를 설립하며 태국에 진출했고, 2022년 시암역 근처에 오프라인 학원을 개설했다. 비상교육은 2020년 한국교육원과 협력해 한국어 스마트러닝 솔루션 '온 클라스'를 공급하였다. 원격 학습자들은 이 솔루션을 통해 한국어를 배우며 새로운 가능성을 체험했다. 매스프레소는 2021년 인공지능 교육 플랫폼 '콴다'로 태국에 진출하였다. 콴다는 출시 일주일 만에 구글 플레이스토어 교육 카테고리 1위에 오르며 큰 인기를 얻었다.

한국과 태국의 교육열은 묘하게 닮아 있다. 영화 〈배드 지니어스〉에 나온 미국 유학 시험 부정행위는 실제 2009년 한국인 강사가 호주에서 저지른 일을 모티브로 한 것이다. 영화 속에서 호주 시드니에서 문제를 푼 주인공이 시차를 이용해 태국 부유층 자녀들에게 스마트폰 메신저로

---

10 "교육의 디지털 전환과 성장하는 태국 에듀테크 시장", KOTRA, 2023/05/03.

정답을 전송하는 부정 행위는 실제 한국인 사례를 차용했다. 차이가 있다면, 그 한국인 강사는 호주가 아닌 태국에서 문제를 풀었고, 미국 동부에 있는 학생들에게 이메일로 답안을 전송했다는 점이다. 이러한 유사성 때문에 영화 〈배드 지니어스〉는 한국 관객들에게도 전혀 낯설게 느껴지지 않는다.

병맛에 담긴 태국인의 해학: 광고로 보는 태국인의 감성

방콕 오피스를 처음 방문하던 날이었다. 몇 년 만에 다시 찾은 방콕의 태양은 마치 부드러운 불길처럼 강렬하게 내리쬐고 있었고, 후덥지근한 공기는 온몸을 휘감아 뜨거운 담요를 덮은 듯했다. 익숙한 풍경 속에서 새로운 가능성이 피어나는 설렘이 교차하는 순간, 첫발을 내디뎠다. 그때 태국 법인장이 나에게 부탁한 특별한 말이 있었다.

"태국 사람들은 숫자보다 감성에 더 반응해요. 숫자는 우리끼리 얘기하면 되니까, 직원들에게는 감성적인 이야기를 많이 해주시면 좋겠어요. 태국 광고를 한번 보시는 것도 도움이 될 거예요."

태국 광고의 매력

그 부탁을 받은 뒤, 나는 태국 광고들을 찾아보기 시작했다. 태국 광고는 정말로 창의적이었다. 짧은 시간 안에 내러티브와 감동, 유머, 반전, 여유가 절묘하게 어우러져 있었다. 한국 광고는 유명 연예인을 기용하거나 후크송에 맞춰 춤을 추는 등 주목을 끌려는 경향이 있어, 때로는 다소 뻔하다는 느낌을 주기도 했다. 물론 한국 광고도 최근 많은 변화를 보이고 있다. 기존의 제품 기능 중심 방식에서 벗어나 스토리텔링과 감성적인 접근을 통해 소비자들과 깊이 교감하려는 노력이 이어지고 있다. 그러나 태국 광고는 이러한 감성적 접근을 훨씬 이전부터 시도해 왔다는 점에서 차이를 보인다.

태국 광고는 짧지만 강렬한 메시지를 전달하며, 감성적이고 유머러스한 요소를 통해 소비자와의 연결을 강화하고 있었다. 특히 태국 사회는 감성의 표현을 중요시하는 문화적 배경이 있기에, 이러한 광고 방식은 그들의 일상 속에 자연스럽게 녹아들어 있었다. 태국 광고는 짧은 순간 속에서도 마치 영혼을 파고드는 노래처럼 울림을 주었고, 그 여운이 길게 남았다.

태국은 국제 광고제에서 꾸준히 주목받고 있다. 칸 라이언즈 국제광고제에서 아시아 지역에서 매년 상위권을 유지하고 있으며, 특히 아세안 지역에서는 지속적으로 1위를 차지하고 있다. 반면 한국은 상대적으로 낮은 순위를 기록하며 태국과의 격차가 두드러진다. 이러한 차이는 태국이 현지 감성을 광고에 반영하고 창의적으로 접근한 결과로 볼 수 있다.

순위	국가	2021
1	호주	29
2	인도	22
3	일본	14
4	뉴질랜드	8
5	태국	7
	싱가포르	7
7	대만	6
8	파키스탄	5
9	중국	4
	홍콩	4
11	말레이시아	3
	미얀마	3
13	필리핀	2
	한국	2
	방글라데시	2
16	인도네시아	1
합계		119

순위	국가	2022
1	인도	46
2	호주	16
3	일본	10
4	뉴질랜드	9
	중국	9
6	태국	6
7	싱가포르	4
8	한국	2
9	방글라데시	1
	필리핀	1
	대만	
	파키스탄	
	홍콩	
	말레이시아	
	미얀마	
	인도네시아	
합계		104

순위	국가	2023
1	인도	24
2	호주	29
3	뉴질랜드	20
4	일본	19
5	태국	7
6	싱가포르	6
7	한국	3
	중국	4
9	필리핀	2
10	대만	1
	파키스탄	
	홍콩	
	말레이시아	
	미얀마	
	방글라데시	
	인도네시아	
합계		115

순위	국가	2024
1	호주	18
	인도	18
3	뉴질랜드	15
4	일본	11
5	태국	9
6	싱가포르	7
7	대만	4
8	필리핀	3
9	중국	2
10	한국	1
	인도네시아	1
	말레이시아	1
	파키스탄	
	홍콩	
	미얀마	
	방글라데시	
합계		90

자료: Cannes Lions International Festival of Creativity

⟨TrueMove H: 나눔의 소통

특히 기억에 남는 광고 중 하나는 태국 통신 회사 TrueMove H의 2013년 브랜드 광고였다.

"나누는 것이 최고의 소통이다(Giving is the best communication)"라는 슬로건을 내세운 이 광고는, 아픈 엄마를 위해 약을 훔치는 소년의 이야기로 시작된다. 그 소년이 약사에게 들켜 혼이 나는 장면에서, 다른 가게 주인이 나타나 대신 돈을 지불하며 소년을 도와준다. 그 장면에서 차가운 약국의 공기와 소년의 떨리는 손끝이 마치 내 앞에 있는 것처럼 생생했다. 그리고 30년 후, 도움을 줬던 가게 주인이 갑작스레 쓰러지고 큰 병원비가 청구된다. 하지만 그의 딸은 병원비가 이미 지불되었다는 소식

GIVING IS THE BEST

자료: Youtube(@True5G)

을 듣게 된다. 과거 도움을 받았던 소년, 이제는 의사가 된 그가 그 빚을
갚은 것이다.

　TrueMove H는 단순히 '더 빠르고, 더 저렴한'이라는 기능적 접근 대
신, 감성을 통해 브랜드 스토리를 전달하는 전략을 택했고, 이는 시장 점
유율 상승으로 이어졌다. 이 광고는 소통의 본질이 단순한 기능적 측면
이 아니라 진심 어린 관계에 있음을 말하며, 소비자들에게 깊은 울림을
전했다. 이후 이 광고는 여러 마케팅 교재에서도 사례로 다루어지며, 진
정성 있는 스토리텔링의 중요성을 강조하는 데 사용되고 있다.

유니레버 선실크: #BeThatGirl

또 다른 인상 깊은 광고는 유니레버의 〈선실크〉 2018년 광고였다.

자료: Youtube(@Wundernan Thompson APAC)

이 광고는 샴푸를 통해 태국 트랜스젠더의 삶을 조명했다. 보수적인 환경 속에서 자신의 정체성을 도전받던 소년은 머리카락을 기르며 자신을 찾아갔다. 머리카락이 자라날수록 그는 점차 자신이 원하던 아름다운 여성으로 변모하게 되었다. 샴푸의 향기와 머리카락이 바람에 흩날리는 장면이 마치 꿈속을 걷는 듯했다.

#BeThatGirl 캠페인은 2017년 미스 티파니 대회에 참여했던 실화를 바탕으로 제작되어 더욱 큰 감동을 주었으며, 태국적인 감성을 잘 드러냈다.

이 광고는 개인의 정체성을 찾는 과정에서의 어려움과 그 용기를 보여주며, 소비자들에게 감동과 공감을 자아냈다. 또한 이 광고는 사회적 소수자의 권리와 그들의 이야기를 주류 미디어에서 다루는 중요한 사례로 자리 잡았고, 대중의 인식을 변화시키는 데 기여했다.

〈 Chaindrite 살충제: 병맛 유머의 정수

태국 광고의 핵심에는 '병맛' 유머도 있다. 2019년 칸 광고제 필름 부문 수상작인 'Chaindrite' 살충제 광고가 그 예이다.

'한 번 뿌리면 바로 죽는다'는 단순한 메시지를 병맛 유머로 풀어내어, 모기와 바퀴벌레를 퇴치하는 과정을 과장되게 표현했다. 배우의 무표정한 얼굴과 어색하게 과장된 행동은 상황의 우스꽝스러움을 더욱 강조하며 웃음을 자아냈다. 이 광고는 단순한 살충제 광고임에도 불구하고 창의적인 접근을 통해 시청자들에게 깊은 인상을 남겼다. 그 유머는 모기 소리처럼 날카로웠지만, 그 끝은 웃음으로 물들었다.

이러한 접근은 태국 광고의 독창성을 잘 보여주며, 유머를 통해 브랜드 메시지를 전달하는 효과적인 방식이 될 수 있음을 증명했다. 이 광고는 이후에도 많은 사람들에게 '병맛'이라는 단어와 함께 태국 광고를 기억하게 만드는 중요한 포인트로 남아 있다.

〈 〈보이즈 와플〉: 반전의 매력

반전 요소를 활용한 광고도 매력적이다. 몬드 닛신(Monde Nissin)의 〈보이즈 와플(Vois Waffle)〉 광고에서는 남자가 서랍에서 와플을 꺼내 먹으려는 순간 여자 친구가 들어온다. 남자는 재빨리 와플을 숨기고, 여자는 고백할 것이 있다며 두건을 벗어 자신의 비밀을 드러낸다. 남자는 여자를 껴안으며 "서로 사랑한다면 비밀이 없어야 한다"고 말하지만, 정작 남자

Chaindrite 살충제 광고(2018)

는 여전히 와플을 숨기고 있다. 와플은 바삭하고 달콤한, 그 맛의 유혹은 너무 강렬했다.

"와플은 애인과 공유하기에는 너무 맛있다"는 메시지를 유머와 반전으로 녹여낸 이 광고는 2018년 칸 라이언즈 필름 부문에서 골드 라이언상을 수상했다. 이 광고는 단순한 제품의 맛을 강조하는 것을 넘어, 인간관계의 복잡성을 유머로 풀어내며 소비자와의 정서적 연결을 강화했다.

이러한 반전 기법은 소비자에게 강렬한 인상을 남기며, 브랜드에 대한 호감도를 높이는 데 큰 역할을 했다. 광고를 본 소비자들은 그 안에 담긴 유머와 진솔함에 매료되어 제품에 대한 긍정적인 이미지를 가지게 되었다.

자료: Youtube(@Bigmigu)

넷플릭스 〈나르코스〉 광고

또한, 2019년 넷플릭스가 태국에서 선보인 '나르코스의 센서십' 광고는 태국의 엄격한 센서십 규정을 해학적으로 풀어내며 큰 반향을 일으켰다. 태국 당국의 까다로운 규정에 따라 나르코스의 대부분 장면이 모자이크 처리된 형태로 광고가 제작되었는데, 이 과장된 모자이크 처리를 통해 규제를 비꼬는 재치와 유머를 잘 보여주었다. 이 광고는 단순히 규정을 따르는 데 그치지 않고, 이를 창의적으로 활용해 시청자들에게 웃음을 주었으며, 개인적으로 가장 인상 깊었던 태국 광고 중 하나였다. 과도한 모자이크 뒤에 숨겨진 허탈한 웃음과, 그 속에서 여전히 빛나는 진실이 있었다.

넷플릭스 〈나르코스〉 광고(2019)

이러한 접근 방식은 시청자들 사이에서 큰 화제를 불러일으켰고, 넷플릭스의 브랜드 이미지에도 긍정적인 영향을 미쳤다. 이를 통해 넷플릭스는 태국 시장에서의 입지를 강화하고, 브랜드에 대한 긍정적인 인식을 확립했다. 이 광고는 단순히 제품의 홍보를 넘어, 콘텐츠의 자유와 창의성을 강조하며 넷플릭스의 브랜드 가치를 효과적으로 전달했다.

창의성 발현의 비결

이처럼 태국 광고는 진정한 창의성의 결정체이다. 태국 광고 에이전시 출신 전문가들은 태국 광고가 창의적인 이유를 광고주의 간섭을 거의 받지 않기 때문이라고 얘기한다. 전달하고자 하는 메시지만 사전에 명확히 합의되면, 그 다음부터는 에이전시가 주도적으로 진행한다고 한다.

광고주가 지나치게 개입하지 않음으로써 광고의 창의성이 최대한 발휘될 수 있는 환경이 조성된다. 자유로운 작업 환경에서 자신의 아이디어를 마음껏 펼칠 수 있게 되고, 그 결과 태국 광고는 다른 국가와는 창의적이고 혁신적으로 차별화된다.

이후 태국에서 유튜브 영상 광고를 만들 때 같은 방식을 활용했다. 당시 오길비 태국 법인장 출신이었던 CMO에게 '감동', '병맛', '반전'의 특색을 잘 살려달라고 부탁했고, 크리에이티브는 철저히 CMO와 에이전시에 맡겼다.

2019년 12월 라인맨 유튜브 영상이 출시되었을 때 결과는 매우 성공적이었다. 일주일 만에 조회수가 천만을 돌파했고, 빠르게 사람들 사이에서 회자되었다. 내가 태국에서 관여한 첫 번째 광고였지만, 실제로는 광고 예산 결제를 승인한 것 외에는 기여한 것이 없었음에도 불구하고 최고의 결과물이 나왔다. 이는 태국 광고의 성공 비결이 무엇인지를 보여주는 좋은 사례였다. 특히 이러한 성공은 현지 전문가들에게 충분한 자율권을 주고 그들의 창의적 판단을 신뢰했기 때문에 가능했다.

현지화와 자율성의 중요성

태국 광고를 보면서 나는 태국 문화에 더 가까워질 수 있었다. 광고를 통해 그들이 중요하게 여기는 가치와 세상을 바라보는 방식을 이해하게 되었다. 이는 단순한 비즈니스 차원을 넘어 문화적 이해로 이어졌고, 태국

자료: Youtube(@LINE Thailand)

에서 성공적인 사업 운영의 중요한 밑거름이 되었다. 부드러우면서도 단단한 그들의 문화 속에서, 현지 팀과의 협업은 더욱 견고해졌고, 그들이 진정으로 원하는 바를 이해하는 데 큰 도움이 되었다. 그 결과, 태국 시장에서의 성과는 단순한 수치를 넘어 깊은 의미를 가지게 되었다.

시간이 지나면서 태국 법인장의 부탁이 다시 떠올랐다. 첫 미팅에서 태국 광고를 많이 봐달라고 했던 요청의 진정한 의미를 깨달았다. 태국 광고가 창의적인 이유가 광고주의 간섭이 적기 때문이라면, 태국 사업의 성공 역시 본사의 간섭을 줄이고 현지 팀에게 자율권을 주는 데 달려 있을 수 있다는 점이었다. 현지 팀의 전문성을 신뢰하고 충분한 자율권을 부여하는 것이 성공의 열쇠임을 알게 되었다. 이 깨달음은 이후 태국 시장 전략 수립에 큰 지침이 되었고, 본사와 현지 법인 간의 신뢰 관계를 강화하는 계기가 되었다.

태국의 문화는 일본과 닮은 점이 많다. 언제나 겉으로 드러난 말 속에 숨겨진 진의를 찾아야 한다.

K-컬처와
태국 디지털 문화의 만남

부리람. 태국 북동부 코랏 분지의 남동쪽 끝에 자리한 이 작은 도시는 한때 그저 지도 위의 이름에 불과했다. 그러나 이제 부리람은 더 이상 평범한 곳이 아니다. 이곳에서 태어난 한 소녀, 리사는 K-팝 걸그룹 블랙핑크의 멤버로 전 세계를 매혹시키며 고향을 빛내고 있다. 그녀의 성공은 단순히 음악계의 이야기가 아니라, 태국을 넘어 전 세계에 깊은 흔적을 남기며 문화적 파장을 일으키고 있다. 리사는 단순한 스타를 넘어 태국인들에게는 희망과 자부심의 상징이자, 태국의 문화 외교관 역할을 하고 있다.

리사의 성공은 숫자와 기록으로도 분명히 증명된다. 그녀의 솔로 데뷔곡 〈라리사(LALISA)〉는 공개 단 하루 만에 7,360만 조회수를 기록하며 기네스북에 등재되었다. 이는 그녀의 음악적 성공을 넘어, 전 세계 팬들에게 미친 그녀의 강렬한 영향력을 입증하는 상징적인 사건이었다. 그러나 그녀의 파급력은 여기서 끝나지 않았다. 리사가 SNS에 올린 아유

타야 사진 한 장은 태국 관광 산업에 놀라운 변화를 가져왔다. 그녀가 방문한 왓 마하탓 사원을 찾는 관광객이 급증하며, 태국관광청은 즉각 그녀의 발자취를 따라가는 관광 코스를 개발했다. 그녀의 흔적은 이제 단순히 개인의 이야기를 넘어, 태국의 새로운 국가적 자산으로 자리 잡았다.

방콕 역시 리사 효과를 몸소 체감하고 있다. 그녀의 뮤직비디오 〈록스타〉의 촬영지였던 야오와랏 거리는 단숨에 관광객들로 넘쳐나며 활기를 되찾았다. 팬들은 단순히 거리를 둘러보는 데서 그치지 않고, 리사의 흔적을 느끼기 위해 현지 상점과 식당에서 시간을 보내며 상권에도 긍정적인 영향을 미쳤다. 이러한 변화를 지켜본 방콕시는 거리 전체를 중국풍 테마 거리로 재단장하는 계획을 발표하며, 단기적인 붐을 장기적인 관광 정책으로 발전시키려 하고 있다. 이제 리사가 걷는 길은 하나의 무대가 되었고, 그녀가 머문 장소는 하나의 유산으로 남고 있다.

그녀의 고향 부리람도 새로운 시대를 맞이했다. 태국 북동부의 한적한 시골로 알려졌던 이곳은 이제 리사 덕분에 전 세계인의 주목을 받고 있다. 그녀는 뮤직비디오에 파놈 룽 역사공원을 등장시키며 고향의 아름다움을 세계 무대에 알렸다. 이 유적지는 단순한 역사적 명소를 넘어, 그녀의 이야기가 시작된 장소로 새로운 의미를 얻었다. 캄보디아와 국경을 맞대고 있는 부리람은 이제 태국 동북부의 중심지로 자리 잡으며 관광의 새로운 허브로 성장하고 있다. 리사의 고향은 그녀의 성공과 함께 새로운 정체성을 만들어가고 있다.

리사의 이야기는 태국을 넘어, 한국과 태국을 잇는 문화적 다리가 되고 있다. 그녀의 성공 이후 태국 내에서 K-팝과 한국 문화에 대한 관심은 폭발적으로 증가했다. 2023년 한 해에만 166만 명의 한국인이 태국을 방문했고, 이는 전체 외국인 관광객 중 세 번째로 많은 숫자였다. 뿐만 아니라, 태국의 한류 관련 소비액은 전년 대비 53.5% 증가하며 12억 달러를 기록했다. 리사는 단순한 아이돌을 넘어, 태국과 한국을 연결하며 두 나라의 관계를 한층 더 깊게 만들었다. 그녀는 음악과 문화를 넘나들며 아시아 전역의 교류를 촉진하는 중심축으로 자리 잡았다.

⟨ 한류의 확산

태국에서 한류가 처음 싹튼 건 2000년도였다. 그해, 태국 ITV에서 한국 드라마 〈별은 내 가슴에〉가 방영되며 낯설던 한국 문화가 서서히 태국인들의 일상 속으로 스며들기 시작했다. 이후 2016년까지 무려 432편의 한국 드라마가 태국 TV를 통해 방영되었고, 2003년부터는 K-팝이 태국 시장에 발을 들였다. 특히, 태국 음반회사 그래미(GMM Grammy)가 한국 음반을 수입하면서 동방신기, 슈퍼주니어, 소녀시대 같은 아이돌 그룹이 태국에서 폭발적인 인기를 끌었다.

2010년을 전후로 한류는 태국 10대 사이에서 강력한 트렌드로 자리 잡기 시작했다. K-팝과 드라마는 젊은 세대의 일상에 스며들며 태국 사회에 새로운 문화적 흐름을 만들어냈다. 이 시기에 태국 출신 K-팝 아이돌의 등장은 한류 확산에 새로운 동력을 더했다. 2008년, 2PM의 닉쿤이 무대에 오르며 그의 이름은 태국 전역에 빠르게 퍼져나갔다. 2014년에는 GOT7의 뱀뱀이, 2015년에는 CLC의 손이 데뷔하며 주목받았고,

2016년에는 NCT의 텐, 블랙핑크의 리사, (여자)아이들의 민니가 차례로 무대에 올랐다. 이들은 각자의 개성과 재능으로 한국뿐 아니라 태국에서도 뜨거운 사랑을 받으며 한류를 더욱 강력하게 확산시키는 데 중요한 역할을 했다.

특히, 블랙핑크의 리사는 태국에서 단순한 K-팝 스타를 넘어 국민적 영웅이자 문화 아이콘으로 자리 잡았다. 그녀의 존재감은 연예계를 넘어 정치, 경제, 그리고 사회 전반에까지 강렬한 흔적을 남기고 있다. 2023년 수안두싯대학 설문조사에서 태국 내 가장 영향력 있는 인물 1위로 선정된 것도, 그녀가 얼마나 대중의 사랑과 지지를 받고 있는지 보여 준다. 리사의 한 마디는 특정 상품이나 장소의 인기를 단숨에 끌어올리는 이른바 '리사 효과'를 만들어 내며, 그녀의 영향력은 단순한 인기를 넘어선다.

이 흐름은 한국 문화를 태국의 10대와 20대를 넘어 전 세대에 스며들게 하며, 한류를 태국 대중문화의 중심으로 자리 잡게 했다. **탄탄한 스토리와 높은 작품성, 그리고 한국적인 정서와 생활 양식을 담아낸 한국 드라마는 태국 사람들에게 단순한 오락을 넘어선 새로운 문화적 경험을 선물했다.** 그렇게 태국인의 일상 속에 자연스럽게 녹아든 한국 드라마는 이제 단순한 유행을 넘어, 한류를 태국 대중문화의 핵심으로 자리 잡게 만드는 데 중요한 역할을 하고 있다.

코로나19 시기에 넷플릭스가 빠르게 확산되면서, 한국 드라마의 인기는 더욱 높아졌다. 〈이태원 클라쓰〉, 〈사랑의 불시착〉, 〈사내맞선〉 같은 작품들은 태국에서 폭발적인 반응을 얻었다. 〈이태원 클라쓰〉의 주인공이 보여준 도전 정신과 독립적인 모습은 젊은 세대에 깊은 인상을 남겼고, 〈사랑의 불시착〉의 감동적인 로맨스는 많은 이들의 가슴을 울렸다. 〈사내맞선〉의 유쾌한 사랑 이야기는 사람들에게 웃음과 설렘을 안겨주었다. 〈이상한 변호사 우영우〉는 태국 넷플릭스 1위를 기록하며 전 세계 20개국에서 사랑받았고, 최근에는 〈더 글로리〉, 〈킹더랜드〉, 〈무빙〉, 〈내 남편과 결혼해줘〉 등 다양한 장르의 드라마들이 태국 시청자들의 관심을 사로잡고 있다.

웹툰과 웹소설 시장은 K-컬쳐의 또 다른 성공 사례다. 네이버웹툰은 2014년 진출 이후 꾸준히 현지 독자들의 사랑을 받고 있다. 카카오웹툰은 2021년 태국 진출 첫 해에 300만 다운로드를 기록하며 시장을 빠르게 장악했다. 인기 웹툰인 호형호제는 태국 드라마 피낙렝티락으로 제작되어 현지에서 큰 성공을 거두기도 했다. 이처럼 웹툰은 단순히 소비되는 콘텐츠를 넘어 드라마와 영화로 재탄생하며 태국 콘텐츠 시장에 새로운 활력을 불어넣고 있다.

태국 소비자들은 한국 웹툰의 높은 스토리텔링 수준과 감각적인 비주얼에 열광하고 있다. 특히, 감정적으로 공감할 수 있는 캐릭터와 스토리가 태국 독자들에게 깊은 인상을 남기고 있다. 태국은 스마트폰 보급률이 높아 모바일로 콘텐츠를 소비하는 비율이 매우 높은 국가로, 웹툰과 같은 디지털 콘텐츠에 이상적인 환경을 제공한다. 이러한 모바일 중심의 소비 행태는 K-컬쳐 웹툰의 확산을 더욱 가속화하고 있다.

K-뷰티의 확산

방콕의 번화한 쇼핑몰 한복판. 한 젊은 여성이 스마트폰을 손에 쥔 채 화장품 매장 앞에 멈춰 섰다. 화면에서는 한국 뷰티 인플루언서의 최신 리뷰 영상이 생생히 재생되고 있었다. 그녀의 시선은 매장 진열대에 놓인 '닥터지'의 레드 블레미쉬 제품에 고정됐다. 고온다습한 태국 날씨에 지친 피부를 위한 해답처럼 보였다. 이 장면은 태국에서 불고 있는 K-뷰티 열풍의 단면을 보여준다. 실제로 2024년 1분기, 한국 화장품은 태국 수입 시장 점유율 16.2%로 프랑스와 일본을 제치고 정상을 차지했다. 이 숫자는 단순한 통계가 아닌, K-뷰티의 위상을 보여준다.

한국 화장품의 태국 시장 진출은 오랜 역사를 지니고 있다. 2010년대 중반, 더페이스샵과 네이처 리퍼블릭 같은 브랜드가 태국에 첫발을 내디뎠을 때, K-뷰티 열풍의 불씨가 지펴졌다. 저렴한 가격과 귀여운 패키지는 태국 소비자들의 마음을 사로잡았고, 이후 품질과 효과가 입소문을 타면서 불길처럼 퍼져 나갔다. 하지만 2010년대 후반에 접어들자, 현지 브랜드의 성장과 일본 및 미국 브랜드들의 강력한 공세가 K-뷰티를 압박하기 시작했다. 태국 소비자들의 선택은 점점 다양해졌고, 한국 화장품은 한때 고전을 면치 못했다.

2020년, 코로나19 팬데믹이라는 전례 없는 도전이 태국 화장품 시장 전체를 강타했다. 마스크 착용은 색조 화장품의 수요를 줄였고, 관광객 유입 감소는 판매를 급감시켰다. 그러나 한국 화장품 브랜드들은 이 위기를 기회로 삼았다. 온라인 판매 채널을 강화하고 스킨케어 라인업을 확대하며, 변화하는 소비자 니즈에 신속히 적응했다. K-뷰티는 다시 태국 소비자들에게 필수품으로 자리 잡으며 새로운 도약을 준비했다.

태국의 소비자들은 한국 드라마와 K-팝 스타들로부터 뷰티에 대한 영감을 받기 시작했다. 화면 속 연예인들의 결점 없는 피부는 태국 소비자들의 마음에 불을 질렀다. 그들이 사용하는 화장품은 단순한 제품이 아니라, 한국 라이프스타일의 일부로 보였다. SNS를 통해 전 세계로 퍼져 나간 한국의 최신 뷰티 트렌드는 태국 젊은이들의 마음을 사로잡았고, 그 결과 한국 화장품은 다시 한번 태국 시장의 중심에 섰다.

태국의 기후와 피부 특성도 K-뷰티의 성공을 뒷받침했다. 고온 다습한 날씨는 피부 트러블을 일으키기 쉬웠고, 강렬한 자외선은 피부 보호의 중요성을 강조했다. 모공이 넓고 지성 피부가 많은 태국 소비자들은 가볍고 산뜻한 텍스처, 강력한 자외선 차단 기능, 그리고 피부 진정 효과를 갖춘 한국 화장품에 열광했다. 이는 단순히 제품의 기능이 아니라, 태국 소비자들에게 최적화된 솔루션이었다.

현재 태국 시장에서 K-뷰티는 새로운 트렌드를 선도하며 소비자들의 관심을 사로잡고 있다. 최근 태국 소비자들은 화려한 메이크업보다는 건강한 피부 자체에 더 큰 가치를 두는 **스킨케어 중심의 소비 패턴**을 보이고 있다. 여기에 **천연 성분을 기반으로 한 자연주의 제품**이 인기를 끌고 있다. 특히, 태국의 전통 허브와 한국 기술이 결합된 제품은 현지 소비자들의 호기심을 자극하며 주목받고 있다. 동시에, 하나의 제품으로 다양한 효과를 제공하는 실용적인 **멀티펑셔널 제품들도 바쁜 현대인의 니즈를 충족시키며 각광**받고 있다.

코스맥스는 태국 시장에서 이 변화를 기회로 삼아 선두에 서 있다. 두 번째 공장은 2026년 2분기 완공을 목표로 건설 중이며, 현지 브랜드와의 협업을 확대하며 태국 소비자들의 마음을 사로잡고 있다. 특히 소용량 파우치 화장품은 누적 생산량이 8,000만 개를 돌파하며 태국인의 생활에 깊이 스며들었다. 이 전략은 단순한 제품이 아니라, 소비자들의 일상을 이해하는 데서 출발한 것이었다.

아모레퍼시픽 역시 태국 시장에서 폭넓은 브랜드를 선보이며 입지를 강화하고 있다. 2024년, 헤라는 방콕의 상징적 백화점 '센트럴 칫롬'에 첫 매장을 열며 태국 소비자들의 눈길을 끌었다. 색조와 더마 화장품을 아우르는 다양한 라인업은 소비자들의 선택 폭을 넓히며 큰 호응을 얻고 있다.

닥터지 또한 태국 시장에서 눈에 띄는 활약을 보여주고 있다. 온라인 플랫폼을 중심으로 공격적인 확장 전략을 펼쳤으며, 인플루언서와의 협업은 닥터지의 레드 블레미쉬 제품을 태국 소비자들에게 확실히 각인시켰다. 이러한 노력은 단순한 판매 이상의, 태국 뷰티 문화를 선도하는 움직임으로 평가받고 있다.

이 외에도 다양한 한국 화장품 브랜드가 인기를 얻고 있다. 스킨알엑스랩의 '마데세라 크림'은 피부 진정과 화이트닝 효과로 주목받고 있으며, 리얼베리어의 '에센스 미스트'는 수분 공급과 산뜻한 사용감으로 태국 소비자들의 사랑을 받고 있다. 문샷의 '파우더 픽서'는 매끈한 마무리감과 강력한 고정력으로, 릴리바이레드의 '무드 라이어 벨벳 틴트'는 선명한 발색과 높은 지속력으로 좋은 반응을 얻고 있다.

태국 뷰티 시장의 심장에는 인플루언서가 있다. 소비자의 81%가 인플루언서의 추천을 따라 제품을 구매한다는 사실은 그 영향력을 잘 보여준다. 더 나아가, 인플루언서가 직접 자신의 브랜드를 런칭하는 사례가 늘어나며, 한국 화장품 브랜드는 이들과의 협업을 통해 새로운 가능성을 탐구하고 있다.

디지털 기술은 K-뷰티가 태국에서 또 다른 도약을 이룰 수 있는 기반이 되고 있다. **쇼피와 라자다 같은 플랫폼에서 실시간 라이브 커머스를 통한 판매는 폭발적인 반응을 얻고 있으며, AR·VR 기술을 활용한 가상 메이크업 체험은 소비자들에게 새로운 경험을 제공**하고 있다.

미래의 태국 화장품 시장은 더 많은 혁신이 기다리고 있다. AI 기반의 맞춤형 화장품 추천, 블록체인을 이용한 정품 인증, IoT 연동 스마트 뷰티 디바이스 등 첨단 기술은 태국 소비자들에게 전례 없는 경험을 선사할 것이다. 한국 화장품은 이제 단순한 제품을 넘어, 태국 시장에 새로운 뷰티 문화를 심는 선구자로 자리 잡고 있다. 태국의 뜨거운 햇살 아래, K-뷰티의 꽃은 이제 막 피어나고 있다.

e스포츠 산업의 발전

2023년, 항저우 아시안게임의 e스포츠 경기장은 열기로 가득했다. 관중들의 뜨거운 환호 속에 태국 국기가 힘차게 휘날렸다. 시상대에 오른 태국 선수들은 환한 미소를 지으며, 금빛과 은빛, 그리고 동빛으로 빛나는 메달을 들어 올렸다. 〈FC 온라인〉에서 금메달과 은메달, 〈왕자영요〉와 〈몽삼국 2〉에서 동메달을 각각 차지한 태국은 중국과 한국에 이어 3위를 기록하며 아시아 e스포츠 강국으로서의 위상을 드러냈다. 이 순간은 단순한 승리가 아닌, 태국 게임 산업의 놀라운 성장을 보여주는 상징적인 장면이었다.

불과 몇 년 전만 해도 태국 게임 시장이 이렇게 급성장할 것이라고 예상한 사람은 많지 않았다. 그러나 2021년, 태국은 전 세계 게임 시장 매출 순위 19위에 오르며, 동남아시아에서는 인도네시아에 이어 두 번째로 큰 시장으로 자리 잡았다. 시장 규모는 11억 6천만 달러에 달했고, 전년 대비 38%라는 경이로운 성장률을 기록했다. 이 폭발적인 성장세는 멈추지 않았고, 전문가들은 2027년 모바일 게임 시장 규모만 17억 5천만 달러에 이를 것이라고 내다보고 있다.

태국 e스포츠의 성장은 정부의 전폭적인 지원에서 비롯되었다. 2013년 태국 e스포츠 연맹(TESF)이 설립되었고, 2017년에는 태국 체육협회로부터 공식 승인을 받으며 e스포츠 생태계 확장의 기반을 마련했다. 2021년 9월, 태국 정부가 e스포츠를 전문 스포츠로 인정하면서 산업 발전은 새로운 전환점을 맞았다. 이제 태국 e스포츠는 단순한 오락을 넘어 국가의 자부심과 미래 산업의 핵심으로 자리 잡았다.

태국 게임 시장은 다국적 게임사들의 격전지로도 유명하다. 한국 게임 〈라그나로크 택틱스 2〉와 〈PUBG〉는 모바일 게임 매출 순위 8위와 9위를 기록하며, K-게임의 강력한 입지를 보여줬다. 일본 코나미의 〈eFootballTM 2024〉는 전년 대비 90% 매출 증가를 기록하며 2024년 매출 순위 2위에 오르기도 했다. 중국 Moonton의 〈Mobile Legends: Bang Bang〉은 동남아 시장 매출 1위를 차지하며, 글로벌 게임사들의 경쟁이 얼마나 치열한지를 보여주었다.

싱가포르와 미국 게임사들도 태국 시장에서 활발히 활동하고 있다. 싱가포르 Sea Group의 〈Free Fire〉와 〈Arena of Valor〉는 태국 모바일 게임 시장을 휩쓸고 있고, 미국 〈Roblox〉는 태국 젊은 세대 사이에서 높은 인기를 얻고 있다. 이 치열한 경쟁은 태국 게임 시장의 다양성과 품질을 높이며, 더 많은 가능성을 열고 있다.

태국에서 가장 사랑받는 게임 장르는 MOBA(Multiplayer online battle arena)와 MMORPG다. 〈ROV, Arena of Valor〉, 〈Mobile Legends: Bang Bang〉, 〈도타2〉, 〈League of Legends〉은 태국 게이머들 사이에서 뜨거운 인기를 끌고 있다. 축구 게임 〈피파〉와 격투 게임 〈철권〉, 그리고 카드 게임 같은 장르도 꾸준히 사랑받으며 태국 게이머들의 다양한 취향을 만족시키고 있다. 이들은 게임을 단순한 오락이 아닌, 새로운 교류와 소통의 장으로 활용하며, 게임을 통해 더 넓은 세상과 연결되고 있다.

스마트폰은 태국 게이머들에게 게임의 중심이 되고 있다. 2022년 조사에 따르면 태국 게이머의 92%가 모바일 기기로 게임을 즐긴다고 응답했다. 스마트폰 보급률이 높아지면서, 모바일 게임은 태국 게이머들의 일상에 깊숙이 스며들었다. 한때 주요 오락 시설로 자리했던 PC방은 여전히 존재하지만, 모바일 게임의 편리함과 접근성이 이를 빠르게 대체하고 있다.

태국 정부는 게임 산업 발전의 강력한 지원군이다. 디지털경제진흥청(DEPA), 국제무역진흥부(DITP), 태국 애니메이션컴퓨터그래픽협회(TACGA)는 콘텐츠 개발과 관련된 예산을 지원하며, 태국 체육협회는 e스포츠 선수들에게 수당을 지급하고 있다. 이러한 노력은 태국 게임 산업의 지속 가능성을 뒷받침하며, 세계적인 경쟁력을 키워가고 있다.

그러나 태국 게임 시장에는 규제도 존재한다. 도박 요소를 포함하거나 폭력성이 높은 게임은 엄격히 제한되며, FPS 장르는 폭력성과 인종 차별 문제로 인해 e스포츠 종목에서 제외된다. e스포츠 선수가 되려면 법적으로 20세 이상이어야 한다는 규정도 적용된다. 이 규제들은 태국 게임 산업의 성장과 건전성을 동시에 유지하는 데 중요한 역할을 하고 있다.

한국 게임은 태국 게이머들에게 꾸준히 사랑받고 있다. 한국 특유의 섬세한 그래픽과 귀여운 디자인은 태국 게이머들에게 매력적으로 다가가며, 〈라그나로크〉와 같은 레트로 게임도 여전히 인기를 끌고 있다. 그러나 현지 게이머들의 요구를 반영하고, 태국에 특화된 현지화 전략이 필요하다는 목소리도 있다.

태국에 진출하려는 한국 게임사들은 신중한 접근이 필요하다. 현지 법규를 준수하고, 소비자 동향을 철저히 분석하며, 신뢰할 수 있는 파트너를 선정하는 것이 중요하다. 현지화된 가격 전략과 마케팅 이벤트는 성공의 열쇠가 될 수 있다. 또한, 태국 투자청(BOI)의 비자 발급 및 세제 혜택을 적극적으로 활용하는 것도 좋은 전략이다.

태국 게임 시장은 성장의 길목에 서 있다. 모바일 게임의 폭발적인 성장, e스포츠의 인지도 상승, 정부의 전폭적인 지원은 태국 게임 산업의 미래를 밝히고 있다. 다양한 장르 개발과 기술 혁신을 통해 태국은 아시아를 넘어 세계적인 게임 강국으로 도약할 준비를 마쳤다.

한국 게임사들에게 태국은 단순한 시장을 넘어선 기회의 땅이다. 문화적 유사성과 한류의 인기를 바탕으로, 태국은 동남아시아 진출의 교두보로 손색이 없다. 태국 게이머들의 니즈를 정확히 이해하고, 그들의 문화에 공감한다면, 한국 게임사들은 더 큰 성공을 거둘 수 있을 것이다. 태국 게임 산업은 이제 글로벌 문화 교류의 중심지로 자리 잡고 있다.

◆

태국 정부는 K-컬쳐의 성공에서 영감을 얻어 자국 문화 산업의 경쟁력을 강화하기 위해 발 빠르게 움직이고 있다. '소프트파워 육성'을 목표로 내세운 태국은 한국 콘텐츠진흥원을 모델로 한 태국콘텐츠진흥원(THACCA) 설립을 추진하며, 자국 문화를 세계에 알리는 전략을 구체화하고 있다. 이는 단순히 K-컬쳐를 따라하는 것을 넘어, 태국 고유의 문화를 글로벌 시장에서 경쟁력 있는 콘텐츠로 발전시키겠다는 정부의 의지를 반영한다. 이러한 노력은 K-컬쳐와 태국 문화 산업 간 협력을 통해 양국이 함께 성장할 가능성을 보여주고 있다.

태국은 지리적 이점과 문화적 영향력을 바탕으로 CLMV(캄보디아, 라오스, 미얀마, 베트남) 지역에서 문화 허브로 자리 잡고 있다. 특히, 태국 출신 아티스트를 영입하는 한국 음악 레이블들의 전략은 태국뿐만 아니라 주변국 팬들의 관심을 끌며 K-컬쳐의 지역적 영향력을 확대하는 데 기여하고 있다. YG엔터테인먼트의 베이비몬스터 프로젝트는 이러한 흐름을 잘 보여주는 사례로, 동남아시아의 역동적이고 성장 잠재력이 높은 음악 시장을 겨냥한 전략적 접근으로 평가받고 있다. 이러한 협력은 K-컬쳐가 지역적 기반을 확장하면서도 태국의 고유한 문화 정체성을 부각시키는 상생적 모델로 주목받고 있다.

태국의 발달된 디지털 인프라는 K-컬쳐의 확산을 가속화하는 중요한 동력이다. 방콕은 주변국에 비해 높은 인터넷 접근성과 디지털 환경을 갖추고 있어, K-컬쳐 콘텐츠가 태국 소비자들에게 빠르고 쉽게 다가갈 수 있는 기반을 제공한다. 특히, 태국의 중앙집중적인 인구 분포와 디지털 친화적 사회 환경은 K-컬쳐 콘텐츠가 단순한 소비를 넘어 일상과 생활에 자연스럽게 녹아들도록 돕고 있다. 이러한 조건은 태국이 동남아시아에서 K-컬쳐의 핵심 허브로 자리매김하는 데 기여하고 있다.

K-컬쳐와 태국은 단순한 문화 교류를 넘어 서로의 가능성을 확장시키는 협력 관계로 발전하고 있다. K-컬쳐의 유행은 K-뷰티, K-푸드, K-패션 등 다양한 분야에서 한국 기업들에게 태국 시장에서의 새로운 사업 기회를 열어주고 있다. 태국 소비자들은 K-컬쳐를 단순히 소비하는 것을 넘어 이를 통해 새로운 가치를 받아들이며 시장을 더욱 활성화하고 있다. 이러한 변화는 양국 간의 문화적 시너지를 강화하며, 태국 정부가 자국 문화 산업의 글로벌화를 향한 도전에 더욱 박차를 가하게 만든다. 태국이 자국 문화를 통해 또 다른 성공 스토리를 써 내려가는 순간, K-컬쳐와 태국 문화가 함께 만들어낸 융합의 가능성은 동남아시아를 넘어 전 세계로 퍼져나갈 것이다.

디지털 혁명과 태국 비즈니스의 미래

노을이 차오르는 방콕의 하늘은 마치 붉은 잉크를 풀어놓은 듯 찬란합니다. 강 위를 미끄러지는 배들의 불빛이 물결 위에서 춤추듯 흔들리면, 도시의 고층 빌딩은 그 빛을 반사하며 강렬한 실루엣을 만들어냅니다. 방콕은 단순히 한 도시가 아닙니다. 그것은 매 순간 변화를 꿈꾸며 살아 숨쉬는 거대한 무대입니다. 그리고 그 무대는 이제 새로운 막을 올릴 준비를 마쳤습니다.

겉으로 보이는 화려함만으로 방콕을 정의할 수는 없습니다. 전통과 현대가 교차하는 이 도시는 표면 아래 더 깊은 에너지를 품고 있습니다. 화려한 시장의 소음과 고요한 사원의 그림자 아래에서는 기술과 혁신의 불꽃이 피어오르고 있습니다. 작은 카페 창가에 앉아 있는 창업자들은 단순히 꿈을 꾸는 것이 아닙니다. 그들은 방콕의 내일을 설계하고 있습니다. 이들의 손끝에서 방콕의 미래가 매 순간 새롭게 태어나고 있습니다.

방콕의 중심에는 꿈꾸는 사람들의 숨결이 살아 있습니다. 태국인의 스마트폰 속에서 라인은 사람들을 연결하고, 은행들은 핀테크 혁신으로 일상 속 금융의 한계를 허물고 있습니다. 스타트업들은 이 연결 고리를 통해 새로운 가능성을 엮어가며, 방콕의 거리는 마치 디지털 실험실처럼 사람과 서비스, 기술을 실시간으로 이어주고 있습니다. 이 모든 움직임을 가능하게 하는 것은 기술이 아니라, 그 기술을 현실로 바꾸는 사람들의 열정입니다.

방콕의 거리는 정적일 때조차도 생동감으로 가득합니다. 시장 한구석에서 과일을 나르는 상인의 손끝에도, 밤늦게까지 불이 꺼지지 않는 스타트업의 작은 사무실에도 이 도시는 분명히 살아 있습니다. 방콕은 그 모든 움직임을 품으며, 스스로를 끊임없이 변화시키고 있습니다. 그 변화는 단지 개인의 열정에서 비롯된 것이 아니라, 이 도시에 스며든 모든 사람의 이야기가 더해지며 이루어진 것입니다.

이제 방콕은 단지 태국의 수도라는 한계를 넘어섰습니다. 이곳은 세계를 향한 관문이며, 창의력과 기술이 충돌하며 불꽃을 일으키는 실험실입니다. 글로벌 빅테크 기업들은 이 도시가 가진 가능성을 주목하고 있습니다. 구글, 마이크로소프트, 아마존, 화웨이 같은 거대 기업들이 방콕에 뿌리를 내리며 새로운 시대를 위한 발판을 마련하고 있습니다. 그들의 시선은 방콕이 가진 끝없는 가능성에 고정되어 있습니다.

그러나 방콕의 진짜 이야기는 그곳에 사는 사람들이 만들어갑니다. 차오프라야 강변을 따라 펼쳐진 거리에서는 소셜 셀러들이 스마트폰 하나로 자신들의 브랜드를 만들어가고, 작은 카페 구석에서는 새로운 비즈니스 모델이 설계되고 있습니다. 방콕은 꿈꾸는 사람들에게 문을 열어줍니다. 이 도시에 사는 이들은 스스로가 이 거대한 모험의 일부임을 자각하며, 매 순간 이 도시와 함께 새로운 장을 써 내려갑니다.

이 책이 방콕의 디지털 혁신을 담아내려 한 이유는 단순히 과거를 기록하기 위함이 아닙니다. 방콕의 진짜 여정은 이제 막 시작되었습니다. 이 도시는 아세안의 디지털 심장으로 자리 잡았고, 스마트 시티와 AI 허브로의 도약을 꿈꾸며 내일을 향한 첫걸음을 내디뎠습니다. 방콕은 단순히 꿈을 꾸는 곳이 아닙니다. 그것은 꿈을 현실로 바꾸는 무대입니다.

방콕은 변화의 도시입니다. 이곳에서는 매일 새로운 도전이 시작됩니다. 골목길 작은 가게에서부터 웅장한 컨퍼런스 홀에 이르기까지, 방콕은 그 자체로 하나의 실험실입니다. 사람들은 두려움을 뒤로하고, 가능성을 향해 끊임없이 전진합니다. 그리고 그들은 매 순간 방콕의 새로운 역사를 써 내려갑니다.

방콕에서 길을 걷는다는 것은 단순히 발걸음을 옮기는 일이 아닙니다. 그것은 변화와 혁신, 그리고 가능성을 느끼는 경험입니다. 도심의 고층 빌딩 사이로 불어오는 바람 속에서도, 시장의 활기 속에서도 방콕은 끊임없이 이야기하고 있습니다. "멈추지 말라. 더 나아가라. 더 도전하라." 이 도시는 단 한순간도 멈추지 않습니다.

독자 여러분도 이 거대한 움직임의 일부가 될 수 있습니다. 방콕은 열려 있습니다. 새로운 아이디어를 가진 이들, 변화를 꿈꾸는 이들, 그리고 그저 이곳의 에너지를 느껴보고 싶은 이들까지. 방콕은 모두를 환영합니다. 이 도시는 당신을 구경꾼으로 남겨두지 않습니다. 방콕은 당신을 무대 위로 초대합니다.

디지털 방콕은 이제 시작입니다. 혁신과 가능성은 끝없이 이어질 것입니다. 이 도시는 아세안과 세계를 잇는 다리가 되었고, 이제는 그 다리를 넘어 더 큰 세상을 향해 나아가고 있습니다. 방콕의 이야기는 멈추지 않습니다. 그 이야기는 독자가 이 도시에 발을 디딜 때마다 새로운 장을 맞이할 것입니다.

부록

01

신정부와 산업별 지원 정책
태국의 성장 기회를 읽다

1. 신정부 출범과 경제 활성화 정책

- 2024년 8월, **패통탄 친나왓(Phaetongtarn Shinawatra)** 총리가 선출되었으며, 역대 최연소이자 두 번째 여성 총리로 탁신 친나왓 전 총리의 막내딸임
- 친나왓 총리는 **프아타이당(Pheu Thai Party)의 대표**로서 총리직을 수행 중임
- 태국 총리 임기는 4년 중임제로, 최대 8년까지 재임 가능

집권당 프아타이당의 주요 정책

주요 정책	설명
디지털 지갑	• 16세 이상 태국 시민에게 10,000 바트 지급 • 약 4,500억 바트의 예산으로 약 4,500만 명에게 자금을 전달 계획.
최저임금 인상	• 2027년까지 일 최저임금 600 바트로 인상 • 학사 학위 보유자의 최저 월급을 2027년까지 25,000 바트로 인상
동성 결혼 합법화	• 2024년 9월 합헌 판결 통해 동성 결혼 승인
자발적 군 복무	• 징병제에서 자발적 군 복무로 전환
농산물 가격 인상	• 2027년까지 농민 평균 연 소득 30,000바트로 3배 증대하는 것을 목표
남부 분쟁 해결	• 태국 남부의 분쟁을 해결하고 지속 가능한 평화를 구축하기 위한 노력
의료 및 건강 목적의 마리화나 활용	• 의료 및 건강 목적으로만 대마초 사용을 제한하는 법안을 제정 중 • 의사 처방 필요
헌법 개정	• 민주주의 개선과 부패 방지를 목표 • 단, 군주제는 유지

자료: The Nation

패통탄 친나왓 신임 총리의 주요 정책 (2024년 9월 발표)

번호	정책	기대 효과	시행 시점
1	부채 구조 조정	가계 부채 완화, 금융 안정성 회복. (현재 가계 부채 비율 90% 이상)	2024년 하반기부터 단계적 시행
2	중소기업 보호 및 지원	중소기업 활성화, 고용 창출. (중소기업이 태국 GDP의 약 35% 기여)	2024년부터 세부 정책 시행

번호	정책	기대 효과	시행 시점
3	에너지 및 공공요금 인하	국민 생활비 부담 완화, 산업 생산 비용 감소.	2024년부터 즉각 시행
4	디지털 지갑 정책 (10,000 바트)	경제 활성화(소비 증가), 취약 계층 지원 강화. (약 4500만 명 수혜 예상)	2024년 말부터 지급 시작
5	농업 현대화 및 농가 소득 증대	농가 소득 증대, 농업 경쟁력 강화. (농민 소득 세 배 증가 목표)	2025년까지 농업 기술 개발 목표
6	관광 산업 촉진	관광 수익 증대(태국 GDP의 약 20% 기여), 지역 경제 회복 및 고용 창출.	2024년 말까지 북부 지역 관광 활성화 계획
7	마약 문제 해결	사회 안전성 강화, 범죄율 감소.	즉각 시행
8	온라인 및 초국가적 범죄 대응 강화	디지털 경제 신뢰도 향상, 국민 피해 감소.	관련 법안 개정을 2025년까지 완료
9	사회복지 확대 및 평등 증진	국민 건강 증진, 의료 접근성 향상, 사회적 불평등 완화 효과 기대.	전국적으로 2024년 말까지 의료 복지 확장
10	전기차(EV) 산업 육성 및 녹색 경제 전환	태국 제조업 경쟁력 강화, 탄소 배출 감소, 지속 가능한 경제 성장 기반 마련.	주요 투자 프로젝트는 2025년 완료

자료: 태국 The Government Public Relations Department

디지털지갑 (10,000바트) 정책

항목	세부 내용
목적	• 경제 활성화 및 지역 경제 순환 촉진 • 생활비 부담 완화 • 취약 계층 및 농민의 삶의 질 향상 • 고용 기회 확대 및 디지털 혁신 촉진
대상	• 16세 이상의 태국 국민 • 연 소득 840,000 바트 이하 • 은행 계좌 잔고 500,000 바트 이하
예산	• 총 4500억 바트(약 125억 달러)
지급 방식	• 1인당 10,000 바트를 디지털 화폐로 지급 예정 • 초기에는 현금으로 지급 (복지카드 소지자 및 장애인 대상) • 이후 디지털 지갑을 통해 지역 상점에서 사용 가능

항목	세부 내용
시행 일정	• 등록 기간: 2024년 8월 1일 ~ 9월 15일 • 첫 지급: 2024년 9월 25일부터 시작, 초기 단계에서 복지카드 소지자에게 현금 지급 • 전체 프로젝트 완료: 2026년 9월까지
예상 수혜자 수	• 약 4,500만 명 (태국 인구 약 7,200만 명 중)
기대 효과	• 소비 촉진 및 경제 성장 기여 • 지역 비즈니스 활성화 • 경제적 기회 창출
비판 및 우려사항	• 재정적 책임에 대한 비판: 일부 경제학자들은 이 정책이 재정적으로 무책임하다고 주장 • 장기적인 경제 성장에 미치는 영향에 대한 의문 제기

자료: Bangkok Post

2. 신정부의 디지털 전환 계획

정책	주요 내용	세부 사항	파트너사
Cloud First 정책	태국을 동남아시아의 클라우드 허브로 육성	• 2024년부터 220개 정부 부처에 클라우드 서비스 제공 • 인프라 비용 30-50% 절감 예상 • 데이터 교환 및 빅데이터 활용 증대	• Google: 10억 달러 투자, 데이터센터 및 클라우드 인프라 구축 • CtrlS Datacenters: 클라우드 서비스 제공
AI 인프라 개발	AI 능력 개발 및 향상	• 2022-2027년 국가 AI 전략 추진 • Thai LLM 개발, 자연어 처리 향상 • AI 윤리 및 거버넌스 체계 구축	• Huawei: AI 인프라 지원 및 생태계 구축 • GDCC: AI 서비스 플랫폼 개발
디지털 인력 양성	디지털 기술 인재 양성	• Global Digital Talent Visa(GDT Visa) 도입, 50,000명의 디지털 인력 추가 양성 목표 • 디지털 청년 위원회를 통한 시민 디지털 리터러시 향상	• Microsoft: 10만 명 대상 AI 교육 제공
사이버 보안 강화	국가 사이버 보안 개선	• AOC 1441 센터 업그레이드로 AI 기반 위협 탐지 시스템 구축 • 사이버 백신 프로그램 및 위험 전화번호 알림 앱 출시	• National Cybersecurity Agency(NCSA): 사이버 보안 감독
디지털 ID 구현	국가 디지털 아이디 촉진	• 2024년까지 시민의 50%가 디지털 ID 사용 목표, 2025년까지 100% 목표 • Tang Rat 앱을 통한 통합	• Digital Government Agency(DGA), Electronic Transactions Development Agency(ETDA)
디지털 경쟁력 향상	국제 디지털 순위 향상 목표	• IMD 세계 경쟁력 순위에서 2022년 40위에서 2026년까지 30위 목표 설정	–

3. 산업별 주요 지원 정책

산업	내용 및 구체적 사례
관광업	• 연간 3,560만 명의 관광객 유치, 약 1,000억 달러의 관광 수입 예상 • '365일, 매일이 놀라운 태국' 캠페인 전개 • 중국 관광객 대상 2024년 3월부터 무기한 비자 면제 정책 시행
제조업 및 첨단산업	• '태국 4.0' 정책을 통한 12대 미래 산업 육성 • 동부경제회랑(EEC) 특구 개발: 10년간 1조 3,400억 바트 투자 유치 목표 • 200,000개의 새로운 일자리 창출 계획 • 반도체 산업 육성: 2024년 BOI의 첨단 제조업 투자 인센티브 확대
의료 및 웰니스 산업	• 태국을 의료 허브로 발전 계획 • '30바트 의료 시스템' 전국 확대 추진 • 연간 경제 효과 140억 달러 예상
농업 현대화	• "시장 주도형 혁신" 개념을 통한 농가 소득 증대 • 목표: 농민 소득 3배 증가 • 2024-2028년 250,000 농가 혜택 예상
에너지	• 2037년까지 재생 에너지 비중 30% 목표 • Power Development Plan 2024: 2024년부터 연간 2,000MW 직접 전력 구매 계약 도입 • 태양광, 풍력, 바이오매스 프로젝트 확대
전기차	• EV 3.5 이니셔티브: 2027년까지 전기차 생산 비중 30% 달성 목표 • 보조금 및 세금 감면 제공: 배터리 50kWh 미만 차량에 50,000바트, 50kWh 이상 차량에 100,000바트 보조금
디지털 경제	• 디지털 지갑 정책: 4,500만 명에게 1인당 10,000바트 지급 계획 • 총 규모: 4,500억 바트, GDP의 2.7% 해당 • ICT 부문 2027년 GDP의 11%까지 성장 기대
녹색경제	• 2030년까지 온실가스 배출량 30% 감축 목표 • 2065년까지 탄소 중립 달성 목표 • 탄소 가격제 도입 계획

4. 전기차 육성 정책 (2024-2027)

정책명	주요 목표 및 내용	세부 사항
EV 3.5 프로그램	전기차 보급 및 생산 촉진	• 전기 승용차: 배터리 용량 50kWh 이상 시 보조금 100,000 바트, 50kWh 미만 시 50,000 바트 • 전기 픽업트럭: 가격 2백만 바트 이하 시 보조금 100,000 바트 • 전기 오토바이: 가격 150,000 바트 이하, 배터리 용량 3kWh 이상 시 보조금 10,000 바트
세금 인센티브	세금 감면 및 수입세 인하	• 소비세를 8%에서 2%로 인하 · 완성차 수입 시 최대 40%의 관세 감면 • 정부 보조금을 받는 EV 제조업체는 세액 공제 혜택 제공
생산 목표	전기차 제조 비율 증가	• 전체 차량 생산의 30%를 EV로 설정 (2030년까지) • EV 및 전기 오토바이 각각 725,000대 및 675,000대 생산 목표
배터리 생산 촉진	배터리 제조업체 지원	• EV 배터리 셀 제조업체에 대한 재정 지원 제공 • 모듈 수준 생산에 대해 최대 8년의 법인세 면제 제공
상업용 EV 지원	대형 상용차 전환 촉진	• 국내 제조된 대형 전기 트럭 및 버스 구매 시 비용의 두 배를 세액 공제 가능 (수입 차량은 1.5배)

5. 관광업 육성 정책

연도	캐치프레이즈	세부 내용
2024	Amazing Thailand: Your Stories Never End	• 외국인 관광객 36.9백만 명 목표 • 국내 여행 200백만 건 목표 • 93개국 대상 60일 무비자 체류 허용 • 31개국 대상 도착비자(VOA) 확대 • Destination Thailand Visa (DTV) 도입: 180일 체류 가능, 5년 유효 • 중국 관광객 8.2백만 명 유치 목표 • 관광 수입 목표: 3조 바트
2025	Amazing Thailand Grand Tourism Year	• 관광 수입 목표: 3.4조 바트 (전년 대비 7.5% 증가) • 외국인 관광객 40백만 명 목표 • 국내 여행 205~220백만 건 목표 • "Thai charms", "Hidden gem cities", "Five must-dos" 전략 추진 • Amazing Thailand Countdown 2025, MotoGP 이벤트, 송크란 축제 등 글로벌 이벤트 유치 • 6월 2일, 8월 11일 추가 공휴일 지정으로 4일 연휴 창출 • 2026년 1월 2일 추가 공휴일로 5일 연휴 창출
2026~	Amazing Thailand Grand Tourism and Sports Year	• 2026년 4월 푸켓에서 글로벌 지속 가능 관광 회의 (GSTC) 개최 • 탄소 상쇄, 음식물 쓰레기 감소, 저탄소 목적지 조성 추진 • 세계적 수준의 축제와 특권 제공 • 인프라 개선 및 ASEAN 여행 네트워크 강화 • "재생 관광(Regenerative Tourism)" 테마로 지속 가능한 관광 실천

02

성공적인 태국 비즈니스를 위한 완벽 가이드

---

1. 태국 정부의 지원을 받을 수 있는가?

2. 태국에서 법인을 설립하려면 어떤 절차가 필요한 가?

3. 세금 구조는 어떠한가?

4. 현지 인력을 고용하려면 어떤 절차와 규정을 따라 야 하는가?

5. 태국 진출 시 발생할 수 있는 위험을 어떻게 관리 할 수 있는가?

---

1. 태국 정부의 지원을 받을 수 있는가?

태국투자청(BOI)이 제공하는 주요 지원 정책은 무엇인가?

구분	세부 내용
세금 혜택	• 최대 13년간 법인세 면제 • 기계 수입 관세 면제 • 수출용 원자재 수입 관세 1년간 면제 (연장 가능) • R&D 자재 수입 관세 면제 • 법인세 50% 감면 (최대 10년, 법인세 면제 없는 경우) • 공공 유틸리티 비용 이중 공제 • 인프라 설치 비용 25% 추가 공제
비세금 혜택	• 100% 외국인 소유 허용 • 토지 소유 허가 • 외국인 전문가 및 기술자 고용 허가 • 비자 및 노동허가 간소화 • 외화 송금 허용
추가 인센티브	• R&D 투자에 대한 추가 법인세 면제 • 첨단 기술 교육에 대한 혜택 • 지역 공급업체 개발 지원 • 산업단지 내 위치 시 추가 1년 법인세 면제
특별 혜택	• 반도체 산업: 전방 제조 10년, 후방 제조 5~8년 세금 면제 • 스타트업 투자: 2032년 6월까지 소득세 면제 • 국제비즈니스센터(IBC): 15년간 법인세 감면
지역 기반 혜택	• 동부경제회랑(EEC) 및 특별경제구역(SEZ) 투자 시 추가 혜택 • 저소득 지역 투자 시 추가 혜택
기타 지원	• 원스톱 서비스 센터 운영 • 투자 지원 서비스 제공 • 인프라 개발 지원 • FTA 혜택 활용 지원

자료: 태국투자청(Board of Investment)

태국 정부가 우선적으로 지원하는 산업 분야는 무엇인가?

정책	산업 분야
태국 4.0: 12대 육성 산업	**First S-curve (단기/중기 육성)** 1) 차세대 자동차 2) 스마트 전자 3) 고부가가치 관광 및 의료 관광 4) 농업 및 생명공학 5) 식품 혁신 **New S-curve (장기 육성)** 6) 디지털 7) 로봇 8) 바이오연료 및 생화학 9) 의료 서비스 10) 항공 및 물류 11) 방산 12) 교육 **핵심 기반 기술** 1) 바이오 기술 2) 나노 기술 3) 첨단 소재 기술 4) 디지털 기술
4대 신규 투자 촉진 산업 (2023~2027)	1) 전기차 산업 2) 신에너지 산업 3) 미래 식품 제조 산업 4) 우주 산업
BCG 육성 정책	1) 바이오 (Bio) 2) 순환 (Circular) 3) 녹색경제 (Green)

자료: 태국투자청(Board of Investment), 태국 국가과학기술개발원(NSTDA)

외국인사업법에 따른 투자 제한 업종 목록에 해당하는가?

분류	내용	제한 업종
목록 1	외국인의 사업 참여 소유 지분의 49%까지로 제한(9개 업종)	• 언론, 라디오 방송, TV 방송 관련 사업 • 쌀 경작, 농장 또는 작물 경작 관련 사업 • 축산업 • 임업 및 자연산림으로부터의 벌목업 • 어업(양식업이 아닌 태국 영해 및 태국 내 특별경제구역 인근 어획) • 태국 약초 채취업 • 태국 골동품 또는 유물 교역 및 경매업 • 불상 주조 및 수도승용 공양기(monk alms-bowls) 제조 • 토지 매매(land trading)
목록 2	국가 안전보장 또는 예술, 문화, 전통, 천연자원 및 환경 보호 등의 사유로 16개 업종에 대해 원칙적으로 외국인의 경우 소유 지분 한도 49%로 제한 장관협의체(Council of Ministers)의 승인에 따라 상무부 장관(Commerce Minister)의 허가를 득한 경우 외국인이 지분의 60~75%까지 소유 가능	**1. 국가안보 관련 분야(5개)** • 무기, 탄약, 화약, 폭발물의 생산, 판매, 관리 • 무기, 탄약, 화약, 폭발물 관련 부품의 생산, 판매, 관리 • 전쟁 장비, 선박, 항공기, 군용 차량의 생산, 판매, 관리 • 모든 종류의 전쟁 장비 및 부분품의 생산, 판매, 관리 • 국내 육상, 수상, 항공 운송 관련 사업 **2. 예술, 문화, 전통, 민속 공예품에 영향을 미치는 사업(6개)** • 골동품 매매 • 목각 생산 • 양잠, 견사 생산, 직조, 프린팅 • 태국 전통 악기 생산 • 금, 은, 동 그릇 • 태국 도자기 생산 **3. 천연자원 및 환경에 영향을 미치는 관련 사업(5개)** • 사탕수수로부터 설탕 제조 • 염전업(무염 포함) • 암연 제조 • 광산 개발(암면 폭파 및 암석 분쇄 포함) • 가구용 목재 제조 사업

분류	내용	제한 업종
목록 3	외국기업 대비 태국의 경쟁력이 낮은 산업으로 국내 산업 보호를 위한 서비스업 중심의 21개 업종에 대한 외국 인의 지분 소유 상한을 49%로 제한 예외적으로 외국인사업위원회(Foreign Business Committee)의 승인에 따라 상무부로부터 외국인 사업 허가(Foreign Business License)를 획득한 경우에는 100% 투자 가능	제분업, 수산업(양식업), 임업, 합판 제조업, 라임 생산, 회계 서 비스업, 법률 서비스, 건축 서비스업, 엔지니어링 서비스업, 건 설업(예외 조항 별도), 브로커, 에이전트업(예외 조항 별도), 경 매업(예외 조항 별도), 전통 농산품 관련 국내무역, 소매업(총 최소자본금 1억 바트 미만 또는 점포당 최소자본금 2,000만 바트 미만), 도매업(점포당 최소자본금 1억 바트 미만), 광고업, 호텔업(호텔 경영 예외), 가이드 관광업, 식음료 판매업, 식물재 배 및 증식업, 기타 서비스업(정부 규정에 명시된 것 예외)
예외	• 태국과 우호조약을 체결한 국가의 기업의 경우 위 목록 1~3의 모든 업종에 대해 금지나 제한을 받지 않음 (한국은 해당 사항 없음) • 목록 2, 3에 속하는 업종의 경우 투자촉진법(Investment Promotion Act)에 따른 투자 촉진 업종에 해당하거나 산업단지공단(Industrial Estate Authority of Thailand)으로부터 허가를 받은 경우에는 과반 이상 지분을 보유할 수 있으나 일부 예외사항 있음	

자료: 태국 외국인사업법(Foreign Business Act), 코트라

2. 태국에서 법인을 설립하려면 어떤 절차가 필요한가?

법인 설립 유형은 어떤 기준으로 선택해야 하는가?

법인 유형	설명
주식회사 (Limited Company)	• 가장 일반적인 형태 • 최소 3명의 주주 필요 • 외국인 지분 49%까지 가능 (특별 허가 시 100% 가능)
지사 (Branch Office)	• 외국 본사의 일부로 간주 • 수익 창출 활동 가능 • 외국기업법(FBA) 허가 필요
연락사무소 (Representative Office)	• 비영리 활동만 가능 • 시장 조사, 품질관리 등 제한된 활동 • 수익 창출 불가
지역사무소 (Regional Office)	• 아시아 지역 관리 목적 • 비영리 활동만 가능 • 태국 외 아시아 지역 지사 관리
합작투자 (Joint Venture)	• 태국 기업과의 협력 • 외국인 지분 제한 적용
BOI 승인 기업	• 태국 투자청(BOI) 승인 필요 • 100% 외국인 소유 가능 • 세제 혜택 등 인센티브 제공
미국-태국 우호통상조약 기업	• 미국 기업/시민에 한정 • 대부분 산업에서 100% 소유 가능 • 일부 제한 업종 존재
참고	• 외국기업으로 간주되는 기준은 50% 이상의 외국인 지분 법인 • 제한된 사업 분야에서 활동하려면 외국기업허가(FBL)가 반드시 필요

자료: 태국 상무부 기업개발국 (Department of Business Development, Ministry of Commerce)

법인 등록에 필요한 서류와 절차는 무엇인가?

단계	절차	필요 서류
1. 회사명 예약	• 상무부 웹사이트	• 회사명 예약 신청서
2. 정관 작성	• 회사의 목적, 자본금, 주주 정보 등 포함	• 정관 (Memorandum of Association)
3. 법정 회의 개최	• 이사 선임, 정관 승인 등	• 회의록
4. 등록 신청	• 상무부에 등록 신청서 제출	• 회사 등록 신청서 (Form Bor.Kor 1) • 정관 • 주주 명부 (Form Bor.Kor 2) • 이사 정보 (Form Bor.Kor 3) • 이사 선임 통지서 (Form Bor.Kor 4) • 등록된 사무실 주소 증명서 • 주주 및 이사의 여권 또는 태국 ID 카드 사본 • 사무실 임대 계약서 또는 소유권 증서 사본
5. 자본금 납입	• 최소 자본금 납입 증명	• 은행 입금 증명서
6. 등록증 수령	• 상무부에서 법인 등록증 발급	• 등록 수수료 납부 영수증
7. 세금 등록	• 세무서에 법인세 및 부가가치세 등록	• 세금 등록 신청서 • 법인 등록증 사본 • 이사의 신분증 사본
8. 은행 계좌 개설	• 법인 명의의 은행 계좌 개설	• 법인 등록증 • 정관 • 이사회 결의서 • 이사의 신분증
고려사항	• 외국인 투자의 경우, 외국인사업법(FBA) 확인 필요 • 최소 3명의 주주 필요 • 외국인 고용 위해서는 최소 자본금이 200만 바트 이상 • 태국어로 서류 작성 필수이며, 번역 문서는 공증 필요	

자료: 태국 상무부 기업개발국 (Department of Business Development, Ministry of Commerce)

외국인 사업 허가(Foreign Business License)를 취득하려면 어떤 절차를 거쳐야 하는가?

단계	내용
1. 사전 준비	• 사업 계획 수립 • 법률 전문가 상담 • 필요 자금 확보 (최소 200만 바트, 일부 업종은 300만 바트)
2. 서류 준비	• 회사 등록 서류 • 사업 계획서 • 재무제표 • 주주 및 이사 정보 • 자본금 증명 • 사업 활동 상세 설명 • 외국인 이사의 여권 사본 • 사업장 등록 증명
3. 신청서 제출	• 상무부 기업개발국(DBD)에 신청서 및 서류 제출 • 신청 수수료 납부
4. 심사	• 외국인사업위원회의 검토 (최대 60일 소요) • 필요시 추가 정보 요청
5. 결정	• 위원회의 승인 또는 거부 결정 – 결정 사항 통보
6. 허가증 발급	• 승인 시 외국인사업허가증(FBL) 발급 • 관련 수수료 납부
7. 후속 조치	• 사업 개시 • 정기적인 보고 및 규정 준수
고려사항	• 전체 과정은 최소 4개월 이상 소요될 수 있습니다. • 태국 경제에 미치는 긍정적 영향을 입증해야 합니다 (기술 이전, 고용 창출 등). • 일부 업종은 FBL 취득이 불가능하거나 매우 제한적입니다. • 태국투자청(BOI) 승인을 받으면 FBL 취득 절차가 간소화될 수 있습니다.

자료: 태국 상무부 기업개발국 (Department of Business Development, Ministry of Commerce)

3. 세금 구조는 어떠한가?

법인세, 부가가치세 등 주요 세금 및 세율은 어떠한가?

세금 종류	세율	주요 내용
법인세 (Corporate Income Tax)	0~20%	• 0%: 순이익 30만 바트 이하 • 15%: 순이익 30만-3백만 바트 • 20%: 순이익 3백만 바트 초과 • 태국 법인은 전 세계 소득에 대해 과세 • 외국 법인은 태국 내 소득에 대해서만 과세
개인소득세 (Personal Income Tax)	0~35%	• 0%: 15만 바트 이하 • 5%: 15만-30만 바트 • 10%: 30만-50만 바트 • 15%: 50만-75만 바트 • 20%: 75만-1백만 바트 • 25%: 1백만-2백만 바트 • 30%: 2백만-5백만 바트 • 35%: 5백만 바트 초과
부가가치세 (VAT)	7%	• 기본 세율은 10%이나 2024년 9월 30일까지 7% 적용 • 연간 매출 180만 바트 초과 시 등록 의무 • 수출 및 특정 서비스: 0% 적용
특별사업세 (Specific Business Tax)	2.5~3%	• 상업은행: 3% (일부 소득 0.01%) • 생명보험, 전당포: 2.5% • 부동산 판매: 3%
원천징수세 (Withholding Tax)	다양	• 배당금: 내국법인 10%, 외국법인 10% • 이자: 내국법인 1%, 외국법인 15% • 로열티: 내국법인 3%, 외국법인 15%
상속세(Inheritance Tax)	5~10%	• 1억 바트 초과 상속재산에 적용
기타		• 법인세는 기본 20%이나 중소기업에 대해 차등 적용 • VAT는 기본 10%이나 현재 7%로 감면 적용 중 (2024년 9월 30일까지) • 2024년부터 해외 소득에 대한 과세 규정 변경 • 특정 산업(은행, 보험 등)에 대해 특별사업세 적용 • 개인소득세는 누진세율 적용 (0-35%)

자료: 태국 재무부 세무국 (The Revenue Department, Ministry of Finance)

세금 신고 및 부가가치세 등록 절차는 어떻게 되는가?

항목	내용
VAT 등록 대상	• 연간 매출액 180만 바트 이상인 기업
VAT 등록 시기	• 사업 개시 전 또는 매출액이 기준을 초과한 날로부터 30일 이내
VAT 등록 절차	• 필요 서류 준비 • VAT 등록 양식(Form VAT 01) 작성 • 지역 세무서에 신청서 및 서류 제출 • 등록증 수령
필요 서류	• VAT 등록 양식 3부 (Por Por 01 및 Por Por 01.1) • 사업자 등록증 • 이사 서명 견본 • 회사 본사 증명 서류 등
VAT 신고 주기	• 매월 신고
VAT 신고 기한	• 다음 달 15일까지
VAT 신고 방법	• Form VAT 30 작성 및 제출 • 지역 세무서 또는 온라인으로 신고 가능
VAT 세율	• 기본 세율 10% (2024년 9월 30일까지 7% 적용) • 수출 및 특정 서비스: 0%
주의사항	• 여러 사업장이 있는 경우 각 사업장별로 신고 필요 • 세금계산서 발행 의무 • 미등록 시 벌금 부과 가능

자료: 태국 재무부 세무국(The Revenue Department, Ministry of Finance)

투자 관련 세제 감면 혜택은 무엇인가?

혜택 유형	세부 내용
법인세 면제	• 최대 13년간 법인세 100% 면제 • 투자 규모와 산업에 따라 차등 적용 • EEC 지역 투자 시 최대 15년 면제 가능
법인세 감면	• 법인세 면제 기간 이후 5-10년간 50% 감면 • 국제비즈니스센터(IBC)의 경우 지출 규모에 따라 3-8% 감면세율 적용
수입관세 혜택	• 기계류 수입 시 관세 면제 또는 감면 • 수출용 원자재 수입 시 관세 면제 • 국내 판매용 원자재 수입 시 최대 90% 관세 감면 • R&D 목적 물품 수입 시 관세 면제
추가 세제 혜택	• 운송, 전기, 수도 비용 10년간 이중 공제 • 인프라 투자비용의 25% 추가 공제 (10년간 분할) • R&D 투자에 따른 추가 법인세 면제 (최대 5년)
비과세 혜택	• 면세 기간 동안 받은 배당금에 대한 비과세 • IBC의 경우 관계사로부터 받은 배당금 비과세
기타 혜택	• 외국인 토지 소유 허용 • 외국인 전문가 비자 및 노동허가 간소화 • 외화 송금 자유
고려사항	• 혜택은 BOI(태국 투자청) 승인 기업에 한해 적용됩니다. • 산업 분야, 투자 규모, 위치(EEC 등 특별 경제구역)에 따라 혜택이 다릅니다. • 첨단 기술, R&D, 친환경 산업 등 우선 육성 분야에 더 많은 혜택이 주어집니다. • 구체적인 혜택은 프로젝트별로 다를 수 있으므로 BOI와 상담이 필요합니다.

자료: 태국투자청(Board of Investment)

4. 현지 인력을 고용하려면 어떤 절차와 규정을 따라야 하는가?

태국 노동법의 주요 규정(근로 계약, 최저임금, 근로시간 등)은 무엇인가?

항목	주요 내용
근로 계약	• 서면 계약 권장 (분쟁 방지 위해) • 고용 조건, 임금, 근무일/시간 등 명시 • 10인 이상 사업장은 서면 취업규칙 필수 • 수습 기간 최대 119일
최저임금	• 2023년 10월 1일 기준 일 331바트 (지역별 상이)
근로시간	• 일 8시간, 주 48시간 초과 금지 • 유해 작업: 일 7시간, 주 42시간 초과 금지 • 5시간 연속 근무 후 최소 1시간 휴식
초과근무	• 평일: 통상임금의 1.5배 • 휴일: 통상임금의 3배 • 주 36시간 초과 금지
휴가	• 연차휴가: 1년 근속 시 최소 6일 • 병가: 연 30일 유급 • 출산휴가: 90일 (45일 유급) • 주 1일 휴일, 연 13일 공휴일

해고	• 사전 서면 통지 필요
	• 근속기간에 따른 퇴직금 지급:
	  – 120일~1년 미만: 30일분 임금
	  – 1년~3년 미만: 90일분 임금
	  – 3년~6년 미만: 180일분 임금
	  – 6년~10년 미만: 240일분 임금
	  – 10년~20년 미만: 300일분 임금
	  – 20년 이상: 400일분 임금

자료: Thailand's Labor Protection Act B.E. 2541 (1998) 및 개정법,
태국 노동보호복지부(Department of Labour Protection and Welfare), 태국 상무부(Ministry of Commerce)

현지 인력을 채용하는 방법과 문화적 차이는 무엇인가?

항목	내용
채용 방법	• 현지 법인 설립 또는 PEO(전문고용기업) 활용 • 유명 구인구직 사이트 활용 (JobsDB.com, LinkedIn, JobThai.com, JotTopGun.com 등) • 체계적인 채용 및 온보딩 프로세스 구축
문화적 특징	• 위계질서 중시 • 집단주의와 팀워크 중시 • 조화로운 관계 유지 강조 • 간접적이고 공손한 일본식 의사소통 방식 • 일-생활 균형 중시
법적 요구사항	• 외국인 1명 당 태국인 4명 고용 필요 • 외국인 고용 시 최소 납입자본금 요구 • 노동법 및 사회보장제도 준수
복리후생	• 13개월 보너스 제공 관행 • 추가 건강보험 제공 • 퇴직연금(Provident Fund) 제공

외국인 노동 허가증(Work Permit) 발급 절차는 무엇인가?

단계	내용
1. 비자 취득	• Non-Immigrant B 비자 등 적절한 비자 취득 • 태국 대사관이나 영사관에서 신청 • 유효기간 90일
2. 서류 준비	**외국인 준비 서류:** • 유효한 여권 • 3x4cm 사진 3장 (6개월 이내 촬영) • 건강진단서 (30일 이내 발급) • 학력 및 경력 증명서 • 관련 자격증 **고용주 준비 서류:** • 노동허가 신청서 (WP.3) • 회사 등록증 및 주주 명부 • VAT 등록증 및 납부 증명 • 사회보장기금 납부 증명 • 법인세 납부 증명 • 고용 계약서
3. 신청서 제출	• 노동부에 신청서 및 서류 제출 • 비자 만료 90일 이전에 신청 필요
4. 심사 및 승인	• 일반적으로 7-10 영업일 소요 • One-Stop Service Center 이용 시 당일 처리 가능
5. 노동허가증 수령	• 신청자 본인이 직접 수령 • 원본 여권 지참 필요
6. 비자 연장	• 노동허가증 취득 후 비자 유효기간을 1년으로 연장
고려 사항	• 외국인 1명당 태국인 4명 고용 필요 • 고용주는 외국인 1명당 최소 200만 바트의 등록 자본금 필요 • 노동허가증은 최대 1년간 유효하며, 연장 가능

자료: 태국대사관 (Thailand Embassy)

5. 태국 진출 시 발생할 수 있는 위험을 어떻게 관리할 수 있는가?

법적 분쟁 및 계약 문제 방지를 위한 조치는 무엇인가?

조치	세부 내용
명확한 계약 작성	• 모든 조건, 의무, 기대사항을 명시적으로 기술 • 표준 계약 템플릿 사용 및 비즈니스 요구에 맞게 조정 • 주요 용어 명확히 정의 • 태국어 버전 계약서 준비
법적 요구사항 준수	• 태국 민상법(Civil and Commercial Code) 준수 • 불공정 계약 조항법(Unfair Contract Terms Act) 고려 • 특정 거래의 경우 서면 계약 필수
태국 법률 전문가 활용	• 현지 법률 전문가와 상담하여 계약 검토 • 잠재적 법적 위험 식별 및 완화 전략 수립
철저한 기록 관리	• 프로젝트의 모든 단계에 대한 상세 기록 유지 • 이메일, 송장, 회의록 등 모든 관련 문서 보관
계약 이행 모니터링	• 계약 관리자 지정 및 계약 조건 숙지 • 정기적인 성과 검토 실시 • 문제 발생 시 즉시 대응
효과적인 의사소통	• 모든 당사자와 열린 의사소통 유지 • 문제 발생 시 즉시 상대방에게 서면으로 통보
분쟁 해결 절차 명시	• 계약서에 분쟁 해결 방법 명시 (중재, 조정 등) • 태국 법원 관할권 명시
계약 갱신 및 감사	• 자동 갱신 조항 주의 • 정기적인 계약 감사 실시 • 필요시 계약 조건 재협상

정치적, 경제적 리스크에 대비하려면 어떻게 해야 하는가?

조치	세부 내용
1. 정치적 환경 모니터링	• 태국의 정치적 동향 및 사건을 정기적으로 모니터링 • 주요 뉴스, 정부 발표, 시위 및 정치적 불안정성 관련 정보를 수집 • 전문가 분석 및 리포트를 통해 위험 요소 파악
2. 법률 자문 확보	• 현지 법률 전문가와 협력하여 계약 및 법적 문서 검토 • 태국의 노동법, 세법 및 상법에 대한 이해 증진 • 법적 분쟁 발생 시 신속한 대응을 위한 법률 자문 확보
3. 비즈니스 연속성 계획 수립	• 정치적 불안정성에 대비한 비즈니스 연속성 계획 마련 • 공급망 다변화 및 대체 공급자 확보 • 비상 상황 발생 시 대응 매뉴얼 작성
4. 보험 가입	• 정치적 리스크 보험 가입 고려 • 자산 보호 및 손실 최소화를 위한 보험 상품 검토
5. 정부 및 지역사회와의 관계 구축	• 정부 기관 및 지역 사회와의 관계 강화 • 정책 변화에 대한 사전 정보 확보 • 커뮤니티 참여를 통한 긍정적 이미지 구축
6. 외환 리스크 관리	• 환율 변동에 대비한 헤지 전략 수립 • 외환 시장 동향 모니터링 및 환율 변동 예측 • 외환 리스크 관리 전문가와 협력
7. 인력 안전 관리	• 직원 안전을 위한 교육 프로그램 운영 • 비상 대피 계획 수립 및 정기적인 훈련 실시 • 현지 보안 서비스와 협력하여 안전한 근무 환경 조성
8. 지속적인 재무 건강 점검	• 재무 상태를 정기적으로 점검하고 리스크 평가 • 비용 절감 및 효율성 향상을 위한 전략 수립 • 유동성 확보를 위한 재무 계획 수립

문화적 차이로 인한 경영 리스크는 어떻게 해소할 수 있을 것인가?

항목	세부 내용
태국 문화	• 크랭짜이(เกรงใจ) 등 체면 문화 이해 • 태국의 사바이(สบาย) 등 여유로운 문화 이해 • 태국의 피넝(พี่น้อง) 관계(나이에 따라 호칭이 달라짐)와 위계질서 중시 문화 이해
의사소통 방식	• 태국의 간접적이고 공손한 의사소통 방식 존중 • 한국식 직접적 의사소통 완화 • 비언어적 의사소통(표정, 몸짓) 중요성 인식
의사결정 과정 개선	• 태국의 합의 기반 의사결정 방식 도입 • 팀원들의 의견을 적극적으로 수렴하는 과정 도입
리더십 스타일 조정	• 태국의 위계질서 존중 문화 이해 • 권위적 리더십 완화, 참여적 리더십 강화 • 연장자와 상급자에 대한 존중 문화 유지
언어 교육	• 태국 직원들을 위한 영어 및 한국어 교육 제공 • 한국 주재원들을 위한 태국어 기초 교육 실시 • 업무 관련 전문 용어 교육
현지화 전략	• 태국 현지 문화와 관행에 맞는 인사관리 정책 수립 • 현지 인재 육성 및 승진 기회 제공 • 본사 정책의 무조건적 적용 지양
갈등 해결 프로세스	• 문화적 차이로 인한 갈등 해결을 위한 중재 시스템 마련 • 익명 고충처리 제도 도입 • 정기적인 문화 간 이해도 평가 및 개선 방안 수립

03

방콕 스타트업 진출 가이드
성공을 위한 핵심 Q&A

1. 엑셀러레이터 및 펀딩 지원

현지에 어떤 엑셀러레이터 프로그램이 존재하는가?

프로그램	단계	중점 분야	기간	특징
Bangkok Bank InnoHub	초기	핀테크, IoT	3개월	방콕 은행과의 협업 기회
depa Smart City Accelerator	초기	스마트 시티	6개월	5개 스마트 시티에서 현장 솔루션 개발 기회
Stormbreaker EdTech Accelerator	시드-시리즈 A	에듀테크	10개월	
Plug and Play Thailand	초기-성장	스마트 시티, 푸드테크	3개월	지분 요구 없음
SPRINT Accelerator Program	초기	딥테크	4개월	
True Incube	초기	다양한 분야	10주	
SPACE-F	성장	푸드테크	3개월	
AIS The Startup	초기	통신, 디지털 서비스		AIS(통신사)와의 협력 기회
Krungsri Finnovate	시드-프리 시리즈 A	핀테크, 딥테크 등	4개월	크룽시 은행의 CVC 프로그램
TechGrind Incubator	초기	딥테크	몇 개월	$50K~$2M 자금 지원, 10% 내외 지분 취득
Disrupt	성장	에듀테크	10개월	리더십 개발 및 네트워킹 기회 제공
HUBBA Accelerator	초기	컨슈머테크	2개월	지분 요구 없음
SPARK Thailand	프리 시리즈 A-시리즈 A	다양한 기술 분야	3개월	
Thai Incubator Dot Com	초기	IT, 전자상거래	-	자금, 관리 조언, 사무 공간, IT 솔루션 제공

[참고] 구체적인 지원 조건과 절차는 각 프로그램별로 다를 수 있으며, 최신 정보는 관련 기관의 공식 웹사이트를 통해 확인 필수

정부기관이 제공하는 펀딩 및 연구개발(R&D) 보조금 프로그램에는 어떤 종류가 있는가?

| 펀딩 프로그램 |

기관	프로그램명	세부 내용
국가혁신청 (NIA)	Corporate Co-funding	• 시드 단계부터 프리 시리즈 A 단계 스타트업 대상 • 최대 1천만 바트 투자 • 5년 내 NIA에 자금 상환 필요 • 9개 투자 파트너와 공동 투자
	Recoverable Fund	• 5천만 바트 규모 • 초기 및 프리 시리즈 A 단계 스타트업 대상 • 최대 1천만 바트, 5년 이내 투자 • 사업 확장 및 시장 규모 확대 목적
	Private Equity Trust	• 10억 바트 규모 계획 중 • 시리즈 A 이상 단계의 스타트업 및 혁신기업 대상 • 8년간 투자 예정
태국투자청 (BOI)	Matching Fund	• 연간 10억 바트 규모 • 13개 목표 산업의 고성장 잠재력 스타트업 대상 • 각 스타트업당 2천만~5천만 바트 투자 • 과거 최소 1,500만 바트 투자 유치 이력 필요
디지털 경제진흥국 (DEPA)	DEPA Digital Startup Fund	• 최대 100만 바트 지원 • 15개 초기 단계 프로젝트 대상 • 주요 분야: 공공 서비스, 의료, 관광, 농업, 교육, 서비스, 금융, 스마트 시티 • 3년 이내 등록된 개인 또는 기업 대상

[참고] 구체적인 지원 조건과 절차는 각 프로그램별로 다를 수 있으며, 최신 정보는 관련 기관의 공식 웹사이트를 통해 확인 필수

| 연구개발(R&D) 지원금 프로그램 |

기관	프로그램	세부 내용
국가과학 기술개발청 (NSTDA)	300% R&D 비용 세금 공제	• R&D 비용의 300%에 대해 세금 공제 혜택 • 2017년부터 RDIMS 시스템 도입으로 자체 신고 가능 (300만 바트 이하 프로젝트) • 기존 사전 승인 방식과 병행 운영
	태국 혁신 목록	• 정부 조달 과정에서 현지 혁신 제품/서비스 우대 • NSTDA가 R&D 수행 여부 및 품질 평가 • 최대 8년간 목록에 등재
태국투자청 (BOI)	R&D 투자 촉진 정책	• R&D 투자/지출이 2억 바트 또는 매출의 1% 이상인 프로젝트에 대해 최대 13년간 법인세 면제 • 투자/지출 규모에 따라 추가 세금 혜택 부여
	인력 개발 지원	• 견습 프로그램 참여 또는 첨단 기술 교육에 투자하는 기업에 추가 세금 혜택
	반도체 산업 투자 촉진	• 웨이퍼 제조 등 전방 공정에 10년간 세금 면제 • 후방 공정 투자에 대해 5-8년간 세금 면제 (투자 규모에 따라 차등)
	디지털 산업 지원	• 소프트웨어, 디지털 서비스 플랫폼 또는 디지털 콘텐츠 개발 분야 투자에 8년간 세금 면제 • 태국 IT 인력 고용, 교육, 국제 인증 취득 비용에 따라 혜택 상한 결정
	스마트 패키징 산업 지원	• 스마트 패키징 및 친환경 패키징 생산에 대한 투자 인센티브 강화
국세청	200% R&D 비용 세금 공제	• R&D 비용의 200%에 대해 세금 공제 혜택 • 기업 소득에 따라 공제 한도 차등 적용 (최대 60%) • NSTDA가 R&D 프로젝트 평가 및 인증

[참고] 구체적인 지원 조건과 절차는 각 프로그램별로 다를 수 있으며, 최신 정보는 관련 기관의 공식 웹사이트를 통해 확인 필수

현지 주요 CVC는 누구이며, 특징은 무엇인가?

기업명	CVC명	설립	특징
AIS	AIS The Startup	2011	• 통신, IT, 디지털 서비스 분야 중점 • 50개 이상의 포트폴리오와 60개 이상의 국내외 AIS 관련 조직과 협력 중
Intouch Holdings	InVent	2012	• 태국 초기 스타트업에 활발하게 투자 • AIS의 모회사
True Corporation	True Incube	2013	• 통신, IT, 디지털 서비스 분야 중점 • 3개월 가속화 프로그램 운영
Siam Commercial Bank	SCB 10X	2016	• 핀테크, 블록체인, 디지털 자산, Web 3.0 분야 집중 • 글로벌 CVC 랭킹 8위, 핀테크 스타트업 투자 2위 • 40개 이상의 글로벌 투자
PTT Public Company	GC Ventures	2017	• 에너지 관련 스타트업 중점 • 미국 기반 CVC 운영
Kasikorn Bank	Beacon Venture Capital	2017	• 핀테크, 소비자 인터넷, 기업 기술 분야 집중 • 시리즈 A부터 C까지 투자
Bank of Ayudhya (Krungsri)	Krungsri Finnovate	2017	• 핀테크, 농업기술, 교육기술 등 다양한 분야 투자 • 시드부터 시리즈 C까지 폭넓은 단계 지원 • 4개월 가속화 프로그램 운영
Bangkok Bank	Bualuang Ventures	2017	• 핀테크 및 IoT 분야 집중 • 3개월 가속화 프로그램 운영
Sansiri	Siri Ventures	2017	• 프롭테크 분야 집중 • 3년간 15억 바트 투자 계획
Muang Thai Life Assurance	Fuchsia VC	2017	• 인슈어테크, Wellness에 중점
Singha Corporation	Singha Ventures	2018	• 소비자, 유통(공급망), 기업 분야 투자 • 시리즈 A부터 C까지 투자
Thai Union Group	Thai Union CVC Fund	2019	• 대체 단백질, 기능성 영양, 바이오테크놀로지 분야 집중
PTT Oil and Retail	Orzon Ventures	2021	• 에너지 관련 스타트업 투자에 집중 • 500 TukTuks와 협업

2. 비자 및 법적 요건

외국인 창업자가 이용할 수 있는 비자 종류는 무엇인가?

비자 종류	주요 특징	요구사항	체류 기간
Non-Immigrant B 비자	사업 수행 및 취업 목적	• 유효한 여권 • 비자 신청서 • 최근 여권용 사진 • 재정 증명 • 회사 초청장 • 사업 관련 서류	90일 (1년까지 연장 가능)
Destination Thailand Visa (DTV)	원격 근무자, 프리랜서, 장기 관광객 대상	• 계좌 잔액 500,000바트 이상 • 방문 목적 증명 • 표준 서류 (여권, 사진, 신청서)	5년 (180일 체류, 180일 연장 가능)
Investment 비자	외국인 투자자	• 1000만 바트 이상 투자 • 비이민 비자 소지 • 태국 투자청(BOI) 확인서	1년 (갱신 가능)
LTR 비자	고소득 전문가, 투자자, 은퇴자 대상	• 연간 소득 $80,000 이상 (지난 2년간) • 또는 소득 $40,000와 석사 학위, 지적 재산권, 시리즈 A 투자 중 하나 보유 • 고용주는 지난 3년간 연 수익 $1.5억 이상	10년 (갱신 가능)
SMART "E" (Executive) 비자	기술 기반 기업 고위 임원	• 월 소득 20만 바트 이상 • 학사 학위 이상 • 10년 이상 관련 경력	4년 (갱신 가능)
SMART "I" (Investor) 비자	기술 기반 사업 투자자	• 기술 기업에 2000만 바트 이상 투자 또는 스타트업에 500만 바트 이상 투자 • 관련 기관의 인증	4년 (갱신 가능)
SMART "S" (Startup) 비자	기술 스타트업 창업자 대상	• 6개월 비자: 승인된 스타트업 계획 또는 활동 참여, 건강보험 • 1년 비자: 인큐베이터/ 액셀러레이터 프로그램 참여, 60만 바트 예금, 건강보험 • 2년 비자: 인증된 스타트업 회사 설립, 25% 이상 지분 또는 이사직, 60만 바트 예금, 건강보험	6개월, 1년, 또는 2년 (갱신 가능)
SMART "T" (Talent) 비자	고급 기술 인력	• 월 소득 10만 바트 이상 (특정 전문가는 5만 바트) • 1년 이상 고용 계약 • 과학기술 분야 전문성	4년 (갱신 가능)

자료: 태국 투자청 (Board of Investment)

법인 설립을 위한 필수 요건과 절차는 무엇인가?

요건/절차	설명
회사 유형 선택	• 대부분의 경우 Private Limited Company 선택 • 외국인은 일반적으로 49%까지만 소유 가능 • 100% 소유를 위해서는 Foreign Business License, BOI 승인, 또는 미국-태국 우호통상조약 필요
최소 자본금	• 일반적으로 2백만 바트 (약 60,000 USD) • Foreign Business License 필요 시 3백만 바트 또는 3년 평균 예상 비용의 25% 중 높은 금액
회사명 등록	• 상무부 기업개발국(DBD)에 3개의 회사명 제안 • 승인된 회사명은 30일간 유효
설립 서류 준비	• 정관 (Memorandum of Association) • 주주 명부 • 이사 서명 양식 • 사업 운영 선언서 • 사무소 및 지점 정보
법정 회의 개최	• 회사 정관 채택 • 이사 및 감사 임명 • 사업 활동 비준 • 주식 설립
회사 등록	• 지역 사업자 등록 사무소에 신청 • 등록 완료까지 보통 1주일 소요 (공개 회사의 경우 1개월)
세금 등록	• 법인세 ID 카드 신청 (설립 후 60일 이내) • 연간 매출 1.8백만 바트 이상 시 VAT 등록 (30일 이내)
외국인 고용 요건	• 외국인 1명 고용 시 태국인 4명 고용 필요
BOI 신청 (해당 시)	• 등록 자본금 및 투자 계획 • 프로젝트 세부 정보 • 경영진 정보 • 3년간 예상 수익 및 비용 • 직원 정보 제출

자료: 태국 상무부 기업개발국 (Department of Business Development, Ministry of Commerce)

스타트업을 위한 세금 혜택과 재정적 인센티브는 무엇인가?

혜택/인센티브	설명
법인세 면제	• BOI 승인 스타트업은 최대 8년간 법인세 면제 • 기술, 생명공학, 창조산업 등 특정 산업 대상
R&D 비용 이중 공제	• R&D 비용에 대해 200% 세금 공제 • 신제품 개발을 위한 R&D 활동에 적용
로열티 원천징수세 감면	• 지적재산권 로열티에 대한 원천징수세 10%로 감면
고급 인력 소득세 감면	• 월 20만 바트 이상 고소득 근로자에 대해 15% 감면된 개인소득세율 적용
VAT 면제	• 연간 매출 180만 바트 미만 스타트업은 VAT 면제
투자자 세금 혜택	• 엔젤 투자자: 투자액의 최대 50%(연간 500만 바트 한도) 세금 공제 • 벤처캐피털: 투자액의 최대 100%(연간 1,000만 바트 한도) 세금 공제 • 2032년 6월 30일까지 유효
주식 양도 차익 면세	• 스타트업 주식 보유 24개월 이상 시 양도 차익에 대한 개인소득세 또는 법인세 면제
BOI 매칭 펀드	• 20~50백만 바트 규모의 매칭 펀드 지원 • 벤처캐피털 투자금의 최대 50%까지 지원 • 프리시리즈 A에서 시리즈 A 단계 스타트업 대상
스마트 비자	• 스타트업 창업자, 투자자, 고급 인력 대상 4년 비자 발급

자료: 태국 투자청 (Board of Investment)

3. 스타트업 생태계와 협력 기회

주요 코워킹 스페이스는 어디인가?

이름	위치	설명
WeWork	2개 지점 (The Met Sathorn, T-One 빌딩 등)	• 고급스럽고 기능적인 디자인 • 24/7 접근 가능 • 네트워킹 이벤트 및 커뮤니티 활동
JustCo	6개 지점 (AIA Sathorn Tower, Capital Tower 등)	• 현대적이고 세련된 인테리어 • 네트워킹 이벤트 및 워크샵 개최 • 고속 인터넷 및 프린팅 서비스 제공 • 전화 부스 및 회의실 구비
The Hive	2개 지점 (Thonglor, Prakanong 등)	• 옥상 바와 레스토랑 보유 • 다양한 네트워킹 이벤트 및 워크샵 개최
Spaces	태국 전역 28개 지점	• 세련되고 유연한 작업 공간 • 다양한 편의시설 제공 • 고속 인터넷, 편안한 가구, 인쇄 서비스 등 구비 • 이벤트 및 워크샵 주최
Hubba	4개 지점 (Ekkamai, Sathorn 등)	• 태국 최초의 코워킹 스페이스 • 스타트업 생태계 지원 • 비즈니스 도구 및 교육 세션 제공 • 유니크한 온실 보드룸 보유
The Great Room	Gaysorn Tower	• 호텔급 고급 인테리어와 서비스 • 다양한 워크스페이스 옵션 • 정기적인 네트워킹 이벤트 • 비즈니스 클래스 회의실 제공 • 프리미엄 커피 및 티 서비스
Glowfish	Sathon	• 다양한 분위기의 회의실 제공 • 기술 전문가와 스타트업 창업자들이 선호 • 정기적인 커뮤니티 이벤트 개최
True Digital Park	BTS Punnawithi 근처	• 태국 최대 규모의 스타트업 허브 • 대기업, 스타트업, 투자자, 정부 기관이 한 곳에 집결 • 최첨단 시설 및 장비 제공 • 다양한 이벤트 및 프로그램 운영

이름	위치	설명
Launchpad	Silom	• 2,000㎡ 규모의 넓은 공간 • 100개 이상의 맞춤형 데스크 • 실리콘밸리 스타일의 혁신적 환경
Common Ground	3개 지점 (CentralWorld, G Tower, Ploenchit)	• G Tower 지점은 1,000석 이상 제공 • 파노라마 도시 전망 • 스타벅스 카페 내장 • 150명 수용 가능한 이벤트 공간
The Work Loft	Silom	• 루프탑 바 보유 • 다양한 작업 공간 제공 • 정기적인 네트워킹 이벤트 개최
Open House	Central Embassy 6층	• 고급 쇼핑몰 내 위치 • 디자인 중심의 환경 • 주스 바와 희귀 도서 전문 서점 보유
Union SPACE Bangkok	Thong Lor	• 고속 WiFi, 편안한 라운지, 무료 음료 제공 • 전문성 개발 및 네트워킹을 위한 이벤트 및 워크샵 개최 • 전용 사진 스튜디오 보유
Cocon	Phaya Thai	• 편안한 데스크와 밝고 초대적인 장식 • 고속 WiFi 제공 • 현장 카페 운영 • 탁구대 및 휴식 공간 보유

주요 스타트업 컨퍼런스 및 미디어는 어디인가?

| 주요 스타트업 컨퍼런스 |

컨퍼런스명	개최시기	주최	설명
Techsauce Global Summit	8월	Techsauce	• 동남아시아 최대 규모의 테크 이벤트 • 다양한 분야의 전문가들이 모여 네트워킹 및 비즈니스 기회 창출 • 1대1 비즈니스 매칭 세션 제공 • 30개 이상의 인터랙티브 워크샵 진행 • 200개 이상의 전시회 • 130개 이상의 세션
Corporate Innovation Summit	9월	RISE	• 아시아 최대 규모의 체험형 컨퍼런스 • 기업 리더, 혁신가, 기업가, 투자자, 스타트업 창업자들이 참여 • 체험형 워크샵, 영감을 주는 기조연설, 네트워킹 기회 제공 • 60개 이상의 체험형 워크샵과 40개 이상의 기조연설 및 패널 토론 진행
Startup Thailand x Innovation Thailand Expo	7월	National Innovation Agency (NIA)	• 태국의 주요 스타트업 행사 • 정부 지원 및 미디어 노출 기회 제공 • 업계 리더들과의 네트워킹 기회
Wow Summit	11월	Wow Summit	• 블록체인, Web3, AI, NFT 등 다양한 기술 분야를 다룸 • 150명 이상의 연사와 30개국 이상에서 7,000명 이상의 참가자

| 스타트업 미디어 |

미디어명	설명	웹사이트 주소
Techsauce	• 태국 최대의 테크 및 스타트업 미디어 플랫폼 • Techsauce Global Summit 주최	https://techsauce.co
Tech in Asia	• 아시아 전역의 스타트업 및 기술 트렌드	https://www.techinasia.com
e27	• 동남아 스타트업 생태계 소식	https://e27.co
DealStreetAsia	• 아시아 금융, 비즈니스, 벤처캐피털 뉴스 제공	https://www.dealstreetasia.com
KrASIA	• 아시아 지역 스타트업 트렌드	https://kr-asia.com
Thailand Business News	• 태국의 비즈니스 및 재무 관점의 종합 뉴스 서비스 • 주간 1회 포스팅	https://www.thailand-business-news.com
The Nation Thailand	• 태국 및 ASEAN 지역의 비즈니스 뉴스 제공 • 일일 10회 포스팅	https://www.nationthailand.com/business
StartUp in Thailand Blog	• 태국에서의 비즈니스 창업 및 확장에 대한 정보 제공 • 월 3회 포스팅	https://startupinthailand.com
Thaiger	• 태국 뉴스 및 정보 포털 • 비즈니스 섹션에서 스타트업 관련 뉴스 제공	https://thethaiger.com/business
Bangkok Post	• 태국 및 ASEAN 지역의 최신 금융, 시장, 경제 뉴스 제공	https://www.bangkokpost.com/business
Prachachat News	• 태국어 뉴스 웹사이트로 경제, 비즈니스 뉴스 제공	https://www.prachachat.net

대학 및 연구기관과 기술 협력 기회가 존재하는가?

기관/프로그램	협력 내용
Thammasat University, 88 SANDBOX	• 88개 비즈니스 파트너와 협력하여 스타트업 생태계 지원 • Skill Space, Expo, Hackathon 등 다양한 활동 통해 스타트업 육성 • 멘토링 및 투자 기회 제공
KMUTT (King Mongkut's University of Technology Thonburi), KX Knowledge Xchange	• 기업 및 기업가와 KMUTT 간 기술 솔루션 연결 • 지식, 기술, 혁신 교류 촉진 • 학생들에게 실제 산업 문제 해결 경험 제공
KBTG Kampus (KASIKORN Business-Technology Group Kampus)	• KMITL(King Mongkut's Institute of Technology Ladkrabang), Mahidol University, Thammasat University 와 협력하여 대학원 수준 프로그램 제공 • 데이터 분석, AI, 사이버 보안 등 첨단 기술 분야 중점 • 학부생 대상 Apprentice 프로그램 운영 • 산업계 문제 해결 중심의 연구 및 학습
Thailand Science Park (TSP)	• 한국 충북대학교와 기술 및 과학 자원 협력 • R&D 시설 방문 및 비즈니스 매칭 기회 제공 • 태국-한국 기업 간 혁신 비즈니스 강화
Chiang Mai University와 Science and Technology Park (STeP)	• EAC(Entrepreneur Advisory Center)와 협력하여 스타트업과 중소기업의 성장 지원 • 글로벌 확장을 위한 협력 진행 • 기술 기반 비즈니스 스타트업 육성
Suranaree University of Technology	• 영국 대학들과 창업 및 비즈니스 디자인 분야의 공동 학위 프로그램 개발 추진 • 과학기술 졸업생 대상 창업 스킬 및 혁신 아이디어 교육

04

태국 스타트업

120

Sector	Seed	Series A	Series B	Series C+
Fintech	• Jitta • Forward • Snapshot • INIT • Contribution DAO • MoneyTable • Stock Radars	• Velvo • Pi Securities • EvryNet • GettGo • T2P • DeepPocket • Crytomind • Masii • Claim Di • Chom CHOM	• **Sunday** • **Abacus Digital** • **Finnomena** • **Monix** • Roojai • Digio	• Ascend Money • Opn • **Rabbit Care** • Xspring Capitals • Lightnet
Logistics	• APX • Scoota • Beefast • Pombai		• **Giztix** • **MyCloud Fulfillment**	• Flash Express • **Deliveree**
FoodTech	• Chokdee • Zodio • UniFAHS • IncreBio • Kinkao • Cookly • Yindii	• QueQ • Hungry Hub	• LINE MAN Wongnai • eatigo	
B2B Marketplace	• **Seekster** • **OneStock Home** • **Horganice**		• **Freshket** • **BUILK**	
HealthCare	• **Doctor AtoZ** • **ZeekDoc**	• **Ooca** • **Doctor Raksa**	• **HD**	• GenePlus
Deep Tech & Agri Tech	• **SERTIS** • Gree Energy • **Rikult** • **EasyRice** • Progressus • FlyLabFeed	• **ETRAN** • Things on Net		• **Amity**

Sector	Seed	Series A	Series B	Series C+
e-Commerce	• Beam • Checkout • Page365 • SiamCar Deal • Dealcha • NATBAY	• Mercular • Property Scout • Drivehub • FazWaz • N-Squared	• Priceza • My Cloud	• aCommerce
B2B Services	• Flow Account • Auto Pair • ESP tech. • WYZauto • Eazy Digital	• Appman • B-Concept • Stampede • Anywhere 2 go • SiamSquare Tech	• Ecartstudio	
HRTech	• Mantal • Salary Hero	• GetLinks • Fastwork • Workventure • Concicle	• Eko	
MarTech	• Geddit • ReverseAds	• Zanroo • Ads Chaophraya • YDM Thailand • Flare	• Crea • WiseInsight	• ChocoCRM
Beauty & Fashion	• Gowabi • Shopspot	• Konvy • Nyscps		• Pomelo
Others	• Lazudi • Z Home • Property Flow	• Drivemate • Globish	• Tourkrub	• Aviasales

※ 2025년 1월 기준

자료: Techsauce Startup Directory

디지털 방록 인사이트

초판 1쇄 발행 2025년 3월 21일

지은이 강정구

책임편집 공홍
표지 디자인 사지 스튜디오
내지 디자인 공홍
마케팅 임동건 | **마케팅지원** 신현아 | **경영지원** 이지원

펴낸곳 파지트 | **펴낸이** 최익성
출판총괄 송준기 | **출판등록** 제2021-000049호

주소 경기도 화성시 동탄원천로 354-28 | **전화** 070-7672-1001
이메일 pazit.book@gmail.com | **인스타** @pazit.book